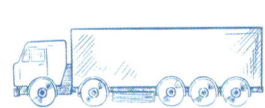

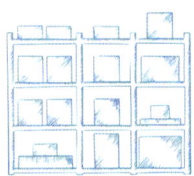

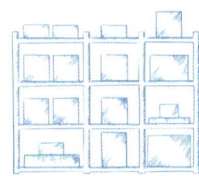

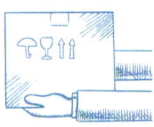

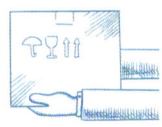

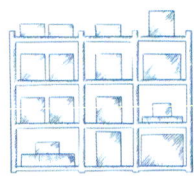

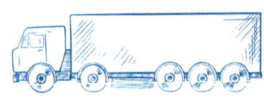

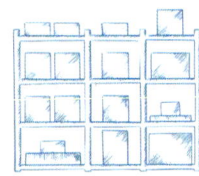

高职高专经管类精品课程
"十三五"规划教材

仓储与配送管理实务

主　编　许晓春　林朝朋
副主编　李文黎　邱斯尖

CANGCHU

YU

PEISONG

GUANLI

SHIWU

厦门大学出版社
XIAMEN UNIVERSITY PRESS
国家一级出版社
全国百佳图书出版单位

图书在版编目(CIP)数据

仓储与配送管理实务/许晓春,林朝朋主编.—厦门:厦门大学出版社,2018.1(2020.8重印)

ISBN 978-7-5615-6696-1

Ⅰ.①仓…　Ⅱ.①许…②林…　Ⅲ.①仓库管理-高等职业教育-教材②物流管理-物资配送-高等职业教育-教材　Ⅳ.①F253②F252.14

中国版本图书馆 CIP 数据核字(2017)第 234404 号

出 版 人	郑文礼
责任编辑	江珏玙
封面设计	李嘉彬
技术编辑	许克华

出版发行	厦门大学出版社
社　　址	厦门市软件园二期望海路 39 号
邮政编码	361008
总 编 办	0592-2182177　0592-2181406(传真)
营销中心	0592-2184458　0592-2181365
网　　址	http://www.xmupress.com
邮　　箱	xmup@xmupress.com
印　　刷	厦门兴立通印刷设计有限公司

开本	787mm×1092mm　1/16
印张	14.25
插页	2
字数	306 千字
版次	2018 年 1 月第 1 版
印次	2020 年 8 月第 2 次印刷
定价	35.00 元

厦门大学出版社
微信二维码

厦门大学出版社
微博二维码

前 言
PREFACE

仓储与配送是现代物流系统运作的重要组成部分,通过仓储与配送的合理科学运作,可有效降低企业成本,为客户创造价值。可以说,仓储与配送发展水平对现代物流业的发展具有深远的影响。

仓储与配送管理课程是物流管理与工程类专业一门重要的核心课程,通过学习该课程,可掌握仓储与配送管理实务中必需的规划、作业管理、运营管理等知识和技能,形成信息化背景下的基本管理理念和管理思维,并通过任务驱动的方式提高团队合作精神、抗压精神和沟通能力等职业能力和素养。

本书作为校企合作课程开发成果,既体现管理实务的特色,又在教学内容上与企业实践密切结合。木书紧密结合仓储与配送管理相关工作岗位操作流程,以提高学生岗位操作技能为核心,设计了六个学习情境22项工作任务。六个学习情境分别是仓储与配送规划基础、货物入库作业管理、货物在库作业管理、拣货出库作业管理、送货及退货作业管理、仓储配送经营管理。

本书编写过程突出理论与实践相结合,每个学习情境均由典型任务驱动,力求突出"理论够用,重在实操"的特色。同时本书也体现了"课赛融合"的教学特点,结合多年来国家和各省职业院校技能大赛的现代物流项目的比赛内容,在每个学习情境的开头导入典型工作任务,并在多项任务相关知识和操作技能介绍以后,详细解析该任务完成的具体流程和步骤,突出工学结合的特色。

本书由厦门城市职业学院许晓春、林朝朋担任主编,深圳中诺思科技股份有限公司李文黎、厦门中外运物流有限公司邱斯尖担任副主编,参与编写的还有厦门城市职业学院程晓玲、厦门南洋职业学院郑月琴、湖南交通职业技术学院杨光华、厦门华厦学院赵静、广州大学邹毅峰等。在编写过程中,我们参考了大量的文献资料和网络资源,引用了一些专家学者的研究成果和多家企业的案例资料,在此对这些文献作者和单位表示崇高的敬意和诚挚的谢意。

本书在编写过程中,得到了厦门城市职业学院校企合作开发课程项目的资助,厦门中外运物流有限公司和深圳中诺思科技股份有限公司给予了大力支持,在此一并表示感谢!

本书既可作为物流管理、交通运输、物流工程、电子商务、冷链物流管理、采购与供应管理、港口物流管理、快递运营实务、物流信息技术等专业仓储与配送管理及相关课程的教学用书,也可作为仓库、港口、场站、配送中心、生产企业的物流管理部门的物流相关业务培训用书。

由于仓储与配送相关业务正处于改革和发展中,其理论和操作方法还有待进一步提高;另外,由于编者水平有限,书中难免存在疏漏,敬请广大读者批评指正。

编者

2017 年 9 月

目　录
DIRECTORY

学习情境一
◆仓储与配送规划基础◆

案例导入

新中仓物流公司是一家第三方物流公司,主要为客户惠氏、宝洁和联合利华提供仓储、配送等第三方物流服务。客户的主要产品为奶粉、药品和日用品三大类。在其业务经营中,碰到以下几项任务需要解决,请你提出相应的解决方案。

(1)公司客户之一宝洁公司(Procter & Gamble,简称 P&G)是一家美国消费日用品生产商,也是目前全球最大的日用品公司之一。总部位于美国俄亥俄州辛辛那提,全球员工近110000人。宝洁公司近期要求扩增一个新的宝洁专用物流仓库,用于存储的产品包括食品、保健品、口腔护理品、洗发护发品、玉兰油、帮宝适、洗衣粉等。你已被要求提出新仓库的布局设计,参考一般物流中心区域布局设计,请你为宝洁的新仓库设计布局图。

(2)你作为公司仓库的一名仓库管理员,现有如下储存物品需要编号,请你根据所学知识,为它们进行编号设计。

仓库产品表

序号	客户	品牌	产品线	
1	惠氏	惠氏	玛特纳	
2	惠氏	惠氏	金装爱儿乐妈妈	
3	惠氏	惠氏	金装爱儿乐	
4	惠氏	惠氏	爱儿乐	
5	惠氏	惠氏	金装健儿乐	
6	惠氏	惠氏	健儿乐	
7	惠氏	惠氏	金装幼儿乐	
8	惠氏	惠氏	幼儿乐	
9	惠氏	惠氏	金装学儿乐	
10	惠氏	惠氏	爱儿素	
11	惠氏	惠氏	钙尔奇	钙尔奇 D600
12	惠氏	惠氏	钙尔奇	钙尔奇 D300

续表

序号	客户	品牌	产品线	
13	惠氏	惠氏	钙尔奇	钙尔奇添佳
14	惠氏	惠氏	善存	小儿善存片
15	惠氏	惠氏	善存	善存银片
16	惠氏	惠氏	善存	善存佳维片
17	惠氏	惠氏	惠菲宁	惠菲宁
18	惠氏	惠氏	惠菲宁	惠菲宣
19	宝洁	护舒宝	护舒宝干爽（日用）	
20	宝洁	护舒宝	护舒宝干爽（夜用）	
21	宝洁	护舒宝	护舒宝瞬洁（日用）	
22	宝洁	护舒宝	护舒宝瞬洁（夜用）	
23	宝洁	佳洁士	盐白牙膏	
24	宝洁	佳洁士	草本牙膏	
25	宝洁	潘婷	乳液修复润发精华素	
26	宝洁	潘婷	滋养防掉发洗发露	
27	宝洁	沙宣	深层水养洗发露	
28	宝洁	沙宣	焗油祛屑洗发露	
29	宝洁	舒肤佳	纯白清香型香皂	
30	宝洁	舒肤佳	芦荟护肤型香皂	
31	宝洁	汰渍	汰渍净白	
32	宝洁	汰渍	汰渍茉莉香型	
33	联合利华	奥妙	净蓝全效无磷洗衣粉	
34	联合利华	奥妙	全自动无磷洗衣粉	
35	联合利华	力士	柔亮洗发乳水润丝华	
36	联合利华	力士	柔亮洗发乳纯净祛屑	
37	联合利华	力士	鲜果沁凉美肤香皂	
38	联合利华	力士	嫩白亮采美肤香皂	
39	联合利华	中华	健齿白牙膏	
40	联合利华	中华	金装全效牙膏	

（3）公司仓库内现有存储货架为托盘货架和栈板货架，其中托盘货架共有四排，每排五层，每层共有货位10个；栈板货架共有两排，每排三层，每层共有货位20个。预

存储到此仓库的初定货品的信息如上表所示,请为仓库货位进行编码。

(4)你作为公司仓库的一名仓库管理员,现有上表中的商品信息需入库分配储位,请你根据所学知识,为这些商品的储位进行分配。

(5)公司根据业务拓展需要,现需设一个配送中心DC,部分产品通过该配送中心中转供货,客户的工厂和仓库位置和运输量信息见下表,请使用重心法求出配送中心的最优选址。

客户配送信息表

地点	总运输量(吨)	运输费率 (元/吨公里)	坐标值	
			X	Y
工厂 F1	1200	0.050	3	8
工厂 F2	1800	0.050	8	2
仓库 W1	2000	0.075	2	5
仓库 W2	1000	0.075	6	4

任务一　仓库布局规划

一、仓库的功能

(一)仓库的概念

仓库是保管、存储物品的建筑物和场所的总称。仓库的概念可以理解为是用来存放货物,包括商品、生产资料、工具和其他财产,以及对其数量和价值进行保管的场所或建筑物等设施,还包括用于防止减少或损伤货物而进行作业的地面或水面。从社会经济活动看,无论生产领域还是流通领域都离不开仓库。

(二)仓库的功能

仓库作为物流服务的节点,在物流作业中发挥着重要的作用。它不仅具有储存、保管等传统功能,而且还具有拣选、配货、检验、分类、信息传递等功能并具有多品种小批量、多批次小批量等配送功能以及附加标签、重新包装等流通加工功能。一般来讲,仓库具备以下功能。

1.储存和保管的功能

这是仓库最基本的传统功能。仓库具有一定的空间用于储存物品,并根据物品的特性,用相应的设备以保持储存物品的完好性,如储存精密仪器的仓库需要防潮、防尘、恒温等,还应设置空调、恒温等控制设备,如图1-1所示。

图 1-1　常见仓库

2.配送和加工的功能

现代仓库的功能已由保管型向流通型转变,即仓库由原来的储存、保管货物的中心向流通、销售的中心转变。仓库不仅具有仓储、保管货物的功能,而且还提供分包、配套、捆装、流通加工、移动等增值服务。这样既扩大了仓库的经营范围,提高了物资的综合利用率,又方便了消费者,提高了服务质量。

3.调节货物运输能力的功能

各种运输工具的运输能力差别较大:船舶的运输能力很大,货运船舶一般都在万吨以上;火车的运输能力其次,每节车厢能装 10 吨～60 吨,一列火车的运量多达几千吨;汽车的运输能力相对较小,一般在 10 吨左右。它们之间运输能力的差异也是通过仓库调节和衔接的。

4.信息传递的功能

仓库的信息传递功能总是伴随着以上三个功能而发生的。在处理有关仓库管理的各项事物时,需要及时而准确的仓库信息,如仓库利用水平、进出货频率、仓库的地理位置、仓库的运输情况、顾客需求状况,以及仓库人员的配置等,这对一个仓库管理能否取得成功至关重要。

二、仓库的种类

仓库的种类繁多,分类方法也有许多种,下面介绍几种主要的分类方法。

(一)根据仓库所处的领域分类

1.生产性仓库

生产性仓库主要是为保证生产企业正常生产而建立的仓库。这类仓库主要存放生产企业所需要的原材料、设备、工具等,并存放企业生产的成品。按其存放物品性质的不同,可分为原材料仓库和产成品仓库。

2.中转性仓库

中转性仓库是专门从事储存和中转业务的仓库,如专业的储运仓库和铁路、公路、港口、码头等货运仓库。

3.储备性仓库

储备性仓库是政府为了防止自然灾害、战争及国民经济比例严重失调而设立的，一般储备的商品储存时间较长，对仓储条件、质量维护和安全保卫要求较高。

(二)根据仓库的用途分类

1.自用仓库

自用仓库是指生产企业或流通企业为了本企业物流业务的需要而修建的附属仓库。这类仓库只储存本企业的原材料、燃料、产品或成品，一般工厂、企业、商店的仓库以及部队的后勤仓库多属于这一类。

2.营业仓库

营业仓库是指专门为了经营储存业务而修建的仓库，它面向社会服务，或以一个部门的物流业务为主，兼营其他部门的物流业务，如商业、物资、外贸等系统的储运公司的仓库等。营业仓库由仓库所有人或者由分工的仓库管理部门独立核算经营。

3.公用仓库

公用仓库属于公共服务的配套设施，是为社会物流服务的公共仓库，如铁路车站上的仓库。

(三)根据仓库的功能分类

1.储存仓库

储存仓库主要对货物进行保管，以解决生产和消费的不均衡，如将季节性生产的大米储存到第二年卖，常年生产的化肥通过仓储在春、秋季节集中供应。

2.流通仓库

流通仓库除具有保管功能之外，还具有进行装配、简单加工、包装、理货以及配送的功能，具有周转快、附加值高、时间性强的特点，从而减少了流通过程中的商品停滞费用。

(四)根据建筑形态分类

1.平房仓库

平房仓库构造简单，建筑费用便宜，人工操作比较方便，如图1-2所示。

图1-2 平房仓库

2.楼房仓库

楼房仓库是指二层楼以上的仓库,它可以减少土地占用面积,进出库作业可采用机械化或半机械化。

3.高层货架仓库

采用高层货架存放货物,可实现机械化和自动化操作,减少土地占用面积,提高仓库利用率,如图1-3所示。

图1-3　高层货架仓库

4.罐式仓库

罐式仓库的构造特殊,成球形或柱形,主要用来储存石油、天然气和液态化工品等,如图1-4所示。

图1-4　某油罐仓库

5.简易仓库

简易仓库的构造简单、造价低廉,一般是在仓库库容不足而又不能及时建库的情况下采用的临时代用办法,包括一些固定或活动的简易货棚等。

6.露天仓库

露天仓库俗称货场。货场最大的优点是装卸作业极其方便,适宜存放较大型、大批量的货物,以露天存储为主,如图1-5所示。

图 1-5　某露天仓库

(五)按仓库保管条件分类

1.普通仓库

普通仓库是指用于存放无特殊保管要求的物品的仓库。

2.保温、冷藏、恒湿恒温仓库

保湿、冷藏、恒湿恒温仓库是指用于存放要求保温、冷藏或恒湿恒温物品的仓库。

3.特种仓库

特种仓库用于储存具有特殊性能、要求特殊保管条件的物品,如石油仓库、化工危险品仓库等。这类仓库必须配备防火、防爆等专用设备,其建筑构造、安全设施都与一般仓库不同。特种仓库主要包括以下几种:

(1)石油仓库。石油仓库是接受、保管、配给石油和石油产品的仓库。商业性石油仓库主要保管石油产品(汽油、润滑油等)。石油产品具有易燃易爆等特性,这类仓库被指定为危险品仓库。

(2)化学危险品仓库(见图 1-6)。化学危险品仓库负责保管化学工业原料、化学药品、农药以及医药品。为了安全起见,根据物品的特性和状态以及受外部因素影响的危险程度进行分类,分别储藏。根据危险程度将危险品分为 10 类,即燃烧爆炸品、氧化剂、压缩气体、易燃气体、自燃物品、遇水易燃物品、易燃固体、有毒物品、腐蚀性物品和放射性物品。

图 1-6　危险品仓库

4.水上仓库

水上仓库是漂浮在水面上的储存货物的船只、趸船、浮驳或其他水上建筑,或者在划定水面保管木材的特定水域、沉浸在水下保管物资的水域,如图 1-7 所示。近年来,由于国际运输油轮的超大型化,许多港口因水深限制,大型船舶不能直接进港卸泊,往往采用在深水区设立大型水面油库(超大型油轮)作为仓库进行转驳作业。

图 1-7 趸船

三、仓库库区布局

仓库库区布局是指一个仓库的各个组成部门,如库房、货棚、货场、辅助建筑物、铁路专用线、库内道路、附属固定设备等。在规定范围内进行平面和立体的全面合理安排,即仓库总平面图,如图 1-8 所示。

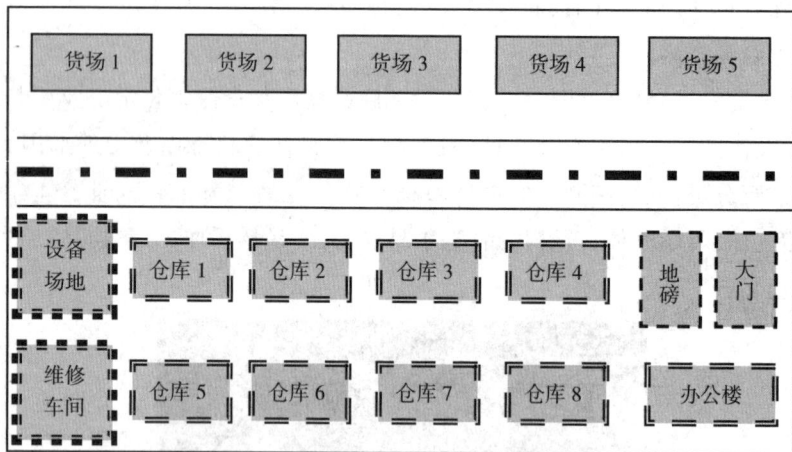

图 1-8 仓库总平面图

以下是仓库总平面布置的要求:

(1)适应仓储企业生产流程,有利于仓储企业生产正常进行。

①单一的物流方向。仓库内商品的卸车、验收、存放地点之间的安排,必须适应仓储生产流程,按一个方向流动。

②最短的运距。应尽量减少迂回运输,专用线的布置应在库区中部,并根据作业

方式、仓储商品品种、地理条件等,合理安排库房、专用线与主干道的相对位置。

③最少的装卸环节。减少在库商品的装卸搬运次数和环节,商品的卸车、验收、堆码作业最好一次完成。

④最大化利用空间。仓库总平面布置是立体设计,应有利于商品的合理存储和充分利用库容。

(2)有利于提高仓储经济效益。

①因地制宜。充分考虑地形、地质条件,满足商品运输和存放上的要求,并能保证仓库充分利用。

②平面布置应与竖向布置相适应。所谓竖向布置,是指建设场地平面布局中的每个因素,如库房、货场、专运线、道路、排水、供电、站台等,在地面标高线上的相互位置。

③有利于机械设备的充分利用。总平面布置应能充分、合理地利用我国目前普遍使用的门式、桥式起重机等固定设备,合理配置这类设备的数量和位置,并注意与其他设备的配套,便于开展机械化作业。

(3)有利于保证安全生产和文明生产。

①保证安全生产。库内各区域间、各建筑间应根据《建筑设计防火规范》的有关规定留有一定的防火间距,并有防火、防盗等安全设施。

②保证文明生产。总平面布置应符合卫生和环境要求,既要满足库房的通风、日照等,又要考虑环境绿化、文明生产,有利于职工身心健康。

四、仓库库区规划

(一)仓库使用规划的意义

为了有效利用仓库的存货能力和加快周转货物的速度,使仓库的作业有条不紊地进行,必须对仓库进行合理规划,进行分区分类、专业化分工、储存和作业划分,提高仓库的效率和能力,促进仓储效率的提高。

仓库使用规划就是为了方便作业、提高库场利用率和作业效率,提高货物保管质量,依据专业化、规范化、效率化的原则对仓库的使用进行分工和分区,合理安排货位、布局作业路线,合理地使用仓库,以实现高效率和高效益。

仓库使用规划体现了实际的仓库设施特征和储存产品运动。在规划过程中要考虑三个因素,即设施、储藏利用空间以及作业流程。

现代仓库的使用规划建立在效率的基础之上,要充分利用每一个空间和可能利用的搬运设备。尽管现代的自动化多层仓库设施可利用的有效高度达 30 米,但大多数仓库的高度一般都在 6～9 米之间。通过使用货架及其他硬件设施可以将产品放在建筑的最高限度。

(二)仓库使用规划的原则

1.仓库专业化

分工和专业化是现代社会大生产的标志,分工和专业化促进了生产力的发展,提高了社会劳动生产率，为社会创造了巨大的财富。仓库管理同样需要分工和专业化。

分工和专业化的意义在于：可以促进有针对性的设施、场地建设，为实现机械化、自动化创造条件，提高作业效率和改善作业条件；促使管理和作业人员熟练地掌握专业和特定的技术和知识，提高效率和工作质量；有利于建立准确的定额、指标管理体系，便于考核、评判优劣、鼓励先进、鞭策落后，便于明确责任；有利于降低仓库成本，减少损耗，提高经济效益和企业竞争力。

仓库的专业化分工是依据库场存放和作业的货物的种类、流向、数量，以及库场的结构、位置来确定的。对于只储存单一货物的专业仓库，其库场必然是单一货物的专业化存储和作业。而对综合性仓库，为了开展专业化分工，对库场专业化分区段，不同的区段只承担某类货物和一种流向货物的存储和作业，实现局部的专业化分工。

2.效率化

除了通过专业化的分工提高仓库管理的质量外，仓库规划的主要目的是实现高效率的仓库管理和使仓库作业能高效率地进行，实现货物周转速度的提高，减少压仓压库的现象。

特别是中转型仓库，高效率的周转是仓库的生命。对任何仓库来说，快捷的货物进出、方便的作业、高效率的作业速度都会受到送货人、提货人的欢迎。稳定的仓库规划使仓位的使用固定化，方使员工熟悉和实现快捷的货物查询。

3.充分利用仓库

仓库使用规划是在现有仓库的基础上进行的规划，要根据现有仓库的场地特性、设备条件，针对仓库的货物种类合理地进行规划，使仓库的每一个空间都可以得到充分利用。作业便捷的货价用于周转量大的货物仓储，而不便操作的货位用于保管长期存储的物资。作业路线合理规划，不仅要实现作业的快捷，还要使作业线路最少地占用仓库面积，提高利用空间。分散或者集中作业都能满足仓储作业的需要，但不同的仓储物、不同的作业方式对空间的利用会有极大的差异，应根据仓储作业的需要规划作业区，向高处发展是提高仓库使用空间的有效手段，在仓库使用规划中应尽可能地利用高度。

4.从企业管理的原则进行规划

企业在生产单位和机构设定上要遵循以任务为目标，专业分工、管理幅度和管理层次合理的原则。将此原则运用到仓库管理之中，则会出现以专业分区、管理幅度划分仓库区间的仓库分段、分片的仓库管理和生产作业规划及机构的设定。对不同的生产过程进行专业分工和业务分类并由不同的生产单位承担是库场规划的一种重要方法。

通过合适的管理幅度的划分，使得人员管理到位、责任明确，员工激励和监督能有效进行，保证仓库管理有条不紊，员工的劳动业绩得以准确反映，便于考核，避免作业交叉、管理重叠或出现真空地带。信息技术的广泛使用，管理信息和管理手段的改进会使管理幅度增大，管理趋向于集中。

（三）仓库使用规划过程中应考虑的因素

仓库使用规划过程中应考虑以下因素：（1）仓库的现状和未来的发展；（2）仓库的经营方式和仓储对象；（3）仓库的机械化程度和未来的发展；（4）仓库的管理方法和能力，员工的素质；（5）仓库所面临的外部物流条件；（6）安全仓储和消防管理的需要。

（四）仓库使用规划的内容

1.仓库的总体布局合理

根据仓库生产和管理的需要，对整个仓库所有设施进行用途规划，确定生产、辅助生产、行政等场所，仓库、作业、道路、门卫等分布，并对各类设施和建筑进行区别，如仓库货场编号、道路命名、行政办公区识别等。通过总体规划形成仓库的总体布置图。

2.仓库的专业化分工

对所有仓库的用途和功能依据专业规划的原则确定，一般按照仓储物种类进行分类分区，对于专业化的仓库可以按照不同的作业方式进行划分。通过专业分区使得仓库形成如食品区、日用品区、机电区、物资区或者保管区、验货区、包装区等分区。

3.仓库员工的分工和管理范围

按照仓库员工的管理幅度需要确定班组、管理范围，确定仓库工作岗位和岗位职责。

4.仓库货位的安排和用途，作业道路和仓库的作业路程

为了实现安全保管和快捷作业，将仓库、货场划分为一定的货位，并对货位进行编号。确定仓库、货场内的作业通道，保证每一个货位都能与通道相通，并制定每一仓库和货场作业流程的进出口和运送方向。

5.仓库的未来发展

仓库的未来发展包括仓库的发展战略和规模（仓库的扩建、改造、仓库吞吐、存储能力的增长等）以及仓库机械化发展水平和技术改造方向，如仓库的机械化、自动化水平等。

6.仓库的主要经济指标

仓库的主要经济指标如仓库的主要设施利用率、劳动生产率、仓库吞吐存储能力、物资周转率、储存能力利用率、储运质量指标等。

因此，仓库规划是在仓库合理布局和正确选择库址的基础上对库区的总体设计。仓库建设规模以及仓库储存保管水平的确定使仓库形成相对稳定的布局和管理体系。

任务二　货位管理

一、货架类型

（一）托盘货架

托盘货架（见图 1-9）是使用最广泛的托盘类货物存储系统，通用性也较强。其结

构是货架沿仓库的宽度方向分成若干排,其间有一条巷道供堆垛起重机、叉车或其他搬运机械运行。每排货架沿仓库纵长方向分为若干列,在垂直方向又分成若干层,从而形成大量货格用托盘存储货物。

图 1-9　托盘货架

托盘货架的优点包括以下几点:(1)每一块托盘均能单独存入或移动,而不需移动其他托盘;(2)可适应各种类型的货物,可按货物尺寸要求调整横梁高度;(3)配套设备最简单,成本也最低,能快速安装及拆除;(4)货物装卸迅速,主要适用于整托盘出入库或手工拣选的场合,能尽可能地利用仓库与配送中心的上层空间。

(二)重力式货架

重力式货架(见图 1-10)又称为流动式货架,是一种利用存储货物自身重力来达到在货物存储深度方向上使货物运动的存储系统,较多应用于拣选系统。它常与流利装置和轨道配合使用,取倾斜布置。采取"先进先出"型存取模式,存货时托盘从货架斜坡高端送入滑道,通过导向轮下滑,逐个存放;取货时从斜坡低端取出货物,其后的托盘逐一向下滑动待取。托盘货物在每一条滑道中依次流入流出,故特别适用于易损货物和大批量同品种、短时期储存的货物。仓库利用率极高,运营成本较低,但对货架通道有特殊要求。

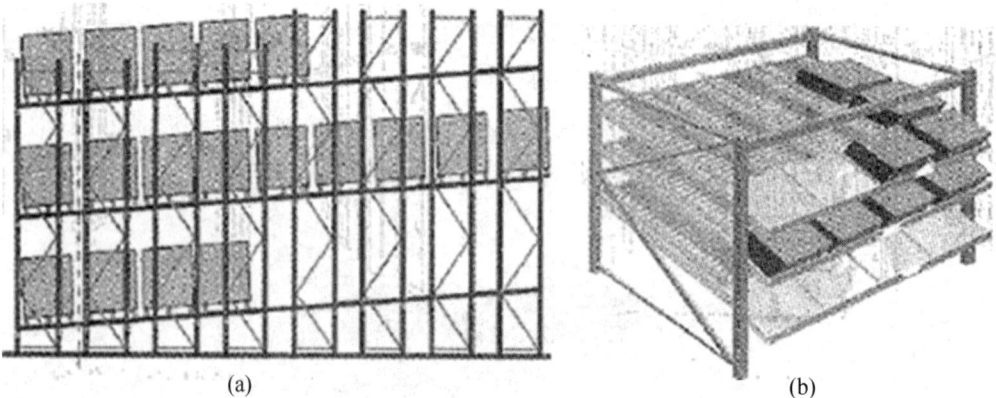

(a)　　　　　　　　　　　　　　　(b)

图 1-10　重力式货架

(三)悬臂式货架

悬臂式货架(见图 1-11)由悬臂和纵梁相连而成。悬臂货架分单面和双面两种,由金属材料制造而成,为了防止所储存材料的破损,常常加上木质衬垫或橡胶衬垫。

(a) (b)

图 1-11　悬臂式货架

　　悬臂式货架适合存储长形货物、大件货物和不规则货物,如钢铁、木材、塑料等。其前伸的悬臂具有结构轻巧、载重能力好的特点。如果增加隔板,则特别适合空间小、高度低的库房,管理方便。悬臂式货架同样可以实现多层应用。

(四)驶入式货架和驶出式货架

　　驶入式货架(见图 1-12)的托盘存放方式为:堆高机从里层的位置开始存放至最前面的位置。其配置方式可以两组驶入式货架背对背安置或单独一组靠着墙壁安置。堆高机的进出都使用相同的通道,储存密度非常好,但存取性则受到限制,不易做到先进先出的管理。由于堆高机在整个货架里面,因此驾驶员必须非常小心。驶入式货架的纵深以 3~5 列最为理想,堆栈 4 层最容易管理。驶入式货架适合少样多量的产品。

　　驶入式货架的特点如下:(1)储存密度高,存取性差;(2)适合少样多量的物品储存;(3)高度可达 10 米;(4)存取物品受存放位置先后顺序之限,不易做到先进先出;(5)不适合太长或太重的货品。

　　驶出式货架(见图 1-13)与驶入式货架使用相同的组件,有相同特性,但因其末端没有支撑杆封闭,故前后均可安排存取的通道,因此可做到先进先出的管理。

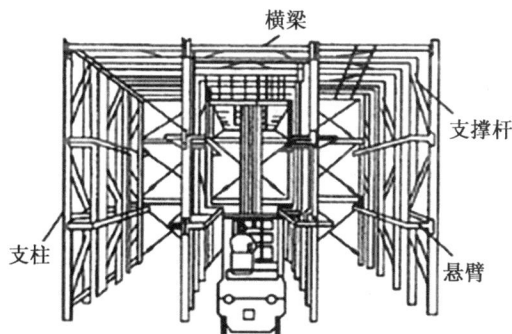

图 1-12　驶入式货架　　　　　图 1-13　驶出式货架

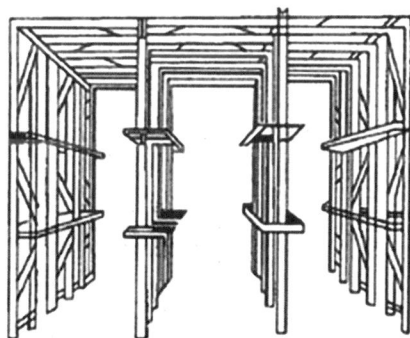

（五）层架

层架（见图 1-14）由立柱、横梁、层板构成。架子本身分为数层，层间用于存放货物。层架种类繁多，如果按层架存放货物的重量分类，可以分为重型层架、中型层架和轻型层架；按其结构特点分类，有层格式、抽屉式等类；按货架封闭程度分类，有开放型、半开放型、金属网型、前挡板型等。

图 1-14　层架

层架结构简单、适用性强、存取作业方便，但存放货物的数量有限，是人工作业仓库中重要的存储设备。轻型层架的特点和用途为：一般采用装配式，较灵活机动，结构简单，承载能力较差；适于人工存取轻型或小件货物；存放物资数量有限，是人工作业仓库的主要储存设备。中、重型层架的特点和用途：一般采用固定式层架，坚固且结实，承载能力强；储存大件或中、重型物资要配合叉车等使用，能充分利用仓容面积，提高仓储能力。

（六）自动化立体仓库

1.自动化立体仓库的产生与发展

自动化立体仓库又称立库、高层货架仓库、自动化仓库，是一种用高层立体货架（托盘系统）存储物资，用自动控制的巷道堆垛起重机及其他机械进行搬运存取作业，用计算机控制管理的仓库。自动化立体仓库能按指令自动完成货物的搬运、存储作业，并能对库存货物进行自动管理，是企业现代化管理的重要手段之一。

自动化立体仓库使用高层货架存储货物，存储区域大幅度地向高空发展，仓库最高达40米，最大库存量可达数万甚至十几万个货物单元，充分利用仓库地面和空间，节省了库存占地面积，提高了空间使用率。

2.自动化立体仓库的功能

自动化立体仓库如图 1-15 所示。其功能一般包括自动收货、存货、取货、发货和信息处理等。

图 1-15　自动化立体仓库

（1）收货

收货指仓库从供应方接受各种产品、材料或半成品,并将其收存入仓库的过程。收货时,自动化系统需要站台或场地供运输车辆停靠,需要升降平台作为站台和载货车辆之间的过桥,需要装卸机械完成装卸作业;卸货时,自动化系统需要检查货物的品质和数量以及货物的完好状态,确认完好后方能入库存放。一般的自动化立体仓库从货物卸载经查验进入自动系统的接货设备开始,将信息输入计算机,生成管理信息,由自动控制系统进行货物入库的自动操作。

（2）存货

存货指自动化系统将货物存放到规定的位置,一般是放在高层货架上。存货之前,仓库自动化系统首先要确定存货的位置。某些情况下货物可以采取分区固定存放的方式,即按货物的种类、大小和包装形式来实行分区存放。随着移动货架和自动识别技术的发展,仓库自动化系统已经可以做到随意存放,这既能提高仓库的利用率,又可以节约存取时间。

（3）取货

取货是指自动化系统根据需求从库房货架上取出所需货物。取货可以采取不同的取货原则,通常采用的是"先进先出"的原则,即在出库时,先存入的货物先被取出。对某些自动化立体仓库来说,必须能够随时存取任意货位的货物,这种存取货方式要求搬运设备和地点能频繁更换。

（4）发货

发货是指取出的货物按照要求发给用户。根据服务对象的不同,有的仓库只向单一用户发货,有的需要向多个用户发货。发货往往需要配货,即根据用户要求对货物进行配套供应。

3.自动化立体仓库的优点

（1）仓库作业全部实现机械化和自动化,节省人力,大大提高了作业效率。

（2）大幅度地利用仓库高度,充分增加了仓库面积与空间,减少占地面积,降低土地的购置费用。例如,一座货架15米高的自动化仓库储存机电零件,单位面积储存量可达 2～5 吨/平方米,是普通货架仓库的 4～7 倍。

(3)采用托盘或货箱储存货物,货物的破损率显著降低。

(4)利于管理,货位集中便于控制,借助计算机能有效地利用仓库储存能力,便于清点盘货,合理减少库存,节约流动资金。

(5)能适应黑暗、有毒、低温等特殊场合的需要。

4.自动化立体仓库的缺点

(1)结构复杂、配套设备多,需要的基建和设备投资高。

(2)货架安装精度要求高、施工比较困难,而且施工周期长。

(3)储存货物的品种受到一定限制,对长、大、笨重货物以及要求特殊保管条件的货物必须单独设立储存系统。

(4)对仓库管理人员和技术人员要求较高,必须经过专门培训才能胜任。

(5)工艺要求高,包括建库前的工艺设计和投产使用中按工艺设计进行作业。

(6)弹性较小,难以应付储存高峰的需求。流通业在实际运作时常常会有淡旺季或高低峰以及客户紧急的需求,而自动化设备数目固定,运行速度可调整范围不大。

(7)必须注意设备的保管保养并与设备提供商保持长久联系。自动化仓库的堆垛起重机、自动控制系统等都是先进的技术性设备,由于维护要求高,必须依赖供应商,以便在系统出现故障时能提供及时的技术援助。

自动化仓库要充分发挥其经济效益,就必须与采购管理系统、配送管理系统、销售管理系统等相结合,但是这些管理系统的建设也需要大量投资。因此,在选择建设自动化仓库时,必须综合考虑自动化仓库在整个企业中的营运策略、地位和设置自动化仓库的目的,不能为了自动化而自动化,还要分析建设自动化仓库所带来的正面和负面影响。最后还要考虑采取相应的补救措施。所以,在实际建设中必须进行详细的方案规划,进行综合测评确定建设方案。

二、货位规划

货位规划就是根据库区的场地条件、仓库的业务性质和规模、商品储存要求以及设备的性能和使用特点等因素,对储存空间、作业区域、站台及通道进行合理安排和布置。

在进行商品储存场所货位规划时主要考虑两个方面的要素,一是充分提高储存空间的利用率,二是提高物流作业效率。储存区域是仓库的核心和主体部分,提高储存空间的利用效率是仓库管理的重要内容。储存空间在规划和布局时,首先必须根据储存货物的体积大小和储存形态来确定储存空间的大小,然后对空间进行分类,并明确其使用方向,再进行综合分析和评估比较,在此基础上进行布置。

根据仓库作业的需要,将仓库中可存储商品的区域划分为待检区、处理区、合格品储存区、不合格品储存区,各区域可以用颜色加以区分。

(一)平面布置

平面布置是指对货区内的货垛、通道、垛间(架间)距、收发货区等进行合理的规划,并正确处理它们的相对位置。平面布置的形式有垂直式布置和倾斜式布置两种。

1.垂直式布置

垂直式布置是指货垛或货架的排列与仓库的侧墙互相垂直或平行,具体包括横列式布局、纵列式布局和纵横式布局。

(1)横列式布局是指货垛或货架的长度方向与仓库的侧墙互相平行。这种布局的主要优点是主通道长且宽、副通道短、整齐美观、便于存取查找,如果用于库房布局还有利于通风和采光,如图 1-16 所示。

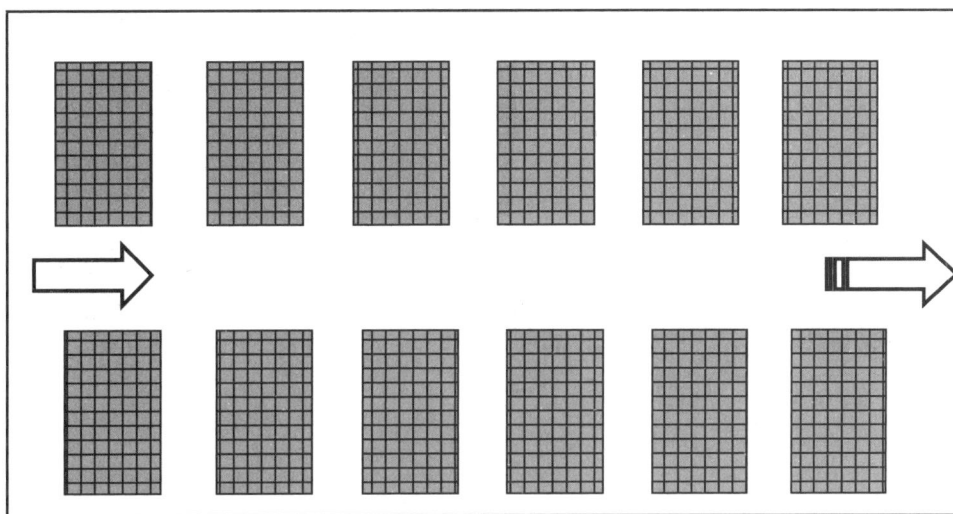

图 1-16　仓库横列式布置图

(2)纵列式布置是指货垛或货架的长度方向与仓库侧墙垂直。这种布局的优点主要是可以根据库存物品在库时间的不同和进出频繁程度安排货位:在库时间短、进出频繁的物品放置在主通道两侧,在库时间长、进库不频繁的物品放置在里侧,如图 1-17 所示。

(3)纵横式布置,也叫混合式布置,是指在同一保管场所内横列式布局和纵列式布局兼而有之,可以综合利用两种布局的优点,如图 1-18 所示。

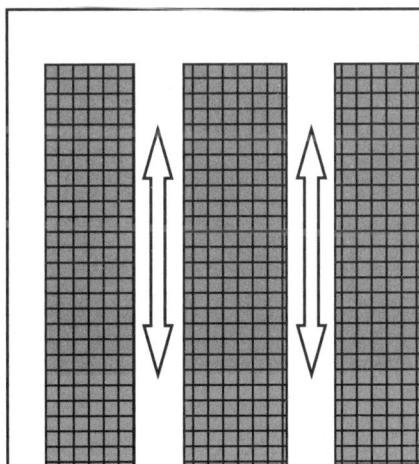

图 1-17　仓库纵列式布局　　　图 1-18　纵横式布局

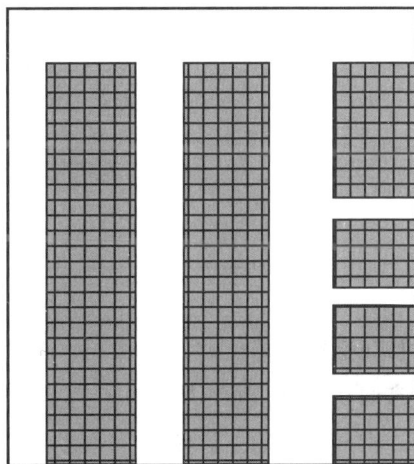

2.倾斜式布局

倾斜式布局是指货垛或货架与仓库侧墙或主通道成 60°、45°或 30°夹角,具体包括货垛倾斜式布局和通道倾斜式布局。

(1)货垛倾斜式布局是横列式布局的变形,它是为了便于叉车作业、缩小叉车的回转角度、提高作业效率而采用的布局方式,如图 1-19 所示。

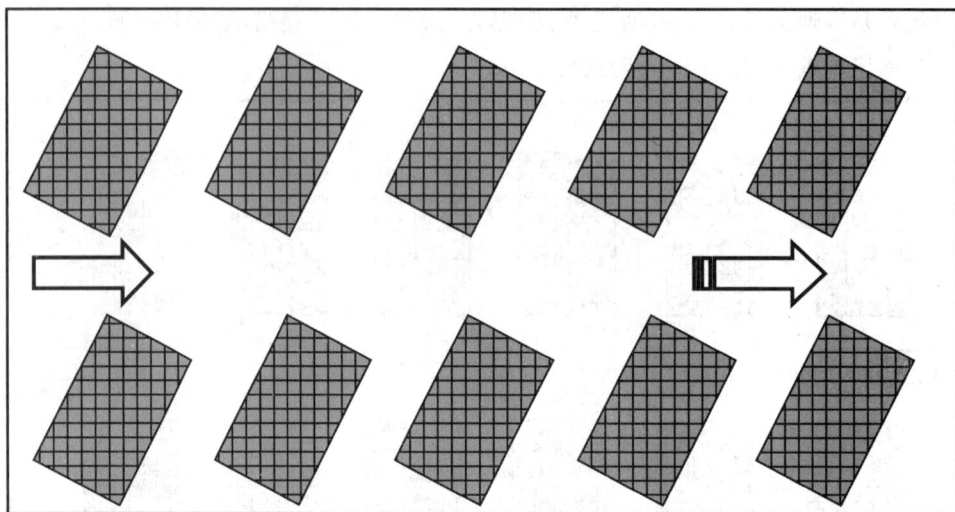

图 1-19　货垛倾斜式布局

(2)通道倾斜式布局是指仓库的通道斜穿保管区,把仓库划分为具有不同作业特点的,如大量存储和少量存储的保管区等,以便进行综合利用。在这种布局中,仓库内形式复杂,货位和进出库路径较多,如图 1-20 所示。

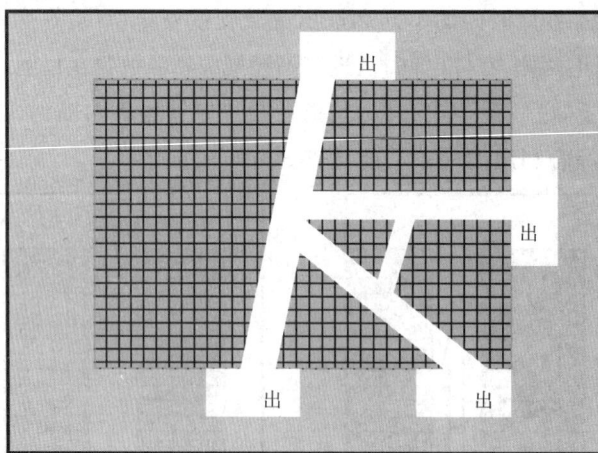

图 1-20　通道倾斜式布局

(二)空间布局

空间布局是指库存物品在仓库立体空间内布局,其目的在于充分有效地利用仓库空间。空间布局的主要形式有就地堆码、上货架存放、架上平台、空中悬挂等。

其中,使用货架存放物品有很多优点,概括起来有以下几个方面:(1)便于充分利用仓库空间,提高库容利用率,扩大存储能力;(2)物品在货架里互不挤压,有利于保证物品本身和其包装的完整无损；(3)货架各层中的物品可随时自由存取，便于做到先进先出；(4)物品存入货架可防潮、防尘，某些专用货架还能起到防损伤、防盗、防破坏的作用。

三、货位编码管理

货位是货物存放的位置，商品货位编号管理方法是在分区分类和划分好货位的基础上，将仓库范围的房、棚、场以及库房的楼层、仓间、货架等按地点、位置顺序编列号码，并做出明显标识。一封信只有在住址、姓名都写清楚的条件下才能迅速正确地送到收信人手中。货位编号好比商品的地址，而货物编码就如同姓名一般；通过它们可以在仓库中迅速地找到商品，为方便、快捷地存取货物提供了条件。

(一)货位编号的要求

在品种、数量很多和商品进出频繁的仓库里，保管员必须正确掌握每批商品的存放位置，货位编号就好比商品在库的"住址"。做好货位编号工作，应从不同的仓库条件、商品类别和经营方式等情况出发，搞好标记位置、货位画线及编号秩序，以符合"标记明显易找、编排循规有序"的要求。

1.标记设置要适宜

货位编号的标记设置要因地制宜，采取适当方法，选择适当位置。例如，仓库标记可在库门外挂牌，仓间标记可写在库门上，货场货位标记可竖立标牌，多层建筑库房的走道、支道、段位的标记一般都刷置在地坪上(但存放粉末类、软性笨重商品的仓间，其标记也有印置在天花板上的)，泥土地坪的简易货棚内的货位标记可利用柱、墙、顶梁刷置或悬挂标牌。

2.标记制作要规范

制作货位编号标志要统一使用阿拉伯字码。在制作库房和走道、支道的标志时，可在阿拉伯字码外再辅以圆圈，并且可用不同直径的圆表示不同处的标志。

3.编号顺序要一致

仓库范围的房、棚、场以及库房内的走道、支道、段位的编号基本上都以进门的方向左单右双或自左而右的规则进行。

4.段号间隔要恰当

段号间隔的宽窄取决于储存商品批量的大小。编排段号时，管理人员可沿着货位画线，通常保持间隔1～2米。整个仓间段号间隔应该等距，这除了有利于管理人员正确掌握存货位置、加速发货和据此填报空仓外，还有利于其从间隔的段号上推算出仓间或支道的深度和宽度。

(二)货位编号和仓库编号的方法

1.货位编号的方法

(1)区段法。区段编号法就是把存储区分成几个区段，再对每个区段进行编号。这种方法以区段为单位，每个号码代表的储区较大，适用于单位化货物和量大而保管期短的货物。区域大小根据物流量大小而定,进出货暂存区的货位编码可采用区段法。

(2)品项群法。品项群法是把一些相关性货物经过集合后,区分成几个品项群,再对每个品项群进行编码。这种方式适用于容易按商品群保管的场合和品牌差距大的货物,如服饰群、五金群、食品群。

(3)地址法。地址法是利用保管区中现成的参考单位,如建筑物第几栋、区段、排、行、层、格等,按相关顺序编号,如同邮政地址的区、街道、号一样。较常用的编号方法一般采用"四号定位法",实际编号时可根据具体情况在"四号定位法"的基础上,采用"三号定位法"或者"五号定位法",甚至"六号定位法",至于采用几号定位法要以能区别每个具体号位为标准。"四号定位法"是采用四组数字号码对库房(货场)、货架(货区)、层次(排次)、货(垛位)进行统一编号。

2.仓库内部的编号

目前仓库内部编号主要涉及库房、货棚、货场及货位等的编号。

(1)仓库内储存场所的编号。整个仓库内的储存场所若有库房、货棚、货场,则可以按一定的顺序(自左往右或自右往左)各自连续编号。

库房的编号一般写在库房的外墙上或库门上,字体要统一、端正,色彩鲜艳、清晰易于辨认。多层库房的编号,可采用"三号定位法"编号,即用三组数或字母依次表示库房、楼层和仓间,如"131",表示1号库房、3层楼、1号仓间。

货场的编号一般写在场地上,书写的材料要耐摩擦、耐雨淋、耐日晒。货棚编号书写的地方则可根据具体情况而定,有的写在场地上,有的写在立柱上,也有的写在棚顶上,总之应让人一目了然。

此外为了防止库房、货棚、货场在相同编号的情况下造成错觉,可在第一位数字前加上拼音的第一个字母"K"、"P"或"C"来区别。

(2)货架货位编号。货架货位一般采用地址法编号,由库房号、货架号、货架层号及货架列号构成。下面以"四号定位法"为例说明货架货位的编号,第一组数字代表库房号,第二组数字代表货架号,第三组数字代表货架层号,第四组数字代表货架列号。如"3-4-5-9"就是指3号库房、4号货架、第5层、9号位。

货架号编号顺序为面向货架从左至右编号;货架层次号编号顺序为从下层向上层依次编号;货架列号编号顺序为面对货架从左侧起横向依次编号。

(3)货场货位编号。货场货位编号常见的有两种方法:一种是在整个货场内先按排编上排号,然后再在排内按顺序编上货位号;另一种是不分排号,直接按货位顺序编号。

对于集装箱堆场,应对每个箱位进行编号,并画出箱门和四角位置标记。

3.绘制物资货位表

为便于管理及提高工作效率,仓库内储存区域与货架分布情况在编号的基础上可绘制物资货位表,如表1-1所示。

表 1-1　物资货位表

品名	编号	库区号	货架号	货架层	列号
玩具熊	0015	A	1	3	1
积木	0021	A	2	1	1

任务三　编制货物储存计划

一、储存计划内容

货物储存计划,也称货物出入库计划,是在考虑仓储能力的前提下,根据出入库计划确定储存货物品种、数量及储存时间的计划,有年度计划、半年计划、季度计划和月度计划,最常用的是年度计划。把年度计划分解到短期储存计划中去,就可制订半年、季度和月份储存计划,它规定了企业的年度储存任务和期望目标,影响和制约着其他各项计划的制订。

货物储存计划是仓储计划的基础,它规定了仓储企业的年度储存任务和期望目标,影响和制约着其他各项计划的制订,能够合理安排仓容,提高仓容利用率,便于人员、设备的合理调配,有利于降低仓储费用。

二、编制依据

编制储存计划时,需要对入库储存的货物品种、数量、时间以及影响物资储存量的因素等进行广泛的市场调查研究,结合仓库储存能力,加以编制。影响货物储存计划的主要因素有以下几个:

(一)货物储存的品种数量

品种数量主要是根据历年统计数字,结合具体市场调查研究做出预测而定,同时需充分考虑时间因素的影响,使货物储存计划能正确反映各种货物及其数量在时间上的变化,以确定不同时期货物储存所需的库容。

(二)仓库储存能力

仓库储存能力是指在计划期内可以安排的仓容或能够储存的货物总量。不同类型仓库的储存能力,可以按仓库的容量或仓库储存货物的重量计算,根据仓库储存面积和仓容定额共同确定仓库的储存能力。

1.仓储面积

仓储面积是储存货物的基础,充分利用仓库的面积,提高仓库面积的利用率,可有效提高仓储企业的经济效益。仓库面积包括占地面积、建筑面积、库内面积、实际面积、储存面积、使用面积、面积利用率、仓位使用率等。

2.仓容定额

仓容定额是指仓库或货场单位面积可以存放物资的最高数量,是每平方米储存面积的储存量标准,仓容定额可以反映出仓库的储存能力。决定仓容定额大小的主要因素是地坪承载能力和货物允许堆放高度。

【例 1-1】今收到供货商发来的入库通知单,计划到货日期为明天上午 10 点,内容如下:

品名:金属制品　　　　　　包装规格:500 mm×350 mm×400 mm

包装材质:松木　　　　　　单体毛重:60 千克

包装标识限高 8 层　　　　数量:3200 箱

如果此批货物入库后就地码垛堆存,请计算出至少需要多大面积的储位?如果目标存储区域可堆垛宽度限制为 5.0 米,计算出计划堆成的货垛的垛长、垛宽及垛高各为多少箱?

注:1.仓库高度为 4 米,地坪荷载:3000 千克/平方米;

　　2.垛型要求为重叠堆码的平台垛;

　　3.储位面积计算要充分考虑仓储"五距"。

三、编制方法

(一)确定需求

货物储存计划编制首先要确定需求,包括大量收集货物的市场供求信息,以及客户向仓储企业提供的货物储存申报计划,仔细调查储存货物的种类、数量、包装、货主、出入库时间等;以及企业可与客户签订货物储存合同、协议或意向书,详细拟订储存货物的名称、数量、储存要求、储存时间、包装形式及货物特性等。

(二)考察库存能力

考察库存能力包括检查仓库的容量,考察仓库的机械化程度和未来的发展,调查仓库的经营方式,考察仓库管理的方法和能力,考察仓库所面临的外部条件,考察仓储安全及消防管理水平等。

(三)平衡客户需求与自身仓储能力

在确定需求和考察库存能力之后,计划工作就是如何充分利用现有的仓储资源进行客户需求和自身能力之间的综合平衡。这种平衡包括以下三个方面:

1.仓储前后环节能力的平衡

仓储是物流系统中的"停滞"环节,因此应该平衡物流链上的前后仓储的数量和能力,如果前后环节的仓储能力不平衡,则会造成库存能力的不足或过剩。所以仓储企业应该从整体物流的角度合理平衡系统内各环节之间的仓储能力。

2.仓库与仓储需求的平衡

仓库合理化使用就是仓库的仓储能力刚好满足仓储需求,但有些仓储企业的库场能力常常大于需求,而另一些库场的能力则小于需求,因此物流企业应根据自己的库场实际情况,有针对性地组织货源。对于一些量大且货源稳定的货种,如果目前库场类型和能力难以满足,应考虑租用其他企业的库场,并在论证认为合理可行的情况下,对现有库场进行技术改造,使其满足新货种的储存要求。

3.货物储存时间上的平衡

仓储需求是随着市场经济的周期性涨落而改变的,这种变化并不与经济涨落同步,而是相对滞后。由于影响仓储需求变化的因素很多,以至于难以准确地估计出仓储需求的变化规律,但仓储企业的经营者通过长期的工作积累经验,以及观察货物供需市场的变化,就能掌握仓储需求的变化趋势,从而估计它的变化规律。仓储经营者在掌握仓储需求变化后,应在仓储计划中较长时段的仓储安排上做到时间的平衡,在时间不变的情况下,及时调整原来的库场存货的分区方法,以满足当前货种储存的需要。

(四)仓储能力使用的重量单位

计算仓库储存能力使用的重量单位是"综合吨"。仓储货物可以分为实重货物和轻泡货物,每立方米体积的某种货物的重量大于或等于1吨,则这种货物为实重货物;每立方米体积的某种货物的重量小于1吨,则为轻泡货物。实际中,一般对实重货物以其实际重量来计算重量,对于轻泡货物则以立方米体积折算为1吨来计算重量,而不管其实际重量的多少。综合这两种计算方法所计算出的货物重量单位就叫综合吨。

任务四 配送规划

一、配送的概念及类型

(一)配送的概念

根据《中华人民共和国国家标准物流术语》(GB/T 18354—2001),"配送"被定义为:"在经济合理区域范围内,根据用户要求,对物品进行拣选、加工、包装、分割、组配等作业,并按时送达指定地点的物流活动。"

从物流角度来说,配送几乎包括了所有的物流功能要素,是物流在小范围内全部活动的体现。一般来说,配送集装卸、包装、保管、运输于一身,通过这一系列活动达到将物品送达客户的目的。特殊的配送则还要以加工活动为支撑,包含的面更广。

从商流来讲,配送和物流的不同之处在于,物流是商物分离的产物,而配送则是商物合一的产物,配送本身就是一种商业形式。虽然配送具体实施时,也有以商物分离形式实现的,但从配送的发展趋势看,商流与物流越来越紧密的结合,是配送成功的重要保障。

从配送的实施形态角度来看,对配送表述如下:按用户订货要求,在配送中心或其他物流节点进行货物配备,并以最合理的方式送交用户。这个概念的内容概括了以下几点:

(1)配送的实质是送货。

配送是一种送货,但和一般送货有区别:一般送货可以是一种偶然的行为,而配送却是一种固定的形态,甚至是一种有确定组织、确定渠道,有一套装备和管理力量、技术力量,有一套秩序的形式。所以,配送是高水平的送货形式。

(2)配送是一种以现代送货形式来实现资源最终配置的经济活动。

在社会再生产过程中,配送处于接近用户的那一段流通领域,由于配送的主要经济活动是现代送货,因此它是以现代生产力、劳动手段为支撑,依靠科技手段来完成的。

(3)配送是一种"中转"形式。

配送是从物流结点至用户的一种特殊送货形式,从送货的功能看,其特殊性表现为:从事送货的是专职流通企业,而不是生产企业;配送是"中转"型送货,而一般送货尤其从工厂至用户的送货往往是直达型;一般送货是生产什么、有什么就送什么,配送则是企业需要什么送什么。所以,要做到需要什么送什么,就必须在中转环节汇集这种需要,这使配送必然以中转的形式出现。当然,广义上许多人也将非中转型送货纳入配送范围,将配送外延从中转扩大到非中转,仅以"送"为标志来划分配送外延,也是有一定道理的。

(4)配送是"配"和"送"有机结合的形式。

配送与一般送货的重要区别在于:配送利用有效的拣选、配货等理货工作,使送货达到一定的规模,以利用规模优势取得较低的送货成本。如果不进行拣选、配货,有一件运一件,需要一点送一点,就会大大增加动力的消耗,使送货并不优于取货,所以如果追求整个配送的优势,拣选、配货等工作是必不可少的。

(5)配送以用户要求为出发点。

在定义中强调"按用户的订货要求"明确用户的主导地位。配送是从用户利益出发、按用户要求进行的一种活动,因此,在观念上必须明确"用户第一""质量第二"的原则,配送企业的地位是服务地位而不是主导地位,不能从本企业利益出发,而应从用户利益出发,在满足用户利益的基础上取得本企业的利益。更重要的是,不能利用配送损伤或控制用户,不能利用配送作为部门分割、行业分割、割据市场的手段。

(6)以最合理方式送交用户。

概念中"以最合理方式"的提法是基于这样一种考虑:过分强调"按用户要求"是不妥的,用户要求受用户本身的局限,有时实际会损失自我或双方的利益。对于配送者而言,必须以"要求"为据,但是不能盲目,应该追求合理性,进而指导用户,实现共同受益。

(二)配送的类型

1.按配送主体不同划分

(1)配送中心配送

组织者是专职从事配送业务的配送中心,规模较大、专业性强,与用户有固定的配送关系,一般实行计划配送。由于配送中心设施及工作流程是按配送需要而专门设计的,所以配送能力强,配送距离较远,配送品种多,配送数量大,可以承担工业企业生产用主要物资的配送及向商店实行补充性配送等。配送中心配送是配送的主体形式。

（2）仓库配送

仓库配送是以一般仓库为据点进行配送的形式，在仓库保持原有功能的前提下，增加配送功能。由于不是专门按配送中心要求建设的，所以仓库配送规模较小、专业化程度低，是一种中等规模的配送形式。

（3）商店配送

组织者是商业或物资经营网点，它们承担零售业务，规模一般不大，但经营品种齐全，容易组织配送。除日常经营的零售业务外，这种配送方式还可根据用户的要求，将商店经营的品种配齐，或代用户外订外购一部分本商店平时不经营的商品，与商店经营的品种一起配齐运送给用户。这种配送形式由于网点多、配送半径小，比较机动灵活，可承担生产企业非主要生产用物资的配送，是配送中心配送的辅助及补充形式。

（4）生产企业配送

组织者是生产企业，尤其是进行多品种生产的企业，可以直接由企业配送，而无须再将产品运到配送中心进行中转配送。生产企业配送在地方性较强的生产企业中应用较多，如某些不适应中转的化工产品与地方建材产品大多采用生产企业配送。

2．按配送品种和数量划分

（1）单（少）品种大批量配送

在这种方式中，由于配送的品种少、批量大，不需要与其他商品搭配即可使车辆满载，配送中心内部设施、组织计划等工作也较简单，因而配送成本较低。

（2）多品种少批量配送

这种方式按用户要求，将所需的各种物资配备齐，凑整装车，由配送员运送给用户。这种配送水平要求高，配送中心设备较复杂，配送计划难度大，要有高水平的组织工作来保证。在配送方式中，这是一种高技术、高水平的方式，也符合现代"消费多样化""需求多样化"的新观念，是许多国家推崇的一种方式。

（3）配套配送或成套配送

这种方式按照企业生产的需要，尤其是装配型企业生产的需要，将生产每台产品所需的全部零部件配齐，准时送到企业的生产线，便于企业进行产品的装配。采用这种配送方式，配送企业承担了生产企业的大部分供应工作，生产企业专注于生产，与多品种少批量配送的效果相同。

3．按配送时间和数量不同划分

（1）定时配送

定时配送是指按规定时间和时间间隔进行的配送活动，如数天、数小时一次等，每次配送品种及数量可按计划进行，也可在配送前商定。由于时间固定，易于安排工作计划，易于调度车辆，对用户来说也易于安排接货力量。

（2）定量配送

定量配送是指按事先供需双方协议规定的批量进行配送。由于数量固定，配货工作简单,可按托盘、集装箱等集装方式备货,也可做到整车配送,配送效率高。由于时间没有严格的规定,可将不同用户所需的物资集零为整后配送,对运力的利用较好。对用户来讲,每次接货都是同等数量,有利于仓位、人力、物力的准备。

（3）定时定量配送

定时定量配送是指按规定的时间和数量进行配送。这种方式兼有上述两种方式的优点,组织难度较大,适合采用的用户不多,不是普遍方式。

（4）定时定线路配送

定时定线路配送是指在规定运行路线上制定到达时间表,按运行时间进行配送,用户在规定的路线站及规定时间接货和提出配送要求。这种方式有利于安排车辆和人员,在配送用户较多的地方亦可免于复杂的组织工作。

（5）即时配送

即时配送是指完全按用户要求的时间和数量进行配送的方式。要求在充分掌握需要量和品种的前提下,及时安排最佳路线和相应车辆,实时配送。即时配送是水平较高的配送方式,但组织难度大,需事前做出计划。

二、配送的功能要素

（一）备货

备货是配送的准备工作或基础工作,备货工作包括筹集货源、订货或购货、集货、进货及有关的质量检查、结算、交接等。配送的优势之一就是可以集中用户的需求进行一定规模的备货。备货是决定配送成败的初期工作,如果备货成本太高,会大大降低配送的效益。

（二）储存

配送中的储存有储备及暂存两种形态。

储备是按一定时期的配送经营要求,形成对配送的资源保证。这种类型的储备数量较大,储备结构也较完善,视货源及到货情况可以有计划地确定周转储备和保险储备的结构及数量。配送的储备保证有时在配送中心附近单独设库解决。

暂存是具体执行配送时,按分拣配货要求,在理货场地所做的少量储存准备。由于总体储存效益取决于储存总量,所以这部分暂存数量只会对工作方便与否造成影响,而不会影响储存的总效益,因而在数量上控制并不严格。还有另一种形式的暂存,即是拣选、配货之后形成的发送货的暂存,这个暂存主要是调节配货与送货的节奏,暂存时间不长。

（三）拣选及配货

拣选及配货是配送不同于其他物流形式的功能要素,也是配送成败的一项重要支持性工作。拣选及配货是完善送货、支持送货的准备性工作,是不同配送企业在送货时进行竞争和提高自身经济效益的必然延伸,也是一般送货向配送发展的必然要求。有了拣选及配货,就会大大提高配送服务水平。所以,拣选及配货是决定整个配送系统水平的关键要素。

（四）配装

在单个用户配送数量不能达到车辆的有效载运负荷时，就存在如何集中不同用户的配送货物，进行搭配装载以充分利用运能、运力的问题，这就需要配装。和一般送货的不同之处在于，通过配装送货可以大大提高送货水平及降低送货成本。所以，配装是配送系统中有现代特点的功能要素，也是现代配送与以往送货的重要区别之处。

（五）配送运输

配送运输属于运输中的末端运输、支线运输，和一般运输形态的主要区别在于：配送运输是较短距离、较小规模、频率较高的运输形式，一般使用汽车作为运输工具。

与干线运输的另一个区别是，配送运输的路线选择问题是一般干线运输所没有的，干线运输的干线是唯一的运输线，而配送运输由于配送用户多、一般城市交通路线又较复杂，所以如何制定最佳路线，如何使配装和路线有效搭配等成为配送运输的特点，也是难度较大的工作。

（六）送达服务

配好的货运输到用户还不算配送工作的完结，这是因为送达货和用户接货往往还会出现不协调，使配送前功尽弃。因此，要圆满地实现运到之货的移交，同时有效、方便地处理相关手续并完成结算，还应讲究卸货地点、卸货方式等。送达服务也是配送独具的特性。

（七）配送加工

在配送中，配送加工这一功能要素不具有普遍性，但却是有重要作用的功能要素，因为通过配送加工可以大大提高用户的满意程度。配送加工是流通加工的一种，但配送加工不同于一般流通加工，配送加工一般只取决于用户要求，其加工的目的较为单一。

三、配送的模式

（一）按配送机构的经营权限和服务范围来分类

根据配送机构的经营权限和服务范围不同，配送可以分为配销模式和物流模式两种，其运作特点如图 1-21 所示。

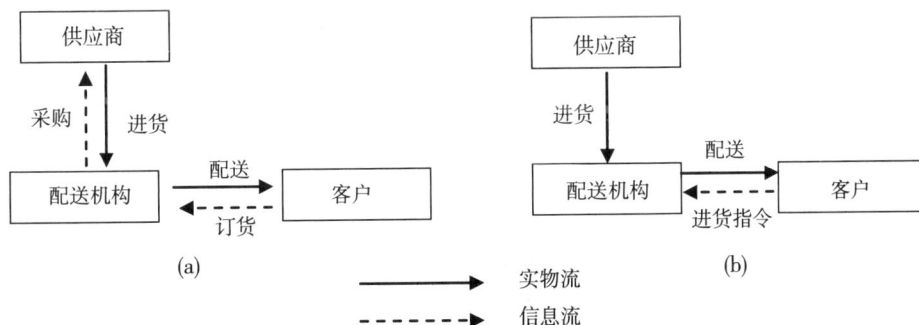

图 1-21　配销模式和物流模式

1.配销模式

配销模式又称为商流、物流一体化的配送模式,其基本含义是配送的组织者既从事商品的进货、储存、分拣、送货等物流活动,又负责商品的采购与销售等商流活动。这类配送模式的组织者通常是商品经销企业,也有些是生产企业附属的物流机构。这些经营实体不仅独立地从事商品流通的物流过程,而且将配送活动作为一种"营销手段"和"营销策略",既参与商品交易实现商品所有权的让渡与转移,又在此基础上向客户提供高效优质的物流服务。在我国的物流实践中,配销模式的组织方式大多存在于以批发为主体经营业务的商品流通机构。在国外,许多汽车配件中心所开展的配送业务也多属于这种模式。

配销模式的特点在于:对于流通组织者来说,由于其直接负责货源组织和商品销售,因而能形成储备资源优势,有利于扩大营销网络和经营业务范围,同时也满足客户的不同需求。但这种模式由于其组织者既要参与商品交易,又要组织物流活动,因此,不但投入的资金、人力、物力比较多,需要一定的经济实力,而且也需要较强的组织和经营能力。

2.物流模式

物流模式是指商流、物流相分离的模式。配送组织者不直接参与商品的交易活动,不经销商品,只负责专门为客户提供验收入库、保管、加工、拣选、送货等物流服务。其业务实质上属于"物流代理",从组织形式上看,其商流和物流活动是分离的,分别由不同的主体承担。

物流模式的主要特点在于:业务活动仅限于开展配送业务,业务比较单一,有利于提高专业化的物流服务水平;占用流动资金少,经营风险较小。

(二)按配送主体承担者不同来分类

1.自有型配送模式

这是目前生产流通或综合性企业(集团)所广泛采用的一种配送模式。企业(集团)通过独立组建配送中心,实现内部各部门、厂、店的物品供应的配送。这种配送模式体现自我满足特点,形成了新型的"大而全"、"小而全"的倾向,一定程度上造成了社会资源的浪费。但是,就目前来看,在满足企业(集团)内部生产材料供应、产品外销、零售场店供货和区域外市场拓展等企业自身需求方面也发挥了重要作用。

较典型的企业(集团)内自有配送模式,就是连锁企业的配送。大大小小的连锁公司或集团基本上都是通过组建自己的配送中心,来完成对内部各场、店的统一采购、统一配送和统一结算的。

2.外包型配送模式

外包型主要是由具有一定规模的物流设施设备(库房、站台、车辆等)及专业经验、技能的批发、储运或其他物流业务经营企业,利用自身业务优势,承担其他生产性企业在该区域内的市场开拓、产品营销而开展的纯服务性的配送。通过这种现场办公式的决策组织,生产企业在该区域的业务代表控制着信息处理和决策权,独立组织营销、配送业务活动。提供场所的物流业务经营企业只是在生产企业这种派驻机构的指示下提供相应的仓储、运输、加工和配送服务,收取相对于全部物流利润的极小比率的业务服务费。开展这种配送模式的企业对所承揽的配送业务缺乏全面的了解和掌握,无法组织合理高效的配送,在设备、人员上浪费比较大。所以这是一种高消耗、低收益的配送模式。

3.综合型配送模式

在这种模式中,从事配送业务的企业通过与上家(生产、加工企业)建立广泛的代理或买断关系,与下家(零售店铺)形成稳定的契约关系,从而将生产、加工企业的商品或信息进行统一组织、处理后,按客户订单的要求配送到店铺。这种模式的配送还表现为在用户间交流供应信息,从而起到调剂余缺、合理利用资源的作用。综合化的中介型配送模式是一种比较完整意义上的配送模式。

4.共同配送模式

这是一种配送经营企业间为实现整体的配送合理化,以互惠互利为原则互相提供便利的配送业务的协作型配送模式,是配送的一种发展方向,特别是在城市中的配送。

四、配送的流程

配送流程是根据配送货物的性质、状态、配送环节、配送工艺装备等因素来制定的,配送流程可分为基本流程和特殊流程。

(一)配送的基本流程

配送业务的组织一般是按照功能要素展开的,其基本流程如图 1-22 所示。

进货 → 储存 → 分拣 → 配货 → 配装 → 送货

图 1-22　配送基本业务流程

(二)配送的特殊流程

在管理运作中,人们常常把生产资料分成两大类:工业品生产资料和农产品生产资料。这里讲的生产资料是一般用于满足工作、交通、基本建设等需要的工业品生产资料,其中包括各种原料、材料、燃料、机电设备等。

从物流的角度看,有些生产资料是以散装或裸露方式流转的(如煤炭、水泥、木材等产品),有些则是以捆装和集装方式流转的(如金属材料、机电产品等),也有些产品直接进入消费领域,中间不经过初加工过程。由于产品的性质和消费情况各异,其配送模式也迥然不同。

从配送流程上来看,生产资料配送大体上可分为两种模式。

第一种模式:在配送流程中,作业内容和工序比较简单,除了有进货、储存、装货和送货等作业以外,基本上不存在其他工序。在这种配送模式中,装卸运输作业通常要使用专用的工具或设备,并且车辆可直接开到储货场地进行作业(直接发送)。在流通实践中,按照这种模式进行配送的生产资料产品主要有煤炭、水泥、成品油等。

第二种模式:在配送活动中包含着加工(产品的初级加工)。换言之,加工作业成了配送流程中的一道重要工序。由于产品种类和需求方向不同,在加工工序之后续接的作业也不尽一致。

很明显,第二种模式要比第一种模式复杂,不但作业工序多,而且同样的工序可能会重复出现(如储存工序)。在物资供应活动中,采用第二种配送模式流转的生产资料产品主要有钢材、木材等。

五、配送中心

(一)配送中心的概念

配送中心是专业从事货物配送活动的物流场所和经济组织,是集加工、理货、送货等多种职能于一体的多功能、集约化的物流结点。配送中心以物流配送活动为核心业务,其目的是提供高水平的配送服务,因此要求其具有现代化的物流设施和经营理念。

随着我国市场经济的不断发展,市场竞争的结果是使卖方市场逐渐转向买方市场。传统的流通模式越来越不能满足市场多品种、小批量的需求,一些商业或流通企业纷纷准备或开始筹建配送中心,以降低成本、提高服务质量和水平。通过建设配送中心可以扩大经营规模,改进物流与信息流系统,满足用户不断发展的多样化需求,使末端物流更加合理。

(二)配送中心的类型

1.按配送中心归属分类

(1)自有型配送中心

自有型配送中心是指隶属于某一个企业或企业集团,通常只为本企业提供配送服务。连锁经营的企业常常建有这类配送中心,如美国沃尔玛公司所属的配送中心,就是公司独资建立并专门为本公司所属的连锁企业提供商品配送服务的自有型配送中心。

(2)公共型配送中心

公共型配送中心是以盈利为目的,面向社会开展后勤服务的配送组织。其特点是服务范围不限于某一个企业。在配送中心总量中,这种配送组织占有相当大的比例,随着经济的发展,其比例还会提高。

2.按配送中心辐射服务范围分类

(1)城市配送中心

城市配送中心是一种以城市作为配送范围的配送中心。其特点是多品种、小批量,配送距离短,要求反应能力强,提供门到门的配送服务,根据城市道路的特点,其运载工具常为小型汽车。另外,城市配送的对象多为连锁零售企业的门店和最终消费者,如我国很多城市的食品配送中心、菜篮子配送中心等都属于城市配送中心。

(2)区域配送中心

区域配送中心是一种具有较强辐射能力和库存储备的配送中心。这种配送中心规模较大,库存商品充分,客户较多,配送批量也较大,辐射能力强,配送范围广,可以跨省、市开展配送业务。其服务对象经常是下一级配送中心、零售商或生产企业用户,如前所述的美国沃尔玛公司的配送中心,建筑面积 12 万平方米,每天可为 6 个州 100 家连锁店配送商品。

3.按照配送中心的内部特性分类

(1)储存型配送中心

这是有很强储存功能的配送中心。一般来讲,在买方市场下,企业成品销售需要有较大库存支持,其配送中心要有较强的储存功能;在卖方市场下,企业原材料、零部件供应需要有较大库存支持,这种供应配送中心也有较强的储存功能。大范围配送的配送中心需要有较大库存,也可能是储存型配送中心。

(2)流通型配送中心

流通型配送中心基本上没有长期储存功能,仅以暂存或随进随出方式进行配货、送货的配送中心。这种配送中心的典型方式是大量货物整进并按一定批量零出,采用大型分货机,进货时直接进入分货机传送带分送到各用户货位或直接分送到配送汽车上,货物在配送中心里仅做少许停滞。

(3)加工配送中心

加工配送中心具有加工职能,根据用户的需要或者市场竞争的需要,对配送物进行加工之后再进行配送的配送中心。在这种配送中心内,有分装、包装、初级加工、集中下料、组装产品等加工活动。世界著名连锁服务店肯德基和必胜客的配送中心就是属于这种类型。

4.按照配送中心承担的流通职能分类

(1)供应配送中心

这种配送中心执行供应的职能,专门为某个或某些用户(例如连锁店、联合公司)组织供应。例如,为大型连锁超级市场组织供应的配送中心;代替零件加工厂送货的零件配送中心,使零件加工厂对装配厂的供应合理化。供应型配送中心的主要特点是,配送的用户有限并且稳定,用户的配送要求范围也比较确定,属于企业型用户。

(2)销售配送中心

这种配送中心执行销售的职能,以销售经营为目的,以配送为手段。销售配送中心大体有两种类型:①生产企业为本身产品直接销售给消费者的配送中心,这种类型的配送中心在国外很多;②流通企业作为本身经营的一种方式,建立配送中心以扩大销售,我国目前拟建的配送中心大多属于该种类型,国外的例证也很多。

5.按配送货物种类分类

根据配送货物的属性,可以分为食品配送中心、日用品配送中心、医药品配送中心、化妆品配送中心、家用电器配送中心、电子(3C)产品配送中心、书籍产品配送中心、服饰产品配送中心、汽车零件配送中心以及生鲜处理中心等。

(三)配送中心的功能

1.集货功能

为了能够按用户要求配送货物,尤其是多品种、小批量的配送,首先必须集中满足用户需求的数量和品种的备货,从生产企业取得种类、数量繁多的货物,这是配送中心的基础职能,是配送中心取得规模优势的基础所在。一般来说,集货批量应大于配送批量。

2.储存功能

储存在配送中心创造着时间效用。配送依靠集中库存来实现对多个用户的服务,储存可形成配送的资源保证,可有效地组织货源,调节商品的生产与消费、进货和销售之间的时间差,这是配送中心必不可少的支撑功能。为保证正常配送特别是即时配送的需要,配送中心应保持一定量的储备。

3.拣选功能

拣选是配送中心区别于一般仓库和送货的标志。为了将多种货物向多个用户按不同要求、种类、规格、数量进行配送,配送中心必须有效地将所储存的货物按用户要求拣选出来,并在拣选基础上按配送计划进行理货,这是配送中心的核心功能之一。为了提高拣选效率,应配备相应的拣选装置,如货物识别装置、传送装置等。

4.配货功能

将各用户所需的多种货物在配货区有效地组合起来,形成向用户方便发送的配载,这也是配送中心的核心功能之一。分拣和配货职能作为配送中心不同于其他物流组织的独特职能,已不单纯是完善送货、支持送货的准备,它还是配送企业提高服务质量和自身效益的必然延伸,是送货向高级形式发展的必然要求,属于整个配送系统水平高低的关键职能。

5.装卸搬运功能

配送中心的集货、理货、装货、加工都需要辅之以装卸搬运,有效的装卸能大大提高配送中心的效率。这是配送中心的基础性功能。

6.配装功能

在单个客户的配送数量不能达到配送车辆的有效载运负荷时,就存在着如何集中不同客户的配送物品进行搭配装载以充分利用车辆的运能、运力的问题,这一工作过程就是配装,也叫配载。配送中心和一般送货的不同之处也在于此。配送中心可以通过配装送货大大提高送货水平和车辆利用率,降低送货成本。

7.送货功能

虽然送货过程已超出配送中心的范畴,但配送中心仍对送货工作指挥管理起决定性作用。送货属于配送中心的末端职能。配送运输中的难点是,如何组合形成高效最佳配送路线,如何使配装和路线有效搭配。

8.流通加工功能

配送中心为促进销售、便利物流或提高原材料的利用率,按用户要求并根据合理配送的原则而对商品进行下料、打孔、解体、分装、贴标签、组装等初加工活动,因而使配送中心具备一定的加工能力。流通加工不仅提高了配送中心的经营和服务水平,也有利于提高资源的利用率。经济高效的运输、装卸、保管一般需要大的包装形式,但在配送中心下游的零售商、最终客户,一般需要小的包装。为解决这一矛盾,有的配送中心设有流通加工功能。流通加工与制造加工不同,它对商品不作性能和功能的改变,仅仅是商品尺寸、数量和包装形式的改变。例如,粮油配送中心是将大筒包装加工成瓶状小包装,饲料配送中心则是将多种饲料的大包装加工成混合包装的小包装。

9.信息处理功能

配送中心除了具有上述功能外,还能为配送中心本身及上下游企业提供各式各样的信息情报,以为配送中心营运管理政策制定、商品路线开发、商品销售推广政策制定提供参考。例如,哪一个客户订多少商品,哪一种商品比较畅销,从计算机的分析资料中可以很快获得答案,甚至可以将这些宝贵资料提供给上游的制造商及下游的零售商当作经营管理的参考。配送中心不仅实现物的流通,而且也通过信息来协调配送中各环节的作业,协调生产与消费等。配送中心的信息处理是全物流系统中的重要一环。

六、配送中心选址

配送中心是一种物流节点,它不是具有单一的储藏功能的仓库,而是发挥配送功能的流通仓库。配送中心的目的是降低运输成本,减少销售机会的损失。配送中心的设置和建设要考虑一个区域范围内物流系统的整体规划,同时还要满足其经营上的要求,是一项建设规模大、投资额高、涉及面广的系统工程。

配送中心的选址首先要选择合适的地理区域。对各地区域进行审慎评估,选择一个适当范围为考虑的区域,如华南地区、华北地区等,同时还需配合配送中心的物品特性、服务范围及企业的运营策略而定。

配送中心的地理区域确定后,还需确定具体的建设地点。如果是制造商型的配送中心,应以接近上游生产厂或进口港为宜;如果是日常消费品的配送,则宜接近居民生活社区,一般应根据进货与出货产品的类型特征及交通运输的复杂度来选择接近上游点或下游点的选址策略。

(一)配送中心选址的影响因素

1.自然环境因素

(1)气象条件:配送中心选址过程中,主要考虑的气象条件有温度、风力、降水量、无霜期、年平均蒸发量等指标。

(2)地质条件:配送中心是大量商品的集结地。配送中心拥有大量的建筑物及构筑物,有些商品的重量很大,这些都对地面构成很大的压力。如果配送中心地面以下存在着淤泥层、松土层等不良地质条件,会造成受压地段沉陷、翻浆等严重后果。为此,配送中心选址要求土壤承载力要高。

(3)水文条件:配送中心选址需远离容易泛滥的河川流域与地下水上溢的区域。要认真考察近年的水文资料,绝对禁止选择洪泛区、内涝区、干河滩等区域。

(4)地形条件:配送中心应选择地势较高、地形平坦之处,且应具有适当的面积与外形。

2.经营环境因素

(1)经营环境。配送中心所在地区的物流产业政策对物流企业的经济效益将产生重要影响。本地区的物流发展水平、行业内竞争情况等也是影响选址的重要因素。

(2)顾客需求分布。配送中心服务对象的分布、经营配送的商品及顾客对配送服务的要求等是配送中心选址必须考虑的。经营不同类型商品的配送中心最好能分别布局在不同区域,因为顾客分布状况、配送商品数量的增加和顾客对配送服务要求的提高等都对配送中心的经营和管理产生影响。

(3)物流费用。配送中心选址必须考虑物流费用,应综合考虑总费用的合理性,大多数配送中心选址接近服务需求地,以便缩短运距、降低运费等物流费用。

3.基础设施状况

(1)交通条件。配送中心选址时必须考虑交通运输条件。运输是物流活动的核心环节,配送活动必须依靠由各种运输方式所组成的最有效的运输系统,才能及时、准确地将商品送交顾客。所以,配送中心的选址应尽可能接近交通运输枢纽,如高速公路、主要干道、其他交通运输站港等,以提高配送效率、缩短配送运输时间。

(2)公共设施状况。配送中心周围的公共设施也是必须考虑的因素之一。要求有充足的供水、电、气、热的能力,排污能力,此外还应有信息网络技术条件。

4.其他因素

其他因素包括环境保护方面的要求,选址地周边状况等。

(二)配送中选址的注意事项

配送中心的选址应遵循选址的基本程序,但类型不同的配送中心在进行选址决策时差异较大。以下是各类配送中心在选址时的主要注意事项。

1.不同类型配送中心选址时的注意事项

(1)转运型配送中心。转运型配送中心以商品转运、短期储存为主,商品周转速度快,大多采用多式联运方式转运,因此转运型配送中心应设置在市郊交通枢纽地段。

(2)储存型配送中心。储存型配送中心以储存商品为主,商品储存时间长,商品进出形式多为大批量,一般应设置在城市郊区的地段,且具备直接而方便的水陆运输条件。

2.经营不同商品的配送中心选址时的注意事项

(1)果品蔬菜配送中心:果品蔬菜配送中心应选择在入城干道处,以免运输距离过大造成商品损耗过多。

(2)冷藏品配送中心:冷藏品配送中心往往选择在屠宰厂、加工厂、毛皮处理厂等附近。

(3)建筑材料配送中心:通常建筑材料配送中心的物流量大、占地多,可能会产生某些环境污染问题,有严格的防火等安全要求,应选择在城市边缘交通运输干线附近。

(4)燃料配送中心:石油、煤炭等燃料配送中心应满足防火要求,选择城郊的独立地段。另外,还要考虑土地大小与地价,在考虑现有地价及未来增值的状况下,配合未来可能扩充的需求程度,决定最合适的面积。

(三)配送中心选址的方法

配送中心选址的方法一般是通过成本核算,也就是将运输费用、配送费用及物流设施费用模型化,采用约束条件及目标函数建立数学公式,从中寻求费用最小的方案。

1.掌握影响配送中心选址的因素

(1)掌握业务量。选址时,应掌握的业务量包括如下内容:供应商至配送中心之间的运输量、向分店或顾客配送的货物数量、配送中心保管的数量、配送路线的业务量。

由于这些数量在不同年份、不同周数、不同月份、不同季节等期间内均有种种波动,因此要对所采用的数据水平进行研究。另外,除了对现状的各项数值进行分析外,还必须确定设施使用后的预测数值,一般可采用指数预测法、平均值预测法等。

(2)掌握费用。选址时,应掌握的费用如下:供应商至配送中心之间的运输费,配送中心至分店或顾客间的配送费,设施、土地有关的费用及人工费、业务费等。

(3)掌握位置。用缩尺地图表示顾客的位置、现有设施的配置方位及工厂的位置,并整理各候选地址的配送路线及距离等资料。

2.配送中心选址的方法

配送中心选址可分为单一配送中心的选址和多个配送中心的选址。这里只介绍单一选址的方法。

单一选址是指一个配送中心对应多个客户的选址,其方法如下:

(1)加权评分法。选址时的许多重要因素难以精确地量化,而对这些因素与指标缺乏一定程度的量化就难以对各种选址方案作对比分析,常用的处理方法就是加权评分法。加权评分法的步骤如下:

①列出备选地点;

②列出影响选址的各个因素,并根据其影响的重要程度赋予不同的权重;

③给出每个因素的分值范围,一般是 1~10 分或 1~100 分;

④对各个备选地点就各个因素评分,并将该因素的得分乘以其权重;

⑤每个地点各因素的得分相加,求出总分后加以比较,得分最多的地点作为选址地点。

通常需考虑的因素有:建设成本、运输成本、能源情况、劳动力环境、生活条件、交通情况、供水、气候、政策等。

(2)重心法。重心法也叫重力区位模型,是根据几何的方法确定在一个平面或空间内分布有若干的点,求出一点到这若干的点的总距离最短。重心法是一种模拟方法,它将供应链中的需求点和资源点看成是分布在某一平面范围内的物流系统,各点的需求量和资源量分别看成是物体的重量,供应链的重心作为网络设计的最佳设置点,利用求物体几何重心的方法来确定区位。该区位能使供应商处运来原材料的运输成本和向市场运送最终产品的运输成本之和最小。

重心法在解决设施区位问题时,把运输成本看成现有设施之间的运输距离和运输的货物量的线性函数。重心法首先要在坐标系中标出各个地点的位置,目的在于确定各点的相对距离。坐标系采用经度和纬度建立坐标,这样就确定了各个设施的具体地理位置。同时考虑各段运输路线的运输成本。

设拟建的工厂有 N 个供应源,它们所在的位置坐标为(x_i, y_i),其中 $i=1,2,\cdots n$,拟建的工厂坐标为(x, y)。

货物从 i 地运至工厂所在地的运输费用是c_i,设 h_i 为运输费率即单位货物运输单位距离的费用,且假设供应链与工厂所在地之间的道路为直线,d_i 为距离,w_i 为运输量。

则 $c_i = h_i \times w_i \times d_i$ ·· (1)

且 $d_i = \sqrt{(x-x_i)^2 + (y-y_i)^2}$ ··································· (2)

总运输费用 H 为:

$$H = \sum_{i=1}^{n} c_i = \sum_{i=1}^{n} h_i \times w_i \times d_i \quad\cdots\cdots\cdots (3)$$

由于 d_i 与配送中心位置(x, y)有关,因此总运输费用是 x, y 的函数,将式(2)带入式(3),得:

$$H(x, y) = \sum_{i=1}^{n} h_i \times w_i \times \sqrt{(x-x_i)^2 + (y-y_i)^2} \quad\cdots\cdots\cdots (4)$$

为求得运输费用最小的配送中心,就变成了对函数 $H(x, y)$ 求极值的问题,即求(x^*, y^*),使:$H = H(x^*, y^*)$最小。

根据函数极值的原理,式(4)分别对 x, y 求偏导,令偏导为 0,得:

$$\frac{\partial H}{\partial x} = \sum_{i=1}^{n} h_i w_i (x-x_i)/d_i = 0 \quad\cdots\cdots\cdots (5)$$

$$\frac{\partial H}{\partial y} = \sum_{i=1}^{n} h_i w_i (y-y_i)/d_i = 0 \quad\cdots\cdots\cdots (6)$$

由式(5)和(6)可以求得函数 $H(x, y)$ 的极值点,由于式(6)是非线性方程组,难以求得 x^*, y^* 的表达式,需要用迭代法求解,展开式(5)和(6)得:

$$x^* = \frac{\sum_{i=1}^{n} h_i w_i x_i / d_i}{\sum_{i=1}^{n} h_i w_i / d_i} \quad\cdots\cdots\cdots (7)$$

$$y^* = \frac{\sum_{i=1}^{n} h_i w_i y_i / d_i}{\sum_{i=1}^{n} h_i w_i / d_i} \quad\cdots\cdots\cdots (8)$$

其中 $d_i = \sqrt{(x^*-x_i)^2 + (y^*-y_i)^2}$,将式(7)和(8)写成迭代式,有 k 次迭代结果表达式:

$$x^*(k) = \frac{\sum_{i=1}^{n} h_i w_i x_i / d_{i(k-1)}}{\sum_{i=1}^{n} h_i w_i / d_{i(k-1)}} \quad\cdots\cdots\cdots (9)$$

$$y^*(k) = \frac{\sum_{i=1}^{n} h_i w_i y_i / d_{i(k-1)}}{\sum_{i=1}^{n} h_i w_i / d_{i(k-1)}} \quad\cdots\cdots\cdots (10)$$

其中：

$$d_{i(k-1)} = \sqrt{(x^*_{(k-1)} - x_i)^2 + (y^*_{k-1} - y_i)^2} \quad \cdots\cdots\cdots\cdots\cdots\cdots\cdots\cdots \text{(11)}$$

如果 $H_k < H_{k-1}$，说明总运费仍有改进改善的余地，返回步骤(5)，继续叠加；否则，说明 $(x^*_{(k-1)}, y^*_{(k-1)})$ 为最佳场址，则停止叠加。

以上的方法为传统的重心法，该方法是对目标函数求偏微分，然后再使用迭代的方法，计算过程较为烦琐，若使用 Excel 软件求解，则可以大大简化求解过程(后续"任务解析"里有详细讲解)。

七、配送中心布局设计

(一)作业功能的设计

1.作业流程的设计

配送中心的主要活动是订货、进货、储存、拣货、发货和配送作业。有的配送中心还有流通加工作业、退货作业。如有退货作业时，还要进行退货品的分类、保管和退回作业。所以只有经过基本资料分析和基本条件假设之后，才能针对配送中心的特性进一步分析并制定合理的作业程序，以便选用设备和规划设计空间。通过对各项作业流程的合理化分析，从而找出作业中不合理和不必要的作业，力求简化配送中心可能出现的不必要的计算和处理环节。这样规划出的配送中心减少了重复堆放的搬运、翻堆和暂存等工作，提高了配送中心的效率，降低了作业成本。如果储运单位过多，可将各作业单位予以分类合并，避免内部作业过程中储运单位过多转换。尽量简化储运单位，以托盘或储运箱为容器。把体积、外形差别大的商品归类相同标准的储运单位。

2.作业区域的功能规划

在作业流程规划后，可根据配送中心的运营特性进行区域及周边辅助活动区的规划。物流作业区指装卸货、入库、拣取、出库、发货等基本的配送中心作业环节；周边辅助活动区指办公室、计算机中心等。通过归类整理，可把配送中心分成如下作业区域。

(1)基本物流作业区。此区域是配送中心核心区域，在此进行基本的物流作业，包括车辆入库、卸货、进货点收、理货、入库、储存、流通加工、发货、配载、配送等作业。

(2)退货物流作业区。此区域的设置可根据配送中心的规模大小及与供应商的协议等实际需要而定。在此区域进行的作业有退货卸货、退货点收、退货责任确认、退货良品处理、退货瑕疵品处理、退货废品处理。

(3)换货补货作业区。此区域可在基本物流作业区内进行，主要的作业有退货后换货作业、零星补货拣取作业、零星补货包装、零星补货运送。

(4)流通加工作业区。此区域根据实际需要设置，如果流通加工业务量很小，可在配装区进行。流通加工区的主要作业有拆箱、裹包、多种物品集包、外包装、发货商品称重、印贴标签等。

(5)物流配合作业区。物流配合作业是配合物流基本作业的诸如容器回收、空容器暂存、废料回收处理等。具体设置时可根据实际需要,如设置容器暂存区或容器储存区、废料暂存区或废料处理区等。

(6)设备作业区。此区域是保证配送中心业务正常进行的配合区域,主要的作业项目有电气设备的使用、动力及空调设备的使用、安全消防设备的使用、设备维修工具器材存放、人员车辆通行通畅、机械搬运设备停放等。

(7)办公事务区。办公事务是配送中心正常运转及高效率运行的基础保证,主要的事务活动有配送中心各项事务性的办公活动、一般公文文件与资料档案的管理、配送中心计算机系统的使用及管理等。

(8)员工活动区。配送中心员工及供应商休息、膳食、盥洗的场所。

3. 作业区的能力规划

在确定了配送中心的作业区之后,根据配送中心服务的对象、商品的特性、自动化水平、信息系统建设情况等因素进一步确定各作业区的具体内容。在对作业区域进行规划时应以物流作业区域为主,再延伸到相关周边区域。对物流作业区的规划可根据流程进出顺序逐区规划。现以基本物流作业区域为例,对各作业区域的具体内容进行说明。

(1)装卸区作业能力规划内容:进货平台和发货平台是否共用或相邻、装卸货车进出频率、商品装载特性、装卸设备设施选用、平均装卸货时间、进货时段、配送时段等。

(2)进货暂存区作业能力规划内容:每日进货数量、容器使用规格、容器流通频率、进货等待入库时间、进货点收作业内容等。

(3)理货区作业能力规划内容:理货作业时间、进货品检作业内容、品检作业时间、有无装卸托盘配合设施等。

(4)库存区作业能力规划内容:最大库存量需求、商品特性基本资料、储区划分原则、储位指派原则、存货管理方法、商品周转情况、盘点作业方式等。

(5)拣货区作业能力规划内容:订单处理原则、拣货信息传递方式、拣货方式、配送物品品项分析等。

(6)补货区作业能力规划内容:补货区容、补货作业方式、每日分拣量、盘点作业方式等。

(二)设施规划与选用

配送中心的设施与设备是保证配送中心正常运作的必要条件,设施与设备规划是配送中心规划中的重要工作,涉及建筑模式、空间布局、设备安置等多方面问题。一个完整的配送中心包含的设施基本上分为三类:物流作业区域设施、辅助作业区域设施和厂房建筑周边设施。

1. 物流作业区域设施

配送中心主要物流作业活动均与仓库、搬运和拣取作业有关。因此,规划的重点是对物流设备的规划设计和选用。不同功能的物流设备要求与厂房布置和面积相适应。在系统规划阶段,由于厂房布置尚未定型,物流设备规划主要以要求的功能、数量和选用的型号等内容为主。物流作业区的主要物流设备有:

（1）容器设备。在配送中心作业流程及储运单位规划结束后，即可进行容器的规划，以利于商品在各作业流程中的流通。容器设备主要包括搬运、储存、拣取和配送用的容器，如纸箱、托盘、铁箱、塑料箱等。

（2）储存设备。储存设备包括自动仓储设备、重型货架、轻型货架等。

（3）拣取设备。拣取设备包括一般型拣取设备和自动化拣取设备等。

（4）物料搬运设备。物料搬运设备包括自动化搬运设备、机械化搬运设备、输送带设备、分类输送设备和垂直搬运设备等规划时配合仓储和拣取的设备。通过估计每天进发货的搬运、拣货和补货次数，从而选择适用的搬运设备。

（5）流通加工设备。流通加工设备包括裹包、集包设备，外包装配合设备，印贴条码标签设备，拆箱设备和称重设备等。为了满足用户需求及多元化经营的需要，配送中心将越来越强化流通加工的职能。

2.辅助作业区域设施

辅助作业是保证配送中心正常进行的辅助性设施，如文件保管等办公设施，信息系统设施、网络设施，员工休息、膳食等劳务设施。

3.厂房建筑周边设施

厂房建筑周边设施主要是水电、动力、土建、空调、消防等设施。

(三)作业区域布局规划

从活动关系的分析可知，配送中心的各类作业区域之间存在着相关关系，如有些是程序上的关系，有些是组织上的关系，有些是功能上的关系。有些作业区域之间相关性很强，有些相关性弱。因此，在进行区域布置规划时，必须对各区域之间的关系加以分析，明确各区域之间的相关程度，作为区域布置规划的重要参考。确定各区域之间的相关程度可采用关联分析法。

案例解析

1.宝洁的新仓库设计布局图

对新仓库划分功能区域如图 1-23 所示。

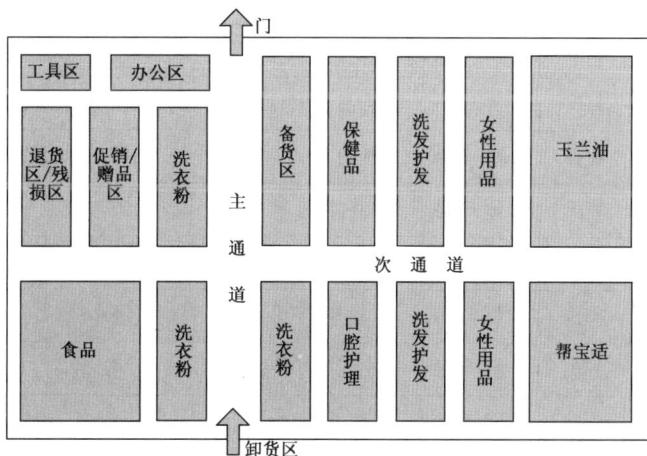

图 1-23　功能划分

（1）产品区域

①正常产品区：按品牌划分，对玉兰油产品特别管理，避免串味现象。

②备货区：靠近仓库门。

③待处理区：退货和拒收产品处理。

④残损品区：远离正常产品。

（2）工具区域

工具包括清洁工具、装卸工具、温湿度计、消防设施、防虫害设施、地台板等。

（3）促销品及宣传资料区

（4）办公区

2.商品编号

（1）编码方法

①40种商品分为3个客户，即惠氏（18种商品）、宝洁（14种商品）、联合利华（8种商品）；

②40种商品分为10个品牌，即惠氏、力士、中华、奥妙、潘婷、沙宣、佳洁士、护舒宝、汰渍；

③40种商品分为4类，即奶粉（8种商品）、保健产品（10种商品）、日用品（22种商品）；

④日用品又可分为洗护系列、卫生护理、牙膏、洗衣粉4个子项，保健产品又可分为营养品和健康药物；

⑤惠氏品牌下保健产品的产品线较长，保健产品下分为孕妇营养品和健康药物，健康药物下分为钙尔奇（3种商品）、善存（3种商品）和惠菲宁（2种商品）；

⑥各产品包装材质主要是纸、塑料。

（2）商品编码步骤

①对储存物品进行分类划分后的信息如下表所示。

商品分类表

序号	客户	品牌	商品分类	商品次级分类	产品线	
1	惠氏	惠氏	保健产品	孕妇营养品	玛特纳	
2	惠氏	惠氏	保健产品	孕妇营养品	金装爱儿乐妈妈	
3	惠氏	惠氏	保健产品	健康药物	钙尔奇	钙尔奇D600
4	惠氏	惠氏	保健产品	健康药物	钙尔奇	钙尔奇D300
5	惠氏	惠氏	保健产品	健康药物	钙尔奇	钙尔奇添佳
6	惠氏	惠氏	保健产品	健康药物	善存	小儿善存片
7	惠氏	惠氏	保健产品	健康药物	善存	善存银片
8	惠氏	惠氏	保健产品	健康药物	善存	善存佳维片

续表

序号	客户	品牌	商品分类	商品次级分类	产品线	
9	惠氏	惠氏	保健产品	健康药物	惠菲宁	惠菲宁
10	惠氏	惠氏	保健产品	健康药物	惠菲宁	惠菲宣
11	惠氏	惠氏	奶粉	婴幼儿配方奶粉	金装爱儿乐	
12	惠氏	惠氏	奶粉	婴幼儿配方奶粉	爱儿乐	
13	惠氏	惠氏	奶粉	婴幼儿配方奶粉	金装健儿乐	
14	惠氏	惠氏	奶粉	婴幼儿配方奶粉	健儿乐	
15	惠氏	惠氏	奶粉	婴幼儿配方奶粉	金装幼儿乐	
16	惠氏	惠氏	奶粉	婴幼儿配方奶粉	幼儿乐	
17	惠氏	惠氏	奶粉	婴幼儿配方奶粉	金装学儿乐	
18	惠氏	惠氏	奶粉	婴幼儿配方奶粉	爱儿素	
19	宝洁	潘婷	日用品	洗护系列	乳液修复润发精华素	
20	宝洁	潘婷	日用品	洗护系列	滋养防掉发洗发露	
21	宝洁	沙宣	日用品	洗护系列	深层水养洗发露	
22	宝洁	沙宣	日用品	洗护系列	焗油祛屑洗发露	
23	联合利华	力士	日用品	洗护系列	柔亮洗发乳水润丝华	
24	联合利华	力士	日用品	洗护系列	柔亮洗发乳纯净祛屑	
25	宝洁	舒肤佳	日用品	洗护系列	纯白清香型香皂	
26	宝洁	舒肤佳	日用品	洗护系列	芦荟护肤型香皂	
27	联合利华	力士	日用品	洗护系列	鲜果沁凉美肤香皂	
28	联合利华	力士	日用品	洗护系列	嫩白亮采美肤香皂	
29	宝洁	佳洁士	日用品	牙膏	盐白牙膏	
30	宝洁	佳洁士	日用品	牙膏	草本牙膏	
31	联合利华	中华	日用品	牙膏	健齿白牙膏	
32	联合利华	中华	日用品	牙膏	金装全效牙膏	
33	宝洁	护舒宝	日用品	卫生护理	护舒宝干爽(日用)	
34	宝洁	护舒宝	日用品	卫生护理	护舒宝干爽(夜用)	
35	宝洁	护舒宝	日用品	卫生护理	护舒宝瞬洁(日用)	
36	宝洁	护舒宝	日用品	卫生护理	护舒宝瞬洁(夜用)	
37	宝洁	汰渍	日用品	洗衣粉	汰渍净白	

序号	客户	品牌	商品分类	商品次级分类	产品线	
38	宝洁	汰渍	日用品	洗衣粉	汰渍茉莉香型	
39	联合利华	奥妙	日用品	洗衣粉	净蓝全效无磷洗衣粉	
40	联合利华	奥妙	日用品	洗衣粉	全自动无磷洗衣粉	

②确定储存物品编码方法和原则

储存物品编号的方法主要有层次编码法、平行编码法和混合编码法,可以用纯数字、纯字母或二者混排的方法。

A.确定惠氏的编号方法和原则

确定惠氏的储存物品编号为6位纯数字,具体分配原则和方法如下表所示。

编号方法1

项目	名称	代码	位置(左起)	位数
客户	惠氏	1	第一位	1
次级类别	孕妇营养品	01	第二、三位	2
次级类别	健康药物	02	第二、三位	2
次级类别	婴幼儿配方奶粉	03	第二、三位	2
明细	商品名称	000	第四、五、六位	3

B.确定宝洁和联合利华的编号方法和原则

确定宝洁和联合利华的储存物品编号为8位数字与字母混排,具体分配原则和方法如下表所示。

编号方法2

项目	名称	代码	位置(左起)	位数
客户	宝洁	P	第一位	1
客户	联合利华	U	第一位	1
品牌	潘婷	pt	第二、三位	2
品牌	沙宣	sx	第二、三位	2
品牌	力士	ls	第二、三位	2
品牌	舒肤佳	sj	第二、三位	2
品牌	佳洁士	js	第二、三位	2
品牌	中华	zh	第二、三位	2
品牌	护舒宝	hb	第二、三位	2
品牌	汰渍	tz	第二、三位	2

项目	名称	代码	位置（左起）	位数
品牌	奥妙	am	第二、三位	2
次级类别	洗护系列	01	第四、五位	2
次级类别	牙膏	02	第四、五位	2
次级类别	卫生护理	03	第四、五位	2
次级类别	洗衣粉	04	第四、五位	2
明细	商品名称	000	第六、七、八位	3

③列出储存物品编号

根据上述分析，确定储存物品编号方法和原则后，据此对储存物品进行编号，列出储存物品编号，如下表所示。

物品编号

编号	客户	品牌	商品次级分类	产品线		商品编号
1	惠氏	惠氏	孕妇营养品	玛特纳		101001
2	惠氏	惠氏	孕妇营养品	金装爱儿乐妈妈		101002
3	惠氏	惠氏	健康药物	钙尔奇	钙尔奇D600	102001
4	惠氏	惠氏	健康药物	钙尔奇	钙尔奇D300	102002
5	惠氏	惠氏	健康药物	钙尔奇	钙尔奇添佳	102003
6	惠氏	惠氏	健康药物	善存	小儿善存片	102004
7	惠氏	惠氏	健康药物	善存	善存银片	102005
8	惠氏	惠氏	健康药物	善存	善存佳维片	102006
9	惠氏	惠氏	健康药物	惠菲宁	惠菲宁	102007
10	惠氏	惠氏	健康药物	惠菲宁	惠菲宣	102008
11	惠氏	惠氏	婴幼儿配方奶粉	金装爱儿乐		103001
12	惠氏	惠氏	婴幼儿配方奶粉	爱儿乐		103002
13	惠氏	惠氏	婴幼儿配方奶粉	金装健儿乐		103003
14	惠氏	惠氏	婴幼儿配方奶粉	健儿乐		103004
15	惠氏	惠氏	婴幼儿配方奶粉	金装幼儿乐		103005
16	惠氏	惠氏	婴幼儿配方奶粉	幼儿乐		103006
17	惠氏	惠氏	婴幼儿配方奶粉	金装学儿乐		103007
18	惠氏	惠氏	婴幼儿配方奶粉	爱儿素		103008

编号	客户	品牌	商品次级分类	产品线		商品编号
19	宝洁	潘婷	洗护系列	乳液修复润发精华素		Ppt01001
20	宝洁	潘婷	洗护系列	滋养防掉发洗发露		Ppt01002
21	宝洁	沙宣	洗护系列	深层水养洗发露		Psx01001
22	宝洁	沙宣	洗护系列	焗油祛屑洗发露		Psx01002
23	联合利华	力士	洗护系列	柔亮洗发乳水润丝华		Uls01001
24	联合利华	力士	洗护系列	柔亮洗发乳纯净祛屑		Uls01002
25	宝洁	舒肤佳	洗护系列	纯白清香型香皂		Psj01001
26	宝洁	舒肤佳	洗护系列	芦荟护肤型香皂		Psj01002
27	联合利华	力士	洗护系列	鲜果沁凉美肤香皂		Uls01003
28	联合利华	力士	洗护系列	嫩白亮采美肤香皂		Uls01004
29	宝洁	佳洁士	牙膏	盐白牙膏		Pjs02001
30	宝洁	佳洁士	牙膏	草本牙膏		Pjs02002
31	联合利华	中华	牙膏	健齿白牙膏		Uzh02001
32	联合利华	中华	牙膏	金装全效牙膏		Uzh02002
33	宝洁	护舒宝	卫生护理	护舒宝干爽（日用）		Phb03001
34	宝洁	护舒宝	卫生护理	护舒宝干爽（夜用）		Phb03002
35	宝洁	护舒宝	卫生护理	护舒宝瞬洁（日用）		Phb03003
36	宝洁	护舒宝	卫生护理	护舒宝瞬洁（夜用）		Phb03004
37	宝洁	汰渍	洗衣粉	汰渍净白		Ptz04001
38	宝洁	汰渍	洗衣粉	汰渍茉莉香型		Ptz04002
39	联合利华	奥妙	洗衣粉	净蓝全效无磷洗衣粉		Uam04001
40	联合利华	奥妙	洗衣粉	全自动无磷洗衣粉		Uam04002

④分析储存物品编号结果

储存物品编号遵循的原则有科学性、系统性、实用性、可扩性、兼容性、唯一性，分析检验所完成的储存物品编号是否满足上述原则。

例如，储存物品编号102008。此编号全是由数字组成，可判断此储存物品编号不是客户宝洁或联合利华的编号。1代表客户名称为惠氏，02代表惠氏品牌下的健康药物类，008代表健康药物类下的第八种明细储存物品，其名称是惠菲宣。

惠氏品牌下的健康药物分为钙尔奇、善存和惠菲宁三个系列，其下储存物品编号为从001到008依次排列，局部运用了层次编码法。

再如，储存物品编号Uls01004。此编号有数字和字母组成，可判断此储存物品编号不是客户惠氏的编号。U 第一位代表了客户名称为联合利华,ls 代表了品牌名称为力士,01 为第四、五位,代表洗护系列产品,004 最后三位代表储存物品明细,即其名称为嫩白亮采美肤香皂。

结论:此储存物品编码具有唯一性、可扩性、系统性、实用性(简单、易懂、实用)、兼容性(在一定范围内)和科学性。

3.货位编码

观察仓库、货架的结构。根据实训的背景可知,预编码的货架分为托盘货架和栈板货架两类,其中托盘货架共有四排,每排五层,每层共有 10 个货位;栈板货架共有两排,每排三层,每层共有 20 个货位。

(1)分析储位编码方法

①地址法

根据地址法,对货位进行编码,首先对各个级别项目进行代码分配,具体见下表。

地址法

项目	名称	代码	位置(左起)	位数
库房	5 号库	5	第一位	1
货架	托盘货架	T	第二位	1
货架	栈板货架	Z	第二位	1
货架排数	排	00	第三、四位	2
货架层数	层	00	第五、六位	2
位置	货位	000	第七、八、九位	3

②品类群法

根据品类群法对储位进行编码,首先对预储存的商品进行分类,即可分成日用品、保健产品和奶粉三大类,根据分类对储位等其他信息进行代码分配,具体见下表。

品类群法

项目	名称	代码	位置(左起)	位数
库房	5 号库	5	第一位	1
商品分类区	保健品类存储区	保健品	第二位	1
商品分类区	奶粉类存储区	奶粉	第二位	1
商品分类区	日用品类存储区	日用品	第二位	1
货架排数	排	00	第三、四位	2
货架层数	层	00	第五、六位	2
位置	货位	000	第七、八、九位	3

(2)确定储位编码

详细储位编码在此不穷举,只列举整层、整排和品类群法的三个例子。

①根据地址法,托盘货架全部四排第一层的储位编码见下表。

第一层储位编码

5T0101001	5T0201001	5T0301001	5T0401001
5T0101002	5T0201002	5T0301002	5T0401002
5T0101003	5T0201003	5T0301003	5T0401003
5T0101004	5T0201004	5T0301004	5T0401004
5T0101005	5T0201005	5T0301005	5T0401005
5T0101006	5T0201006	5T0301006	5T0401006
5T0101007	5T0201007	5T0301007	5T0401007
5T0101008	5T0201008	5T0301008	5T0401008
5T0101009	5T0201009	5T0301009	5T0401009
5T0101010	5T0201010	5T0301010	5T0401010

根据地址法,栈板货架第一排全部三层的储位编码见下表。

第一排储位编码

5Z0101001	5Z0102001	5Z0103001
5Z0101002	5Z0102002	5Z0103002
5Z0101003	5Z0102003	5Z0103003
5Z0101004	5Z0102004	5Z0103004
5Z0101005	5Z0102005	5Z0103005
5Z0101006	5Z0102006	5Z0103006
5Z0101007	5Z0102007	5Z0103007
5Z0101008	5Z0102008	5Z0103008
5Z0101009	5Z0102009	5Z0103009
5Z0101010	5Z0102010	5Z0103010
5Z0101011	5Z0102011	5Z0103011
5Z0101012	5Z0102012	5Z0103012
5Z0101013	5Z0102013	5Z0103013
5Z0101014	5Z0102014	5Z0103014
5Z0101015	5Z0102015	5Z0103015

续表

5Z0101001	5Z0102001	5Z0103001
5Z0101016	5Z0102016	5Z0103016
5Z0101017	5Z0102017	5Z0103017
5Z0101018	5Z0102018	5Z0103018
5Z0101019	5Z0102019	5Z0103019
5Z0101020	5Z0102020	5Z0103020

②根据品类群法,储位编码的结果如下:

5—日用品—0101001 即表示 5 号库日用品存储区 1 排 1 层第 1 号货位;

5—奶粉—0402010 即表示 5 号库奶粉存储区 4 排 2 层第 10 号货位;

5—保健品—0303015 即表示 5 号库保健品存储区 3 排 3 层第 15 号货位;

(3)打印储位条码并粘贴

储位编码顺序要一致,段位间隔要恰当、简明、实用、易懂。

储位编码完毕后,利用条码系统将其编辑并打印出来,然后按顺序粘贴到相应储位的正确位置。

4.储位分配

(1)商品储位分配的原则

①惠氏品牌下的系列产品与日用品类产品因性质差异大,不宜临近存储。

②惠氏品牌下的系列产品与日用品类产品因作业手段不同,不宜用相同作业方式存储。

③洗护系列产品因其周转率偏高,宜存储在离出库口最近的货位。

④洗衣粉、牙膏类产品密度比较大,属重货;而卫生护理产品密度较小,相对较轻。因此存储在货架区时,重货宜放置在底层或低层,而轻货宜放置在中层或高层。

⑤在洗护系列产品中,洗发和护发产品的订购量相差不大,因为二者的相关性比较大,因此,洗发和护发产品宜临近存储。

⑥潘婷、沙宣、力士等洗发系列商品为互补型商品,存储时宜临近存储。

(2)储位分配步骤

①分析商品信息:分析商品信息的内容与上述情境分析相同。

②确定储位分配策略:第一,分区分类储存。根据以上分析,可将商品按照保健品、奶粉和日用品进行分区分类储存。第二,固定存储。根据以上分析,可将惠氏品牌下的商品按照分类固定存储的方式进行储位分配;牙膏洗衣粉等产品也可按照分类固定存储的方式进行储位分配。第三,随机存储。根据以上分析,可将洗护系列产品按照随机存储的方式进行储位分配。

③分析各种储位分配策略的利弊:分析讨论固定型和随机型储位分配策略的优缺点。

5.重心法选址

第一步:建立 Excel 模型,输入已知数据,如下图所示。

	A	B	C	D	E	F	G	H
1		Excel求解重心法选址问题						
2								
3	地点	坐标值		配送中心坐标值		总运输量	运输费率	
4		X	Y	X	Y	(吨)	(元/吨公里)	
5	工厂F1	3	8			1200	0.05	
6	工厂F2	8	2			1800	0.05	
7	仓库W1	2	5			2000	0.075	
8	仓库W2	6	4			1000	0.075	
9								
10								
11								

Excel 模型图

第二步:在第一步基础上,利用 excel 提供的函数,分别求出各个地点到仓库的运输成本和总成本。如下图所示。

	A	B	C	D	E	F	G	H	I
1		Excel求解重心法选址问题							
2									
3	地点	坐标值		配送中心坐标值		总运输量	运输费率	距离di	运输成本
4		X	Y	X	Y	(吨)	(元/吨公里)		
5	工厂F1	3	8	1	1	1200	0.05	7.280109889	436.8065934
6	工厂F2	8	2			1800	0.05	7.071067812	636.3961031
7	仓库W1	2	5			2000	0.075	4.123105626	618.4658438
8	仓库W2	6	4			1000	0.075	5.830951895	437.3213921
9								总运输成本Tci	2128.989932

各个地点到仓库的运输成本

距离di	运输成本
=SQRT((B5-D5)^2+(C5-E5)^2)	=F5*G5*H5
=SQRT((B6-D5)^2+(C6-E5)^2)	=F6*G6*H6
=SQRT((B7-D5)^2+(C7-E5)^2)	=F7*G7*H7
=SQRT((B8-D5)^2+(C8-E5)^2)	=F8*G8*H8
总运输成本Tci	=SUM(I5:I8)

总成本

第三步:用 Excel 的"规划求解"工具求解。点击"工具"菜单,选择"规划求解"(如果没有此菜单,选择"工具—加载宏",选择加载"规划求解"即可),此时出现一个"规划求解参数"对话框,如下图所示。在此对话框中输入"规划求解"的参数,其中目标单元格为I9,目标函数求的是最小值,可变单元格为D5、E5,即仓库坐标值 X 和 Y 所在的单元格。最后点击"求解"按钮求解。

规划求解参数

第四步:保存计算结果。计算机计算完成后将会提示是否将结果保存,点击"确定"保存结果。本算例的求解结果如下图所示。求得的仓库最优坐标值为(2.97,4.95),总运输成本为 1091.67 元。

地点	坐标值		配送中心坐标值		总运输量	运输费率	距离di	运输成本
	X	Y	X	Y	(吨)	(元/吨公里)		
工厂F1	3	8	2.97067	4.94859	1200	0.05	3.051553628	183.0932177
工厂F2	8	2			1800	0.05	5.829950011	524.695501
仓库W1	2	5			2000	0.075	0.972031635	145.8047453
仓库W2	6	4			1000	0.075	3.174374261	238.0780696
							总运输成本Tci	1091.671533

第1行:Excel求解重心法选址问题

求解结果

学习小结

仓储与配送规划与仓储与配送作业密切相关,高效的仓储与配送作业需要建立在合理的仓储与配送规划的基础之上。通过本情境内容的学习,了解仓库的功能、仓库的种类、货架类型、配送网络结构等基本知识,初步掌握如何进行仓库布局规划、货位管理、编制货物储存计划、配送规划等操作技能。

学习要求

1.准确把握仓库的功能、仓库的种类、货架类型、配送网络结构等基本知识。

2.初步掌握仓库布局规划、货位管理、编制货物储存计划、配送规划的方法。

3.学会初步的仓库布局规划、商品编码管理、货位管理、储位分配方法。

4.学会运用 Excel 软件进行配送中心的重心法选址。

学习时间

建议教学课时为 12 学时。

学习方法

任务驱动法、实操性学习法、模仿性学习法、系统性学习法、多媒体手段学习法、求同存异学习法、举一反三学习法等。

学习环境

1.书面教材；

2.多媒体网络资源（视频、动画、案例）；

3.典型的国内外仓储企业（含典型的仓储企业网站及网址）；

4.计算机设备和软件。

评价标准

1.能准确把握仓库的功能、仓库的种类、货架类型、配送网络结构等基本知识。

2.能初步掌握仓库布局规划、货位管理、编制货物储存计划、配送规划的方法。

3.学会初步的仓库布局规划、商品编码管理、货位管理、储位分配方法。

4.学会运用 Excel 软件进行配送中心的重心法选址。

学习情境二
◆ 货物入库作业管理 ◆

案例导入

新中仑物流公司现有一批货物需要入库,相关信息如下:

1.入库任务单如下表所示:

入库作业单

入库作业单					
入库任务单编号:Z20170802				计划入库时间:	
序号	商品名称	包装规格(mm)(长×宽×高)	单价(元/箱)	重量(KG)	入库(箱)
1	可口可乐	330×235×180	200	15	39
2	百事可乐	460×260×180	200	15	30
3	美汁源果粒橙	395×245×180	200	12	24
4	椰树牌椰汁	595×325×180	200	20	22
5	统一鲜橙多	495×395×180	200	8	16
供应商:厦商百货有限公司					

2.公司用于该批货物的相关货位信息如下:

(1)货架规格:重型货架(托盘货架),1 排 4 列 3 层,双货位,单货位承重≤480KG。

货位参考尺寸:第一层:L1400×W1000×H840(mm);第二层:L1400×W1000×H820(mm);第三层:L1400×W1000×H1450(mm)。

(2)货位存储信息

1.重型货架(托盘货架),(见下图),货位 30 元/个。

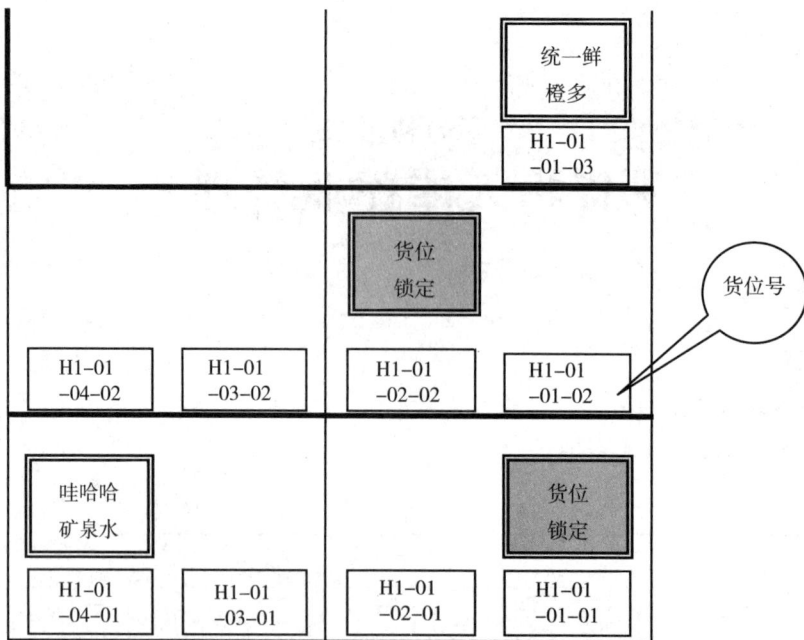

货位存储图

（3）重型（托盘）货架入库任务完成前的库存信息如下表所示。

库存信息表

序号	货品名称	规格（mm）	单位	库存量
1	娃哈哈矿泉水	395×295×180	箱	10
2	统一鲜橙多	495×395×180	箱	10

3.物流过程中的相关设备、工具及成本信息如下：

（1）地牛信息：①品牌：升格；②额定起重量：2000 Kg；③可租赁1台；④按租赁时间计费，计费标准20元/台分钟。

（2）电动液压叉车信息：①品牌：欧力；②额定起重量：2500Kg；③起升高度：2.5m；④按租赁时间计费，计费标准30元/台分钟。

（3）月台信息：①参考尺寸：L3200mm×W2000mm；②月台位置采用就地堆码方式。

（4）托盘信息：①参考尺寸：L1200mm×W1000mm×H140mm；②托盘租赁价格：20元/个；③托盘重量20kg/个；④最多可租赁8个托盘。

（5）工时信息：36元/人均小时.

（6）重型货架货位成本信息：30元/货位。

4.物动量信息（历史出库作业周报，见下表）：

出库作业周报1(物动量统计)

制表人:李龙   制表时间:2017 年 7 月 6 日

货品编码/条码	货品名称	出库量(箱)
6901521103123	诚诚油炸花生仁	55
6902774003017	金多多婴儿营养米粉	20
6903148042441	椰树牌椰汁	87
6917878007441	可口可乐	334
6918010061360	脆香饼干	137
6918163010887	黄桃水果罐头	15
6920855052068	利鑫达板栗	42
6920855784129	兴华苦杏仁	514
6920907800173	休闲黑瓜子	18
6931528109163	玫瑰红酒	44
6932010061808	神奇松花蛋	81
6932010061815	娃哈哈矿泉水	233
6932010061822	美汁源果粒橙	184
6932010061839	怡然话梅糖	145
6932010061846	隆达葡萄籽油	134
6932010061853	乐纳可茄汁沙丁鱼罐头	41
6932010061860	金谷精品杂粮营养粥	38
6932010061877	华冠芝士微波炉爆米花	30
6932010061884	早苗栗子西点蛋糕	25
6932010061891	轩广章鱼小丸子	25
6932010061907	大嫂什锦水果罐头	18
6932010061914	雅比沙拉酱	3
6932010061921	山地玫瑰蒸馏果酒	3
6932010061938	梦阳奶粉	17
6932010061945	幸福方便面	20
6932010061952	日月腐乳	15
6932010061969	鹏泽海鲜锅底	7
6932010061976	万盛牌瓷砖	8
6932010062065	百事可乐	1023
6939261900108	统一鲜橙多	7

出库作业周报2(物动量统计)

制表人：李龙   制表时间：2017 年 7 月 13 日

货品编码/条码	货品名称	出库量（箱）
6901521103123	诚诚油炸花生仁	129
6902774003017	金多多婴儿营养米粉	16
6903148042441	椰树牌椰汁	139
6917878007441	可口可乐	483
6918010061360	脆香饼干	202
6918163010887	黄桃水果罐头	17
6920855052068	利鑫达板栗	52
6920855784129	兴华苦杏仁	393
6920907800173	休闲黑瓜子	17
6931528109163	玫瑰红酒	82
6932010061808	神奇松花蛋	103
6932010061815	娃哈哈矿泉水	279
6932010061822	美汁源果粒橙	217
6932010061839	怡然话梅糖	210
6932010061846	隆达葡萄籽油	100
6932010061853	乐纳可茄汁沙丁鱼罐头	53
6932010061860	金谷精品杂粮营养粥	57
6932010061877	华冠芝士微波炉爆米花	28
6932010061884	早苗栗子西点蛋糕	38
6932010061891	轩广章鱼小丸子	24
6932010061907	大嫂什锦水果罐头	7
6932010061914	雅比沙拉酱	3
6932010061921	山地玫瑰蒸馏果酒	6
6932010061938	梦阳奶粉	11
6932010061945	幸福方便面	17
6932010061952	日月腐乳	17
6932010061969	鹏泽海鲜锅底	15
6932010061976	万盛牌瓷砖	9
6932010062065	百事可乐	756
6939261900108	统一鲜橙多	9

出库作业周报 3(物动量统计)

制表人:李龙　　　　　　　　　　　　　　　　制表时间:2017 年 7 月 20 日

货品编码/条码	货品名称	出库量(箱)
6901521103123	诚诚油炸花生仁	33
6902774003017	金多多婴儿营养米粉	21
6903148042441	椰树牌椰汁	54
6917878007441	可口可乐	343
6918010061360	脆香饼干	99
6918163010887	黄桃水果罐头	16
6920855052068	利鑫达板栗	44
6920855784129	兴华苦杏仁	533
6920907800173	休闲黑瓜子	22
6931528109163	玫瑰红酒	37
6932010061808	神奇松花蛋	59
6932010061815	娃哈哈矿泉水	252
6932010061822	美汁源果粒橙	133
6932010061839	怡然话梅糖	122
6932010061846	隆达葡萄籽油	102
6932010061853	乐纳可茄汁沙丁鱼罐头	51
6932010061860	金谷精品杂粮营养粥	25
6932010061877	华冠芝士微波炉爆米花	27
6932010061884	早苗栗子西点蛋糕	24
6932010061891	轩广章鱼小丸子	18
6932010061907	大嫂什锦水果罐头	10
6932010061914	雅比沙拉酱	7
6932010061921	山地玫瑰蒸馏果酒	5
6932010061938	梦阳奶粉	14
6932010061945	幸福方便面	18
6932010061952	日月腐乳	22
6932010061969	鹏泽海鲜锅底	20
6932010061976	万盛牌瓷砖	14
6932010062065	百事可乐	622
6939261900108	统一鲜橙多	16

出库作业周报4(物动量统计)

制表人:李龙   制表时间:2017 年 7 月 27 日

货品编码/条码	货品名称	出库量(箱)
6901521103123	诚诚油炸花生仁	61
6902774003017	金多多婴儿营养米粉	8
6903148042441	椰树牌椰汁	81
6917878007441	可口可乐	331
6918010061360	脆香饼干	173
6918163010887	黄桃水果罐头	10
6920855052068	利鑫达板栗	55
6920855784129	兴华苦杏仁	584
6920907800173	休闲黑瓜子	21
6931528109163	玫瑰红酒	62
6932010061808	神奇松花蛋	54
6932010061815	娃哈哈矿泉水	210
6932010061822	美汁源果粒橙	164
6932010061839	怡然话梅糖	184
6932010061846	隆达葡萄籽油	115
6932010061853	乐纳可茄汁沙丁鱼罐头	45
6932010061860	金谷精品杂粮营养粥	31
6932010061877	华冠芝士微波炉爆米花	26
6932010061884	早苗栗子西点蛋糕	20
6932010061891	轩广章鱼小丸子	16
6932010061907	大嫂什锦水果罐头	9
6932010061914	雅比沙拉酱	4
6932010061921	山地玫瑰蒸馏果酒	2
6932010061938	梦阳奶粉	18
6932010061945	幸福方便面	17
6932010061952	日月腐乳	15
6932010061969	鹏泽海鲜锅底	17
6932010061976	万盛牌瓷砖	7
6932010062065	百事可乐	960
6939261900108	统一鲜橙多	22

出库作业周报 5（物动量统计）

制表人：李龙　　　　　　　　　　　　制表时间：2017 年 8 月 3 日

货品编码/条码	货品名称	出库量（箱）
6901521103123	诚诚油炸花生仁	68
6902774003017	金多多婴儿营养米粉	8
6903148042441	椰树牌椰汁	73
6917878007441	可口可乐	357
6918010061360	脆香饼干	155
6918163010887	黄桃水果罐头	19
6920855052068	利鑫达板栗	37
6920855784129	兴华苦杏仁	521
6920907800173	休闲黑瓜子	15
6931528109163	玫瑰红酒	55
6932010061808	神奇松花蛋	67
6932010061815	娃哈哈矿泉水	272
6932010061822	美汁源果粒橙	125
6932010061839	怡然话梅糖	167
6932010061846	隆达葡萄籽油	112
6932010061853	乐纳可茄汁沙丁鱼罐头	33
6932010061860	金谷精品杂粮营养粥	47
6932010061877	华冠芝士微波炉爆米花	35
6932010061884	早苗栗子西点蛋糕	31
6932010061891	轩广章鱼小丸子	27
6932010061907	大嫂什锦水果罐头	11
6932010061914	雅比沙拉酱	2
6932010061921	山地玫瑰蒸馏果酒	3
6932010061938	梦阳奶粉	9
6932010061945	幸福方便面	19
6932010061952	日月腐乳	7
6932010061969	鹏泽海鲜锅底	9
6932010061976	万盛牌瓷砖	11
6932010062065	百事可乐	1255
6939261900108	统一鲜橙多	11

出库作业周报6(物动量统计)

制表人:李龙 制表时间:2017 年 8 月 10 日

货品编码/条码	货品名称	出库量(箱)
6901521103123	诚诚油炸花生仁	54
6902774003017	金多多婴儿营养米粉	17
6903148042441	椰树牌椰汁	66
6917878007441	可口可乐	362
6918010061360	脆香饼干	124
6918163010887	黄桃水果罐头	33
6920855052068	利鑫达板栗	40
6920855784129	兴华苦杏仁	555
6920907800173	休闲黑瓜子	27
6931528109163	玫瑰红酒	40
6932010061808	神奇松花蛋	66
6932010061815	娃哈哈矿泉水	224
6932010061822	美汁源果粒橙	177
6932010061839	怡然话梅糖	152
6932010061846	隆达葡萄籽油	117
6932010061853	乐纳可茄汁沙丁鱼罐头	37
6932010061860	金谷精品杂粮营养粥	42
6932010061877	华冠芝士微波炉爆米花	54
6932010061884	早苗栗子西点蛋糕	52
6932010061891	轩广章鱼小丸子	20
6932010061907	大嫂什锦水果罐头	15
6932010061914	雅比沙拉酱	11
6932010061921	山地玫瑰蒸馏果酒	1
6932010061938	梦阳奶粉	31
6932010061945	幸福方便面	9
6932010061952	日月腐乳	14
6932010061969	鹏泽海鲜锅底	22
6932010061976	万盛牌瓷砖	21
6932010062065	百事可乐	1134
6939261900108	统一鲜橙多	25

5.任务完成要求：根据以上信息制订入库方案，并执行入库任务，其他要求如下：

(1)叉车只做垂直运动，不做长距离水平运动。

(2)一、二层货架存放货物安全距离不得小于150 mm，第三层货架存放货物顶距不得小于500 mm。

(3)托盘码放示意图要遵循如下规定并至少包含下列信息：

①托盘码放时，货物包装物边缘不允许超出托盘边缘超20 mm；

②画出托盘码放完整的奇数层俯视图、偶数层俯视图；

③在图上标出托盘的长、宽尺寸(以 mm 为单位)；

④用文字说明堆码后的层数；

⑤用文字说明此类商品所需托盘的个数；

⑥将托盘上的货物以浅灰色填涂。

(4)重型(托盘)货架出库单信息录入必须在入库作业完成后进行。

(5)托盘每次只能两人搬运一托，托盘有货不能采用人工搬运，在货物搬运过程中每次只能搬运一箱。

(6)物动量 ABC 分类计算过程保留 2 位小数(四舍五入)，如 12.34%。ABC 分类时按下表的规定执行：

ABC 分类规定表

累计品种所占比重%	0＜A≤20	20＜B≤50	50＜C≤100
累计周转量所占比重%	0＜A≤70	70＜B≤90	90＜C≤100

(7)地牛、堆高机、手推车、折板箱、托盘、货位、工时、货损等应计入成本。

(8)入出库完成后需要打印以下表单：入库信息录入后的入库作业单、组托明细入库单、上架明细入库单、入库确认后的库存报表等。

任务一　入库前准备

一、入库前的注意事项

当接到到货通知时，仓管员在货物到库之前必须做好以下事项。

(一)入库凭证的审查

仓管员核对仓储合同、入库单或入库计划等入库凭证上的信息，及时进行库场准备，保证物资按时入库。

(二)熟悉入库物资的相关信息

仓管员需了解入库物资的品种、规格、数量、包装状态、单体体积、到库确切时间、物资存期、物资的理化特性以及保管的要求，精确、妥善地进行库场安排、准备。

(三)根据仓库库场情况准备货位

仓库货位是仓库内具体存放货物的位置。库场除了通道、机动作业场地,就剩下存货的货位。为了使仓库管理有序、操作规范、存货位置能准确表示,仓库根据结构、功能,按照一定的要求将仓库存货位置进行分块分位,形成货位。每一个货位都使用一个编号表示,以便区别。货位确定并进行标识后,一般不随意改变。货位可大可小,大至几千平方米的散货货位,小的仅有零点几平方米的橱架货位,具体根据所存货物的情况确定。货位分为场地货位、货架货位,有的相邻货位可以串通合并使用,有的预先已安装地坪,不需要垫垛。

1.货位使用方式

仓库货位的使用有三种方式:

(1)固定货物的货位

货位只用于存放确定的货物,严格地区分使用,绝不混用、串用。对于长期货源的计划库存、配送中心等大都采用固定方式。固定货位具有货位固定用途,便于拣选、查找货物,但是仓容利用率较低。由于是固定货物,货位可以针对性地进行装备,有利于提高货物保管质量。

(2)不固定货物的货位

货物任意存放在有空的货位,不加分类。不固定货位有利于提高仓容利用率,但是仓库内显得混乱,不便查找和管理。对于周转极快的专业流通仓库,货物保管时间极短,大都采用不固定方式。不固定货物的货位储藏,在计算机配合管理下,能充分实现利用仓容,方便查找。采用不固定货位的方式,仍然要遵循仓储的分类安全原则。

(3)分类固定货物的货位

对货位进行分区、分片,同一区内只存放一类货物,但在同区内的货位则采用不固定使用的方式。这种方式有利于货物保管,也较方便查找货物,仓容利用率可以提高。大多数储存仓库都采用这种方式。

2.选择货位的原则

(1)根据货物的尺度、货量、特性、保管要求选择货位

货位的通风、光照、温度、排水、防风、防雨等条件应满足货物保管的需要;货位尺度与货物尺度匹配,特别是大件、长件货物能存入所选货位,货位的容量与货量接近;选择货位时要考虑相近货物的情况,防止与相近货物相忌或互相影响。对于要经常检查的货物,存放在能经常检查的货位。

(2)保证先进先出、缓不围急

"先进先出"是仓储保管的重要原则,能避免货物超期变质。在货位安排时要避免后进货物围堵先进货物。对于存期较长的货物,不能围堵存期短的货物。

(3)出入库频率高的货物,使用方便作业的货位

对于有持续出入库的货物,应安排在靠近出口的货位,以方便出入。流动性差的货物,可以离出入口较远。同样的道理,存期短的货物应安排在出入口附近。

（4）小票集中、大不围小、重近轻远

多种小批量货物，应合用一个货位或者集中在一个货位区，避免夹存在大批量货物的货位中，以便查找。重货应离装卸作业区最近，减少搬运作业或者直接采用装卸设备进行堆垛。使用货架时，重货放在货架下层，需要人力搬运的重货，存放在腰部高度的货位。

（5）方便操作

所安排的货位能保证搬运、堆垛、上架的作业方便，有足够的机动作业场地，能使用机械进行直达作业。

（6）作业分布均匀

所安排的货位尽可能避免仓库内或者同作业线路上同时已有多项作业正在进行，以免相互妨碍。

（四）合理组织人力和设备

根据入库物资的数量和时间以及库内货位、设备条件和人员等情况，合理科学地制定装卸搬运工艺。安排好物资验收人员、搬运堆码人员以及物资入库工作流程，确定各个工作环节所需要的人员和设备。

（五）准备相关材料

在物资入库前，根据所确定的苫垫方案准备相应材料以及所需用具，并组织衬垫铺设作业。此外仓库管理员应妥善保管物资入库所需的各种报表、单证和记录簿等，如入库记录单、理货检验单、存卡和残损单等，以备使用。

二、入库货物的种类、特征与数量分析

入库货物的种类、特征与数量将直接影响到入库计划的制订、接货方式与接货人员的安排、装卸搬运机械及仓储设施设备的配备、库区货位的确定、苫垫材料的选择及温湿度控制等方面。

（一）货物品种数

平均每天送达的货物品种越多，物品之间的理化性质差异也就越大，对接货方式、装卸设备机械及仓储设施设备的配备、库区货位的确定与分配、苫垫材料的选择等作业环节影响也越大。

（二）货物的尺寸及重量

货物的尺寸及重量对装卸搬运、组托上架、库区货位的确定等作业会产生影响。单位货物的尺寸小、重量轻且未单元化，入库时一般采用人工作业或人工辅助机械作业上架储存；单位货物的尺寸大、重量高，则宜采用机械化装卸作业，堆码存储；若货物之间的尺寸重量差异过大，势必对库区货位的确定造成影响。

（三）货物包装形态

依据包装形态不同，货物可分为散装货、件杂货、单元货（托盘化、集装化）三种状态，如图 2-1 所示。货物包装形态的差异会对装卸搬运工具与方式、库区货位的确定、

堆存状态产生影响。

  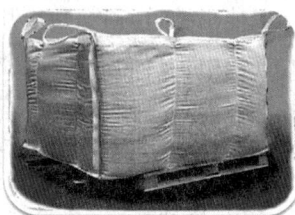

散装物品　　　　　　　件杂货　　　　　　　　单元货

图 2-1　包装形态

(四)货物的保质期

货物保质期的长短直接影响货物的在库周期,保质期短的货物入库存储宜选用重力式货架,严格保证"先进先出",延长物品后续的销售周期和消费周期。

三、物动量 ABC 分类

(一)ABC 分类法

经济学家帕累托在研究财富的社会分配时得出一个重要结论:80%的财富掌握在20%的人手中,即关键的少数和次要的多数规律。后来人们发现这一规律普遍存在于社会的各个领域,称为帕累托现象。

ABC 分类法又称帕累托分析法或巴雷托分析法、柏拉图分析、主次因分析法、ABC 分析法、分类管理法、重点管理法、ABC 管理法,平常我们也称之为"80 对 20"规则。它是根据事物在技术或经济方面的主要特征,进行分类排队,分清重点和一般,从而有区别地确定管理方式的一种分析方法。由于它把被分析的对象分成 A、B、C 三类,所以又称为 ABC 分析法。该分析方法的核心思想是在决定一个事物的众多因素中分清主次,识别出少数的但对事物起决定作用的关键因素和多数的但对事物影响较少的次要因素。

ABC 分类法是储存管理中常用的分析方法,也是经济工作中的一种基本工作和认识方法。ABC 分类法在一定程度上可压缩企业库存总量、节约资金占用、优化库存结构、节省管理精力,因此在企业管理中被广为应用。

一般来说,ABC 分类法是根据库存品的年占用余额的大小,把库存品划分为 A、B、C 三类,分别实行重点控制、一般控制、简单控制的存货管理方法、其中,A 类存货的年占用金额占总库存金额的 70%左右,其品种数却只占总库存品种数的 10%左右;B类存货的年占用金额占总库存金额的 20%左右,其品种数占总库存品种数的 20%左右;C 类存货的年占用金额占总库存金额的 10%左右,其品种数却占总库存品种数的70%左右。

但是,在仓储过程中,进出库的管理一般都是根据货物的进出频度来加以区分的,而非根据库存品的资金,所以在仓储的进出库管理中的 ABC 分类一般都采用物动量ABC 分类法。

(二)物动量 ABC 分类法的基本原理

物动量 ABC 分类法是 ABC 分类的延伸和拓展。根据 ABC 分类法的基本原理,物动量 ABC 分类法规定:

A 类为库存占用率为 10%～30%,而周转率为 60%～80% 的货物;

B 类为库存占用率为 20%～30%,而周转率为 20%～30% 的货物;

C 类为库存占用率为 40%～80%,而周转率为 10%～20% 的货物。

(三)物动量 ABC 分类法的基本程序

1.收集数据

将周转率作为分类的关键因素,收集相应的特征数据,包括各种货物的周转量等数据。

2.计算整理

对数据进行加工,并按要求进行计算,包括计算各货物周转率和库存率、累计周转率和累计库存率等数据。

例:将以下货物按物动量 ABC 分类法进行分类,如表 2-1 所示。

表 2-1　货物

序号	货品编号	货品名称	周转率(箱)	条形码
1	A001	美的电水壶	750	6925823002328
2	D001	松下吹风机	451	6002356895631
3	B003	戴尔电脑显示器	6 128	6925689098631
4	B002	苏泊尔电磁炉	170	6912356896531
5	D002	美的电饭煲	922	6925823235689
6	W002	美的微波炉	214	6925823125683
7	S001	金龙鱼芝麻油	188	6902563688999
8	F004	笋干老鸭煲面	822	6950765398753
9	F003	方便面	1 252	6925895698771
10	K001	金锣普通肠	130	6912568965865
11	S003	纯净水	4 520	6925658985612
12	S004	金龙鱼纯正花生油	217	6902563528899
13	K009	长城干红葡萄酒	462	6920589564783
总计			16 226	

分类统计过程和结果见表 2-2。

表 2-2 结果

序号	货品编号	货品名称	周转率(箱)	品种百分比(%)	品种累计百分比(%)	周转比率(%)	累计周转百分比(%)	分类结果
1	B003	戴尔电脑显示器	6 128	7.69	7.69	37.77	37.77	A
2	S003	纯净水	4 520	7.69	15.38	27.86	65.62	A
3	F003	方便面	1 252	7.69	23.08	7.72	73.34	B
4	D002	美的电饭煲	922	7.69	30.77	5.68	79.02	B
5	F004	笋干老鸭煲面	822	7.69	38.46	5.07	84.09	B
6	A001	美的电水壶	750	7.69	46.15	4.62	88.71	B
7	K009	长城干红葡萄酒	462	7.69	53.85	2.85	91.56	C
8	D001	松下吹风机	451	7.69	61.54	2.78	94.34	C
9	S004	金龙鱼纯正花生油	217	7.69	69.23	1.34	95.67	C
10	W002	美的微波炉	214	7.69	76.92	1.32	96.99	C
11	S001	金龙鱼芝麻油	188	7.69	84.62	1.16	98.15	C
12	B002	苏泊尔电磁炉	170	7.69	92.31	1.05	99.20	C
13	K001	金锣普通肠	130	7.69	100.00	0.80	100.00	C
	合计		16 226					

(四)物动量 ABC 三类货物的储存控制

A 类货物是周转比率最高的,这类货物进出库数量最多、频率最高,所以要存储于最方便装卸的货位,比如库区通道附近的货架或货架的底层;B 类货物周转比率次之;而 C 类货物周转比率最低,所以一般存储于库区深处或货架高处。如图 2-2 所示。

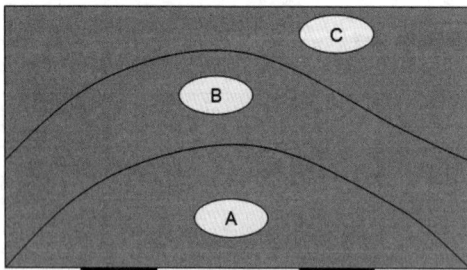

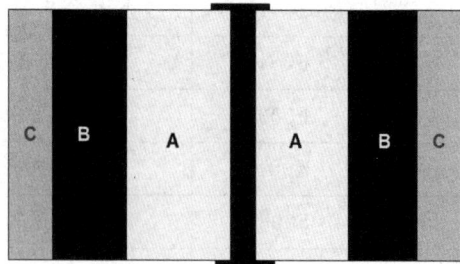

(a)物动量 ABC 分类的货架分区布置图　　(b)物动量 ABC 分类的库区分布图

图 2-2 物动量 ABC 分类法

当然,物动量 ABC 分类法不一定局限于把货物分成 A、B、C 三类,根据货物进出实际情况也可以分成采用"二八原则"的 A、B 两类。对于品种繁多的货物,也可以在物动量 ABC 分类的基础上对 A 类货物继续用物动量 ABC 分类法再分为 AA、AB、AC 三类,并实施不同的管理策略。

四、入库作业的装卸搬运设备

(一)托盘

1.托盘的概念

托盘是一种装卸用垫板,它便于货物装卸、运输和保管,由可以承载单位数量物品的负荷面和供叉车作业的插槽构成。托盘是最基本的物流器具,有人称其为"活动的平台"、"可移动的地面"。它是静态货物转变成动态货物的载体,是装卸搬运、仓储保管以及运输过程中均可利用的工具,与叉车配合利用可以大幅度提高装卸搬运效率。用托盘堆码货物可以大幅度增加仓库与配送中心利用率。托盘一体化运输可以大幅度降低成本。托盘的利用最初始于装卸搬运领域,现在托盘单元化包装、单元化保管、单元化装卸搬运、单元化运输处处可见。在整个物流系统活动中,小小的托盘发挥出巨大的威力。

托盘是一种随着装卸机械化而发展起来的重要的集装器具,叉车与托盘共同使用形成有效的装卸系统,大大提高了装卸的机械化水平,有效缓解了运输过程中长期存在的装卸瓶颈制约。目前,托盘作为实现单元化货物装载运输的重要工具正在被各行各业所认识和接纳,应用越来越广泛。

2.托盘的分类

(1)按托盘构造分类

按托盘构造分为平托盘、柱式托盘、箱式托盘、轮式托盘和专用托盘等。

①平托盘

平托盘(见图 2-3)几乎是托盘的代名词,只要一提托盘,一般都是指平托盘,因为平托盘使用范围最广、利用数量最大、通用性最做好,平托盘又可以细分为如下几种类型:单面型、单面使用型、双面使用型、单面四向型、单面使用四向型、双面使用翼型、单面单翼型、单面使用单翼型、双面使用双翼四向型。

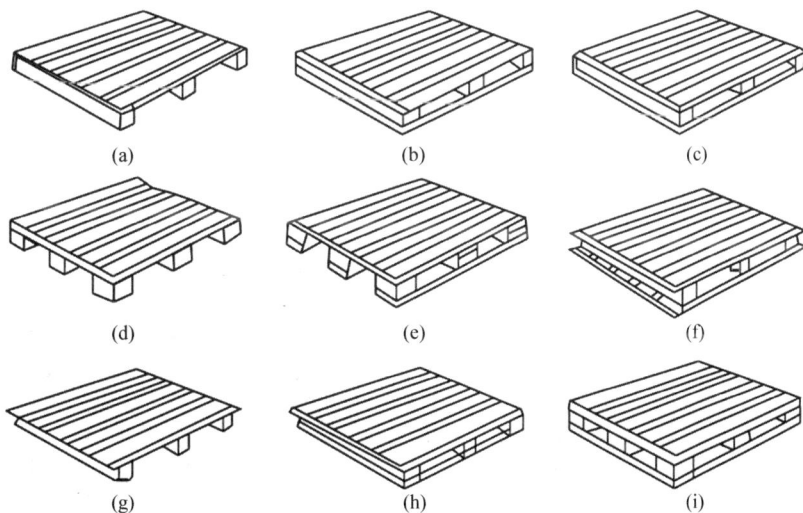

(a)单面型　(b)单面使用型　(c)双面使用型　(d)单面四向型　(e)单面使用四向型
(f)双面使用翼型　(g)单面单翼型　(h)单面使用单翼型　(i)双面使用双翼四向型

图 2-3　平托盘的构造和分类

②柱式托盘

柱式托盘(见图 2-4)分为固定式和可卸式两种,其基本结构是托盘的 4 个角有钢制立柱,柱子上端可用横梁连接,形成框架型。柱式托盘的主要作用有两个:一是利用立柱支撑重量物,往高叠放;二是可防止托盘上放置的货物在运输和装卸过程中发生塌垛现象。

图 2-4　柱式托盘

柱式托盘与平托盘相比,具有下列优点:

A.可以堆叠 4~5 个高,节约储存空间。

B.托盘货物不受重压,特别适宜易碎货物。

C.托盘货物不受外形的限制,可堆码异型货物。

D.托盘并列堆叠后形成一排货架,可以任意存取托盘内的部分货物。因此也适用于批量较小、进出零星的货物。

正由于上述优点,柱式托盘在国外应用十分普遍,这类托盘构造简单,增加投资不大,国内也宜推广。

③箱式托盘

箱式托盘(见图 2-5)是四面有侧板的托盘,有的箱体上有顶板,有的没有顶板。箱板有固定式、折叠式、可卸下式三种。四周栏板有板式、栅式和网式,因此,四周栏板为栅栏式的箱式托盘也称为笼式托盘或仓库笼。箱式托盘防护能力强,可防止塌垛和货损,可装载异型不能稳定堆码的货物,应用范围广。

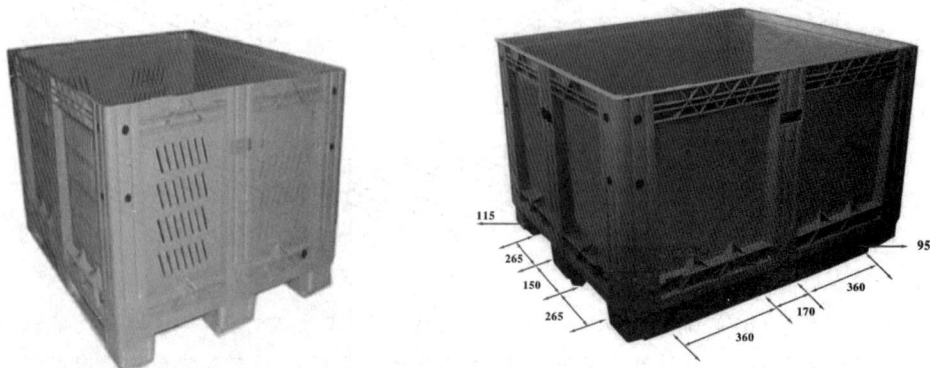

图 2-5　箱式托盘

④轮式托盘

轮式托盘(见图 2-6)与柱式托盘和箱式托盘相比,多了下部的小型轮子。因而,轮式托盘显示出能短距离移动、自行搬运或滚上滚下式的装卸等优势,用途广泛、适用性强。

图 2-6　轮式托盘

⑤专用托盘

由于托盘作业效率高、安全稳定,尤其在一些要求快速作业的场合,利用托盘的重要性更加突出,所以各国纷纷研制了多种多样的专用托盘。

A.平板玻璃集装托盘(见图 2-7)。也称平板玻璃集装架,分许多种类。有 L 型单面装放平板玻璃单面进叉式,有 A 型双面装放平板玻璃双向进叉式,还有吊叉结合式和框架式等。运输过程中托盘起支撑和固定作用,平板玻璃一般都立放在托盘上,并且玻璃还要顺着车辆的前进方向以保持托盘和玻璃的稳固。

图 2-7　平板玻璃集装托盘

B.轮胎专用托盘。轮胎的特点是耐水、耐蚀,但怕挤、怕压。轮胎专用托盘较好地解决了这个矛盾。利用轮胎专用托盘,可多层码放,不挤不压,大大地提高了装卸和储存效率。

C.长尺寸物托盘(见图 2-8)。这是一种专门用来码放长尺寸物品的托盘,有的呈多层结构。物品堆码后就形成了长尺寸货架。

图 2-8 长尺寸物托盘

D.油桶专用托盘(见图 2-9)。这是专门存放、装运标准油桶的异型平托盘。双面均有波形沟槽或侧板以稳定油桶、防止滚落。优点是可多层堆码,提高仓储和运输能力。

图 2-9 油桶专用托盘

(2)按托盘材料分类

按照制造材料的不同,平托盘可分为木制平托盘、钢制平托盘、塑料制平托盘和高密度合成板平托盘等。

①木制托盘

木制托盘(见图 2-10)是托盘中最传统和最普及的类型。由于木材具有价格低廉、易于加工、成品适应性强、可以维修等特点而为绝大多数用户采用。

图 2-10 木制托盘

②钢制托盘

与其他材质的托盘相比,钢制托盘(见图 2-11)具有最好的承载性、牢固性及表面抗侵蚀性。但其缺点同样突出,主要是重量大无法人工搬运且价格高昂。钢制托盘多用于石油化工等对托盘有特殊要求的领域。

图 2-11 钢制托盘

③塑料托盘

塑料托盘(见图 2-12)具有质轻、平稳、美观、整体性好、无钉无刺、无味无毒、耐酸、耐碱、耐腐蚀、易冲洗消毒、不腐烂、不助燃、无静电火花、可回收等优点,使用寿命是木托盘的几倍。但由于成本较高,其使用尚未普及。常见的塑料托盘根据制造材料与工艺的不同可分为注塑托盘、中空吹塑托盘、日本塑料托盘以及韩国塑料托盘等。

图 2-12　塑料托盘

④纸质托盘

纸质托盘(见图 2-13)具有无虫害、环保、价格低廉以及承重能力强等优点。常见的纸质托盘有:以牛皮纸为基本原料所生产的阿贝纸托盘,以蜂窝纸为基本原料所生产的蜂窝纸托盘,以瓦楞纸为基本原料所生产的瓦楞纸托盘,以高质牛皮纸为原料所生产的滑托盘。

图 2-13　纸质托盘

(3)各种托盘性能的比较

托盘种类繁多,不同的托盘在性能和成本等方面可以说是各有千秋。

①在耐腐蚀性方面,塑料托盘最好,钢托盘最差;

②在耐潮湿性方面,塑料托盘性能最优异;

③在耐虫蛀性上,钢托盘最好,塑料托盘次之;

④在平均寿命方面,钢托盘和塑料托盘难分上下;

⑤在重量上,木托盘占有一定优势;

⑥在承载性能上,钢制托盘效果最好;

⑦在使用性能上,塑料和钢托盘均优于木托盘;

⑧在价格上,木托盘有优势,钢托盘最贵。

在实际使用中,由于用途不同,有些托盘是其他品种难以替代的。比如承载重型物品,钢制托盘就有其不可替代性,但是总体来看,塑料托盘将是较有发展前途的产品。

(二)叉车

叉车又称铲车、叉式取货机,享有"万能装卸机"的美称,是物流领域最常用的具有装卸、搬运双重功能的机械。它以货叉作为主要的取货装置,依靠液压起升机构升降货物,由轮胎式行驶运动实现货物的水平搬运。叉车除了使用货叉以外,还可以更换各类的取物装置以适应多种货物的装卸、搬运和堆垛作业。

1.平衡重式叉车

平衡重式叉车(见图 2-14)是最通用的基本型叉车。其工作装置位于叉车的前端,货物载于前端的货叉上,其后部附加有平衡重块,以平衡货物的倾翻力矩,因而得名。是目前应用最广泛的一种叉车,占叉车总量的 80% 左右。

平衡重式叉车重量和尺寸较大,作业时需要较大的空间。货叉直接从前方叉取货物,对所叉货物的体积一般没有要求。动力较大、底盘较高,具有较强的地面适应能力和爬坡能力,适于室外作业。

图 2-14 平衡重式叉车

2.前移式叉车

前移式叉车(见图 2-15)的特点是具有两条前伸的支腿,支腿前端有两个轮子。取货时货叉伸出,卸下货物后或带货移动时,货叉退回接近车体的位置,因此叉车行驶时的稳定性好。

(a)门架前移式叉车　　　　　　　　　(b)货叉前移式叉车

图 2-15 前移式叉车

前移式叉车有门架前移式和货叉前移式两种。门架前移式叉车的门架带动起升机构(包括货叉)沿着支腿内侧轨道前移,便于叉取货物。叉取完货物,起升一小段高度后,门架又沿着支腿内侧的轨道回到原来的位置;货叉前移式叉车的门架则不动,货叉借助伸缩机构单独前伸。

3.侧面式叉车

侧面式叉车(见图2-16)的门架、起升机构和货叉位于车体中部,其货叉位于叉车的侧面,侧面还有货物平台。叉车取物时,门架向外伸出,叉取货物后货叉起升,门架即退回,然后下降货叉,货物就被自动放置在叉车的货物平台上。

侧面式叉车的特点是:由于货物沿纵向放置,适于搬运条形长尺寸货物;货叉位于侧面,使得叉车在出入库作业的过程中,车体进入通道,货叉面向货架或货垛,这样在进行装卸时不必先转弯然后作业;因货物放置在货物平台上,叉车行驶时稳定性好;司机视野比平衡重式叉车好。缺点是门架和货叉只能向一侧伸出,当需要在对侧卸货时,必须将叉车驶出通道,掉头后才能卸货。侧面式叉车比较适合于窄通道作业。

图2-16 侧面式叉车

4.插腿式叉车

插腿式叉车(见图2-17)的两条腿向前伸出,支撑在很小的车轮上。支腿的高度很小,可同货叉一起插入货物底部,由货叉托起货物。货物的重心落到车辆的支撑平面内,因此稳定性很好,不必再设平衡重。插腿式叉车一般由电动机驱动,蓄电池供电。它的作业特点是起重重量小、车速低、结构简单、外形小巧,适用于通道狭窄的仓库与配送中心内作业。

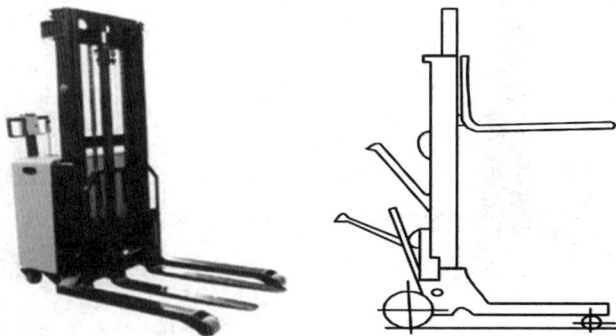

图2-17 插腿式叉车

5.高货位拣选式叉车

高货位拣选式叉车(见图 2-18)的主要作用是高货位拣选,适用于多品种、小批量入出库的高层货架仓库。在仓库面积较小、高度较高,既需要很大的储存量及较高的搬运效率,又不想花巨大的投资建自动仓库的情况下,使用这种叉车比较合适。起升高度一般为 4～6 米,最高可达 13 米,大大提高了仓库空间利用率。

图 2-18 高位拣选式叉车

任务二 货物接运与验收交接

一、货物接运

由于货物到达仓库的形式不同,除了一小部分由供货单位直接运到仓库交货外,大部分要经过铁路、公路、航运、空运和短途运输等运输工具转运;凡经过交通运输部门转运的商品都必须经过仓库接运后才能进行入库验收。因此,货物的接运是入库业务流程的第一道作业环节,也是仓库直接与外部发生的经济联系。它的主要任务是及时而准确地向交通运输部门提取入库货物,要求手续清楚、责任分明,为仓库验收工作创造有利条件。因为接运工作是仓库业务活动的开始,如果接收了损坏的或错误的商品,将直接导致商品出库装运时出现差错。

商品接运是商品入库和保管的前提,接运工作完成的质量直接影响商品的验收和入库后的保管保养。因此,在接运由交通运输部门(包括铁路)转运的商品时,必须认真检查、分清责任、取得必要的证件,避免将一些在运输过程中或运输前就已经损坏的商品带入仓库,造成验收中责任难分的局面和增加保管工作中的困难或损失。

做好商品接运业务管理的主要意义在于防止把在运输过程中或运输之前已经发生的商品损害和各种差错带入仓库,减少或避免经济损失,为验收和保管、保养创造良好的条件。商品接运的主要方式有以下几种。

(一)提货

1.到车站、码头提货

这是由外地托运单位委托铁路、水运、民航等运输部门或邮局代运或邮递货物到达本埠车站、码头、民航站、邮局后,仓库依据通知单派车提运货物的作业活动。此外,在接受货主的委托,代理完成提货、末端送货活动的情况下也会发生到车站、码头提货的作业活动。这种到货提运形式大多是零担托运、到货批量较小的货物。

对所提取的商品,提货人员应了解其品名、型号、特性和一般保管知识以及装卸搬运往来事项等,在提货前应做好接运货物的准备工作,如装卸运输工具、腾出存放商品的场地等。提货人员在到货前应主动了解到货时间和交货情况,根据到货多少组织装卸人员、机具和车辆,按时前往提货。

提货时应根据运单以及有关资料详细核对品名、规格、数量,并要注意商品外观,查看包装、封印是否完好,有无沾污、受潮、水渍、油渍等异状。若有疑点或不符应当场要求运输部门检查。对短缺损坏情况,凡属铁路方面责任的应做出商务记录,属于其他方面责任需要铁路部门证明的应做出普通记录,由铁路运输员签字、注意记录内容与实际情况要相符。

在短途运输中要做到不混不乱,避免碰坏损失。危险品应按照危险品搬运规定办理。

商品到站后,提货员应与保管员密切配合,尽量做到提货、运输、验收、入库、堆码成一条龙作业,从而缩短入库验收时间,并办理内部交接手续。

2.到供货单位提货

这是仓库受货主的委托直接到供货单位提货的一种形式。其作业内容和程序主要是当仓库接到提货通知单后,做好一切提货准备,并将提货与物资的初步验收工作结合在一起进行。最好在供货人员在场的情况下当场进行验收。因此,接运人员要按照验收注意事项提货,必要时可由验收人员参与提货。

(二)到货

1.送货到库的到货

送货到库是指供货单位或其委托的承运单位将商品直接运送到仓库的一种到货形式。当商品到达仓库后,接货人员及验收人员应直接与送货人员办理接货验收手续,检查外包装、清点数量,做好验收记录。如有质量和数量问题,应该会同送货人查实,并由送货人出具书面证明、签章确认,以留作处理问题的依据。

2.铁路专用线到货

接到专用线到货通知后应立即确定卸货货位,力求缩短场内搬运距离。组织好卸车所需的机械、人员以及有关资料,做好卸车准备。

车皮到达后,引导对位,进行检查。看车皮封闭情况是否良好(即车厢、车窗、铅封、苫布等有无异状);根据运单和有关资料核对到货品名、规格、标志和清点件数;检查包装是否有损坏或有无散包;检查是否有进水、受潮或其他损坏现象。在检查中发现异常情况应请铁路部门派员复查,做出普通或商务记录,记录内容应与实际情况相符,以便交涉。

卸车时要注意为商品验收和入库保管提供便利条件,分清车号、品名、规格,不混不乱;保证包装完好,不碰坏,不压伤,更不得自行打开包装;应根据商品的性质合理堆放,以免混淆。卸车后在商品上应标明车号和卸车日期。

编制卸车记录,记明卸车货位规格、数量,连同有关证件和资料,尽快向保管员交代清楚,办好内部交接手续。

二、入库验收

货物到库后,仓库收货人员首先要检查货物入库凭证,根据入库凭证开列的收货单位和货物名称与送交的货物内容和标记进行核对,然后才可以与送货人员办理交接手续。如果在以上工序中无异常情况出现,收货人员在送货回单上盖章表示货物收讫;如发现有异常情况,必须在送货单上详细注明并由送货人员签字,或由送货人员出具差错、异常情况记录等书面材料,作为事后处理的依据。

凡商品进入仓库储存必须经过检查验收,只有验收后的商品方可入库保管。货物入库验收是仓库把好"三关"(入库、保管、出库)的第一道。抓好货物入库质量关能防止劣质商品流入流通领域,划清仓库与生产部门、运输部门以及供销部门的责任界限,也为货物在库场中的保管提供第一手资料。

(一)商品验收的基本要求

1.及时

到库商品必须在规定的期限内完成验收入库工作。这是因为商品虽然到库,但未经过验收的商品没有入账,不算入库,不能供应给用料单位。只有及时验收,尽快提出检验报告才能保证商品尽快入库入账,满足用料单位的需求,加快商品和资金的周转。同时商品的托收承付和索赔都有一定的期限,如果验收时发现商品不合规定要求,要提出退货、换货或赔偿等请求,均应在规定的期限内提出。否则,供方或责任方不再承担责任,银行也将办理拒付手续。

2.准确

验收应以商品入库凭证为依据,准确地查验入库货物的实际数量和质量状况,并通过书面材料准确地反映出来。做到货、账、卡相符,提高账货相符率,降低收货差错率,提高企业的经济效益。

3.严格

仓库的各方都要严肃认真地对待商品验收工作。验收工作的好坏直接关系到企业的利益,也关系到以后各项仓储业务的顺利开展。因此,仓库领导应高度重视验收工作,直接参与验收人员要以高度负责的精神来对待这项工作,明确每批商品验收的要求和方法,并严格按照仓库验收入库的业务操作程序办事。

4.经济

商品在验收时,多数情况下,不但需要检验设备和验收人员,而且需要装卸搬运机具和设备以及相应工种工人配合。这就要求各工种密切协作,合理组织调配人员与设备,以节省作业费用。此外在验收工作中,尽可能保护原包装、减少或避免破坏性试验也是提高作业经济性的有效手段。

（二）商品的验收程序

商品验收包括验收准备、核对凭证、确定验收比例、实物检验、做出验收报告及验收中发现问题的处理。

1.验收准备

验收准备是货物入库验收的第一道程序。仓库接到到货通知后，应根据商品的性质和批量提前做好验收的准备工作，包括以下内容：

（1）全面了解验收物资的性能、特点和数量，根据其需求确定存放地点、垛形和保管方法。

（2）准备堆码苫垫所需材料和装卸搬运机械、设备及人力，以便使验收后的货物能及时入库保管存放，减少货物停顿时间，若是危险品则需要准备防护设施。

（3）准备相应的检验工具，并做好事前检查，以便保证验收数量的准确性和质量的可靠性。

（4）收集和熟悉验收凭证及有关资料。

（5）进口物资或上级业务主管部门指定需要检验质量的，应通知有关检验部门会同验收。

2.核对凭证

入库商品须具备以下列凭证：

（1）货主提供的入库通知单和订货合同副本，这是仓库接收商品的凭证。

（2）供货单位提供的验收凭证，包括材质证明书、装箱单、磅码单、发货明细表、说明书、保修卡及合格证等。

（3）承运单位提供的运输单证，包括提货通知单和登记货物残损情况的货运记录、普通记录以及公路运输交接单等，作为向责任方进行交涉的依据。

核对凭证就是将上述凭证加以整理后全面核对。入库通知单、订货合同要与供货单位提供的所有凭证逐一核对，相符后才可以进入下一步的实物检验。如果发现有证件不齐或不符等情况，要与存货、供货单位及承运单位和有关业务部门及时联系解决。

3.检验货物

检验货物是仓储业务中的一个重要环节，包括检验数量、检验外观质量和检验包装三方面的内容，即复核货物数量是否与入库凭证相符、货物质量是否符合规定的要求、货物包装能否保证在储存和运输过程中的安全。

入库货物的检验分为外观质量查验和内在质量检验，又可分为数量检验和质量检验。货物数量检验包括毛重、净重确定，件数理算、体积丈量等。质量检验则是对货物外表、内容的质量进行判定。仓库在一般情况下，或者合同没有约定检验事项时，仓库仅对货物的品种、规格、数量、外包状况，以及不需要开箱、拆捆，可以直观可见可辨的质量情况进行检验；对于内容的检验则根据合同约定、作业特性确定。如需要进行配装作业的仓储，就需要检验所有货物的品质和状态。

(1)检验方法和标准

货物检验的方法根据仓储合同约定。合同没有约定的,按照货物的特性和仓库的习惯确定。由于新产品的不断出现,不同货物具有不同的质量标准,仓库应认真研究各种检验方法,必要时要求客户、货主提供检验方法和标准,或者要求收货人共同参与检验。仓库成立专职检验队伍是提高检验水平的有效方法。货物检验的主要方法有:

①视觉检验。在充足的光线下,利用视力观察货物的状态、颜色、结构等表面状况,检查有无变形、破损、脱落、变色、结块等损害情况,以判定质量。

②听觉检验。通过摇动、搬运操作、轻度敲击,听取声音,以判定质量。

③触觉检验。利用手感鉴定货物的细度、光滑度、黏度、柔软程度等,判定质量。

④嗅觉、味觉检验。通过货物所特有的气味、滋味测定,判定质量;或者感觉到串味损害。

⑤测试仪器检验。利用各种专用测试仪器进行货物性质测定,如含水量、密度、黏度、成分、光谱等测试。

⑥运行检验。对货物进行运行操作检验。

(2)外观质量检验

①包装检验。包装检验是对货物的外包装(也称为运输包装、工业包装)的检验。检验包装有无被撬开、开缝、挖洞、污染、破损、水渍和黏湿等不良情况。撬开、开缝、挖洞有可能是被盗的痕迹,污染为配装、堆存不当所造成;破损有可能因装卸、搬运作业不当、装载不当造成;水渍和黏湿是由于雨淋、渗透、落水或内容渗漏、潮解造成。包装的含水量(见表 2-3)是影响货物保管质量的重要指标,一些包装物含水量高表明货物已经受损害,需要进一步检验。

表 2-3　几种包装物安全含水量表

包装材料	含水量	说明
木箱(外包装)	18%～20%	内装易霉、易锈商品
	18%～23%	内装一般商品
纸箱	12%～14%	五层瓦楞纸的外包装及纸板衬垫
	10%～12%	三层瓦楞纸的包装及纸板衬垫
胶合板箱	15%～16%	
布包	9%～10%	

②货物外观检验。对无包装的货物,直接察看货物的表面,检查是否有生锈、破裂、脱落、撞击、刮痕等损害。

③重量、尺度检验。对入库物质的单件重量、货物尺度进行衡量和测量,确定货物的质量。

④标签、标志检验。货物标签、标志是否具备、完整、清晰等,标签、标志与货物内容是否一致。

⑤气味、颜色、手感检验。通过货物的气味、颜色判定是否新鲜,有无变质;用于触摸、捏试,判定有无结块、干涸、融化、含水量太高等。

⑥打开外包装检验。对于外包装检验中有判定内容受损可能的依据时,或者检验标准要求开包检验,点算包内细数时,应该打开包装进行检验;开包检验必须有两人以上在现场,检验后在箱件上印贴已验收的标志;需要封装的及时进行封装,对于包装已被损的应更换新包装。

(3)内在质量检验

内在质量检验是对货物的内容进行检验,包括物理结构、化学成分、使用功能等进行鉴定。内在质量检验由专业技术检验单位进行,经检验后出具检验报告说明货物质量。

(4)入库货物检验的程度

入库货物检验程度是指对入库货物实施数量和质量检验的比例,分为全查和抽查,原则上应采用全查的方式。对于大批量、同包装、同规格,较难损坏的货物、质量较高、可信赖的可以采用抽查的方式检验。但是在抽查中发现不符合要求较多时,应扩大抽查范围,甚至全查。

①数量检验的范围

A.不带包装的(散装)货物的检斤率为100%,不清点件数;有包装的毛检斤率为100%,回皮率为5%～l0%,清点件数为100%。

B.定尺钢材检尺率为10%～20%;非定尺钢材检尺率为100%。

C.贵重金属材料100%过净重。

D.有标量或者标准定量的化工产品,按标量计算,核定总重量。

E.同一包装、规格整齐、大批量的货物,包装严密、符合国家标准且有合格证的货物,采取抽查的方式验量,抽查率为10%～20%。

②质量检验的范围

A.带包装的金属材料,抽验5%～10%;无包装的金属材料全部目测查验。

B.入库量10台以内的机电设备,验收率为100%;100台以内,验收不少于10%;运输、起重设备100%查验。

C.仪器仪表外观质量缺陷查验率为100%。

D.易于发霉、变质、受潮、变色、污染、虫蛀、机械性损伤的货物,查验率为5%～10%。

E.外包装质量缺陷检验率为100%。

F.对于供货稳定,信誉、质量较好的厂家产品,特大批量货物可以采用抽查的方式检验质量。

G.进口货物原则上采取100%逐件检验。

(5)入库检验时间

对货物的数量、外表状况应在入库时进行检验;对货物的内容,在合同约定的时间之内进行检验,或者按照仓储习惯在入库的10天之内,国外到货30天之内进行内容质量检验。

三、入库交接

入库物品经过点数、查验之后,可以安排卸货、入库堆码,表示仓库接受物品。在卸货、搬运、堆垛作业完毕后与送货人办理交接手续,并建立仓库台账。

(一)交接手续

交接手续是指仓库对收到的物品向送货人进行的确认,表示已接受物品。办理完交接手续意味着划分清运输、送货部门和仓库的责任。完整的交接手续包括以下几项。

1.接受物品

仓库通过理货、查验物品,将不良物品剔出、退回或者编制残损单证等明确责任,确定收到物品的确切数量、物品表面状态良好。送货单见表2-4。

表 2-4　送货单

No.

单位:　　　　　　　　　　　　　　　　　　　日期:20　年　月　日

品名	规格	单位	数量	单价	金额	备注

收货单位:(盖章)　　　　　　制单:　　　　　送货单位:(盖章)

经手人:

2.接受文件

接受送货人送交的物品资料、运输的货运记录、普通记录等,以及随货的在运输单证上注明的相应文件,如图纸、准运证等。

3.签署单证

仓库与送货人或承运人共同在送货人交来的送货单、交接清单(见表2-5)上签署和批注,并留存相应单证。提供入库、查验、理货、残损单证,事故报告由送货人或承运人签署。

表 2-5　到接货交接单

No.

单位:　　　　　　　　　　　　　　　　　　　日期:20　年　月　日

收货人	发站	发货人	物质名称	标志标记	单位	件数	重量	货物存放处	车号	运单号	提料单号
备注											

提货人:　　　　　　　　　　经办人:　　　　　　　　　　接收人:

(二)登账

货物查验中,仓库根据查验情况制作入库单(见表 2-6),详细记录入库货物的实际情况。对短少、破损等要注明。

物品入库,仓库应建立详细反映物品仓储的明细账,登记物品入库、出库、结存的详细情况,用以记录库存物品动态和入出库过程。

登账的主要内容有:物品名称、规格、数量、件数、累计数或结存数、存货人或提货人、批次、金额,注明货位号或运输工具、接(发)货经办人。

表 2-6　入库单

No.

送货单位:　　　　　　　　入库日期:20 年　 月　 日　　　　　　入库仓库:

物资编号	品名	规格	单位	数量	检验	实收数量	备注

会计:　　　　　　　　仓库收货人:　　　　　　　　制单:

本单一式三联,第一联:送货人联;第二联:财务联;第三联:仓库存查

(三)立卡

物品入库或上架后,将物品名称、规格、数量或出入状态等内容填在料卡上称为立卡。料卡又称为货卡、货牌,插放在货架上物品下方的货架支架上或摆放在货垛正面明显位置(见表 2-7)。

表 2-7　进销存卡

物资名称:　　　　　　规格:　　　　　　单位:　　　　　　单价:

年		送货(提货)单位	入库	出库	库存	经手人
月	日					

(四)建档

建档就是将物资入库作业全过程的有关资料证件进行整理、核对,建立资料档案,以便物资保管和保持客户联系,并为将来发生争议提供凭据;同时也有助于积累仓库管理经验,提高仓管人员的业务素质。

存货档案应一货一档设置,将该物品入库、保管和缴付的相应凭证、报表、记录、作业安排、资料等的原件或者附件、复印件存档。存货档案应该统一编号、妥善保管,长期保存。存货档案的内容包括以下几个方面。

1.货物入库时的资料

(1)货物的各种技术资料、合格证、装箱单、质量标准、送货单、发货清单等；

(2)货物运输单据、普通记录、货运记录、残损记录、装载图等；

(3)入库通知单、验收记录、磅码单、技术检验报告。

2.货物在库保管时的资料

保管期间的检查、保养作业、通风除湿、翻仓、事故等直接操作记录；存货期间的温度、湿度、特殊天气的记录等。

3.物出库时的资料

出库凭证，如领料单、出库单、调拨单等。

任务三　理货、堆存与苫垫

一、理货

(一)理货的意义

在对商品进行堆存前，应先对商品进行整理，确保商品达到以下要求：

(1)商品的数量、质量已彻底查清；

(2)商品包装完好，标识清楚；

(3)外表的沾污、尘土、雨雪等已清除，不影响商品质量；

(4)对受潮、锈蚀以及已发生某些变质或质量不合格的商品，已经加工恢复或者已剔除另行处理，与合格品不相混杂；

(5)为便于机械化操作，金属材料等该打捆的已经打捆，机电产品和仪器仪表等可集中装箱的已装入适用的包装箱。

(二)理货的内容

仓库理货是仓库管理人员在货物入库现场的管理工作，其工作的内容不只是狭义的理货工作，还包括货物入库的一系列现场管理工作。

1.清点货物件数

对于件装货物，包括有包装的货物、裸装货物、捆扎货物，根据合同约定的计数方法，点算完整货物的件数。如合同没有约定，则仅限点算运输包装件数(又称大数点收)。合同约定计件方法为约定细数以及需要在仓库拆除包装的货物，则需要点算最小独立(装潢包装)的件数，包括捆内细数、箱内小件数等；对于件数和单重同时要确定的货物，一般只点算运输包装件数。

对入库拆箱的集装箱，则要在理货时开箱点数。

2.查验货物单重、尺寸

货物单重是指每一运输包装的货物重量。单重确定了包装内货物的含量，分为净重和毛重。对于需要拆除包装的需要核定净重。货物单重一般通过称重的方式核定，按照数量检验方法确定称重程度。

对于以长度或者面积、体积进行交易的商品，入库时必然要对货物的尺度进行丈量，以确定入库货物数量。丈量的项目(长、宽、高、厚等)根据约定或者货物的特性确定，通过使用合法的标准量器，如卡尺、直尺、卷尺等进行丈量。同时，货物丈量还是区分大多数货物规格的方法，如管材、木材的直径，钢材的厚度等。

3.查验货物重量

这是指对入库货物的整体重量进行查验。对于计重货物(如散装货物)、件重并计(如包装的散货、液体)的货物，需要衡量货物重量。货物的重量分为净重和毛重，毛重减净重为皮重。根据约定或具体情况确定衡量毛重或净重。衡重方法可以采用：

衡量单件重量，则总重等于所有单件重量之和；

分批衡量重量，则总重等于每批重量之和；

入库车辆衡重，则总重＝总重车重量－总空车重量；

抽样衡量重量，则总重＝(抽样总重/抽样样品件数)×整批总件数；

抽样重量核定，误差在1%以内，则总重＝货物单件标重×整批总件数。

对设有连续法定计量工具的仓库，可以直接用该设备进行自动衡重。连续计量设备主要有轨道衡、胶带衡、定量灌包器、流量计等。连续计量设备必须经国家计量行政管理部门检验发证(审证)方可有效使用。

此外，还可以通过对容器或运输工具的液体货物体积(容器、货舱体积)和液体的密度测定计算重量，此法称为液量计算。根据船舶的排水体积乘以水的密度减去空船、储备、油水重量的方法来简单计算货物重量，称为船舶水尺计量。

4.检验货物表面状态

理货时应对每一件货物进行外表感官检验，查验货物外表状态，接受货物外表状态良好的货物。外表检验是仓库的基本质量检验要求，确定货物有无包装破损、内容外泄、变质、油污、散落、标志不当、结块、变形等不良质量状况。

5.剔除残损

在理货时发现货物外表状况不良或者怀疑内容损坏等，应将不良货物剔出，单独存放，避免与其他正常货物混淆。待理货工作结束后进行质量确定，确定内容有无受损以及受损程度。对不良货物可以采取退货、修理、重新包装等措施处理，或者制作残损报告，以便明确划分责任。

6.货物分拣

仓库原则上采取分货种、分规格、分批次的方式储存货物，以保证仓储质量。对于同时运入库的多品种、多规格货物，仓库有义务进行分拣、分类、分储。理货工作就是要进行货物确认和分拣作业。对于仓储委托的特殊的分拣作业，如对外表的分颜色、分尺码等，也应在理货时进行，以便分存。需开包进行内容分拣时，则需要独立进行作业。

7.安排货位、指挥作业

由理货人员进行卸车、搬运、垛码作业指挥。根据货物质量检验的需要,指定检验货位,或者无须进一步检验的货物,直接确定存放位置。要求作业人员按照预定的堆垛方案堆码货或者上架。对货垛需要的垫垛,堆垛完毕的苫盖,指挥作业人员按要求进行。作业完毕,要求作业人员清扫运输、搬运工具、作业现场,收集地脚货。

8.处理现场事故

对于在理货中发现的货物残损,不能退回的,仓库只能接受,但要制作残损记录,并由送货人、承运人签署确认。对作业中发生的货损事故,也应制作事故报告,由事故责任人签署。

9.办理交接

由理货人员与送货人、承运人办理货物交接手续,接收随货单证、文件,填制收费单据,代表仓库签署单证,提供单证由对方签署等。

(三)理货的方法

1.在运输工具现场进行理货

仓库理货必须在送货入库的运输工具现场进行理货。一般在车旁与卸货同时进行;或者在车上点数,卸车时查验外表状态。除非在特殊情况下或者对特殊货物,经送货人、存货人同意,可以在以外地方理货。如双方同意在货垛点数,有开箱查验货物内容质量的要求时,约定卸车时不查验外表质量等。

2.与送货人共同理货

理货又称为理货交接,是货物交接的一个环节,因而理货必须有交接双方在场共同理货,以免将来发生争议。如果送货人或存货人拒绝参与理货,表明其放弃理货权利,只能接受仓库单方的理货结论。

3.按送货单或者仓储合同理货

仓库员在理货时,按照仓储合同的约定或者送货单的货物记载、质量要求进行理货,只要货物符合单据、合同所描述的状态和质量标准,符合送货人提供的验收标准,就可以验收,不需要要求货物的绝对质量合格。如运单记载货物使用旧包装,则并不要求包装物表面无污迹。没有约定质量标准的,按照国家标准、行业标准或者能保证储藏保管质量不发生变化的要求进行验收,验收货物的品种、规格、数量、外表状态、包装状态等。

4.在现场进行记录和及时签署单证

对在理货中查验的事项、发现的问题,理货员应在现场进行记录和编写单证,并要求送货人签署证明,不能等待事后补编补签。

(四)理货单据

1.计数单

理货点数时不能仅依靠记忆进行计数,这样容易出现差错。应采用统一格式的计数单进行记数。对每一单元的点数进行记载,同时记载发现的残损等不良现象的货号、残损量、存位等,以便统计数量和查找残损。计数单是理货在现场使用的记录簿。

2.入库单

入库单是仓库统一设置的入库单证。一般由仓库管理部门预填入库货物信息后交付到仓库,作为向仓库下达的仓库作业命令。在查验货物后,将实收货物数、存放货位位置填写在单上,把货物不良情况在备注上批注,最后要送货人签署。入库单一式多联(三联),一联交送货人,仓库留存一联,一联交记账,其他则根据需要相应增加联数。

3.送货单、交接清单

送货单或者交接清单是送货人随货提交来的单证,仓库根据来单理货验收。验收完毕,理货人员签署该单据,并将验收情况,特别是短少和残损记录在单据上,并收留其中一联。

4.现场记录

现场记录是理货员对作业现场所发生的事故、不当作业、气候交变,或者其他影响到货物质量、作业安全的事件所进行的记录。现场记录既是明确责任,也是仓库严格管理的需要。

二、堆存作业

货物堆存是指根据物品的包装、外形、性质、特点、种类和数量,结合季节和气候情况,以及储存时间的长短,将货物按一定的规律码成各种形状的货垛。合理堆存能保证物资的完好,提高仓容的利用率,便于对物品进行维护、盘点等管理。

(一)货物堆存的基本原则

1.分类存放

分类存放是仓库储存规划的基本要求,是保证货物质量的重要手段,因此也是堆存需要遵循的基本原则,具体包括:

(1)不同类别的货物分类存放,甚至需要分区分库存放;

(2)不同规格、不同批次的货物也要分位、分堆存放;

(3)残损货物要与原货分开;

(4)对于需要分拣的物品,在分拣之后应分位存放,以免混串。此外,分类存放还包括不同流向物品、不同经营方式物品的分类分存。

2.选择适当的搬运活性

为了减少作业时间、次数,提高仓库物流速度,应该根据货物作业的要求合理选择货物的搬运活性。对搬运活性高的入库存放货物也应注意摆放整齐,以免堵塞通道、浪费仓容。

3.面向通道,不围不堵

货垛以及存放货物的正面尽可能面向通道,以便查看;另外,所有货物的货垛、货位都应有一面与通道相连,处在通道旁,以便能对物品进行直接作业。只有在所有的货位都与通道相通时才能保证不围不堵。

4.尽可能向高处码放

为充分利用仓容,存放的货物要尽可能码高,使货物占地面积尽可能少,包括采用堆码堆高和使用货架存放。在码高时要注意货垛的稳定,只有在稳定的情况下才能码高。同时为保护货物还要考虑可承受的压力。

5.根据出入库频率选定货位

出入库频率高的货物应放在靠近出入口、易于作业的地方;出入库频率低的货物放在距离出入口稍远的地方。

6.重下轻上

当货物叠放堆码时,应将重的货物放在下面,轻的货物放在上面。

7.便于点数

每垛货物按一定的数量存放,如按 5 或 5 的倍数存放,方便清点计数。

8.依据货物的形状安排堆码方法

如长条形货物就以货物的长度作为货垛的长度。

(二)货物堆存方式

1.散堆方式

散堆法适用于露天存放的没有包装的大宗货物,如煤炭、矿石、黄沙等,也可适用于库内的少量存放的谷物、碎料等散装货物(见图 2-19)。散堆法是直接用堆场机或者铲车在确定的货位后端起,直接将货物堆高,在达到预定的货垛高度时,逐步后退堆货,后端先形成立体梯形,最后成垛,整个垛形呈立体梯形状。由于散货具有的流动、散落性,堆货时不能堆到太近垛位四边,以免散落使货物超出预定的货位。散堆法决不能采用先堆高后平垛的方法堆垛,以免堆超高时压坏场地地面。

图 2-19　露天散堆

2.货架方式

采用通用或者专用的货架进行货架堆码,适用于小五金、小百货、交电零件等小件商品或不宜堆高的货物(见图 2-20)。

图 2-20　货架方式

3.堆垛方式

(1)重叠式

重叠式也称直堆法,逐件、逐层向上重叠堆码,一件压一件的堆码方式(见图 2-21)。为了保证货垛稳定,在一定层数后改变方向继续向上,或者长宽各减少一件继续向上堆放(俗称四面收半件)。该方法较方便作业、计数,但稳定性较差。适用于袋装货物、箱装、箩筐装货物,以及平板、片式货物等。

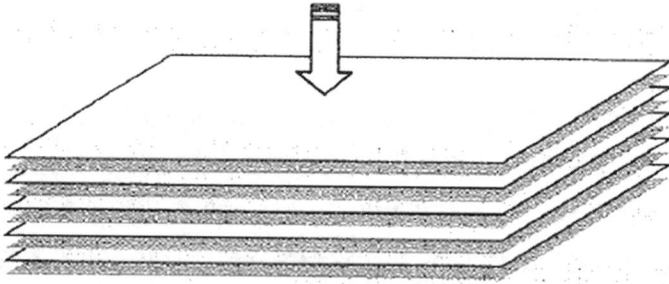

图 2-21　重叠式堆码

(2)纵横交错式

每层货物都改变方向向上堆放,适用于管材、捆装、长箱装货物等货物(见图 2-22)。该方法较为稳定,但操作不便。

图 2-22　纵横交错式堆码

（3）仰俯相间式

对上下两面有大小差别或凹凸的货物，如槽钢、钢轨、箩筐等，将货物仰放一层，再反一面俯放一层，仰俯相间相扣（见图2-23）。该垛极为稳定，但操作不便。

图 2-23　仰俯相间式堆码

（4）压缝式

将底层并排摆放，上层放在下层的两件货物之间。如果每层货物都不改变方向，则形成梯形形状，如果每层都改变方向，则类似于纵横交错式。上下层件数的关系分为"2顶1"、"3顶2"、"4顶1"、"5顶3"等（见图2-24）。

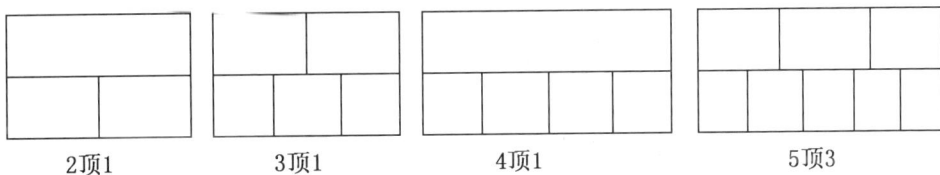

2顶1　　　　3顶1　　　　4顶1　　　　5顶3

图 2-24　压缝式堆码

（5）通风式

货物在堆码时，每件相邻的货物之间都留有空隙，以便通风。层与层之间采用压缝式或者纵横交叉式（见图2-25）。此法适用于需要通风量较大的货物堆垛。

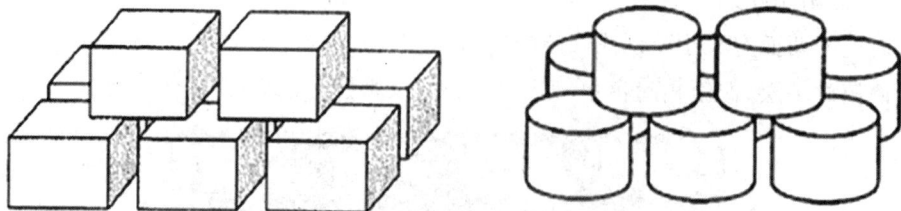

图 2-25 通风式堆码

（6）栽柱式

码放货物前在货垛两侧栽上木桩或者钢棒，形如 U 形货架，然后将货物平码在桩柱之间，几层后用铁丝将相对两边的柱拴联，再往上摆放货物，形如 H 形货架。此法适用于棒材、管材等长条状货物，操作较为方便（见图 2-26）。

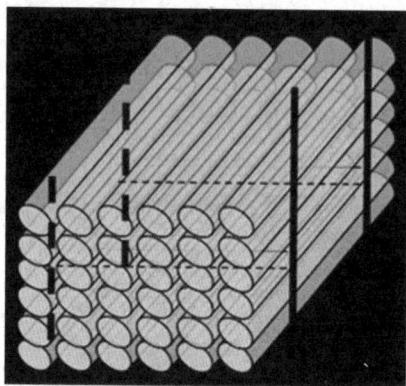

图 2-26 栽柱式堆码

（7）衬垫式

码垛时，隔层或隔几层铺放衬垫物，衬垫物平整牢靠后，再往上码。适用于不规则且较重的货物，如无包装电机、水泵等（见图 2-27）。

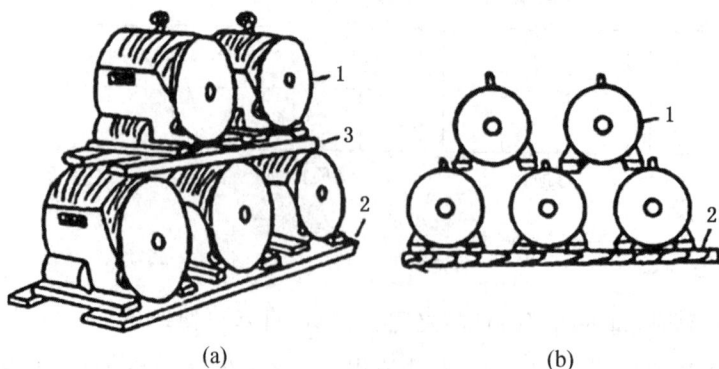

(a)   (b)

图 2-27 衬垫式堆码

（8）直立式

货物保持垂直方向码放的方法，适用于不能侧压的货物，如玻璃、油毡、油桶、塑料桶等（见图 2-28）。

图 2-28　直立式堆码

4.成组堆存方式

采用成组工具使货物的堆存单元扩大。常见的成组工具有货板、托盘、网格等。成组堆垛一般每垛 3～4 层，这种方式可以提高仓库利用率，实现货物的安全搬运和堆存，提高劳动效率，加快货物周转。成组堆码方式最常见的就是托盘堆存法。

(三)托盘堆存法

1.托盘码垛方法

托盘码垛方法，也称组托方法，有以下四种：

(1)重叠式组托

各层码放方式相同，上下对应，各层之间不交错堆垛。这种方式的特点是易于操作，四个角边垂直重叠，承载力大，但层间缺少咬合，稳定性差，适用于自动堆码，需对堆码紧固(见图 2-29)。

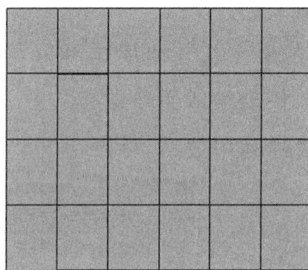

a)立体图　　　　　　　　b)奇数、偶数层

图 2-29　重叠式组托图

(2)纵横交错式

相邻两层货物的摆放旋转 90 度，一层呈横向放置，另一层呈纵向放置，层间纵横交错堆垛。这种方式层间有一定的咬合效果，适用于自动组托操作，但咬合强度不高(见图 2-30)。

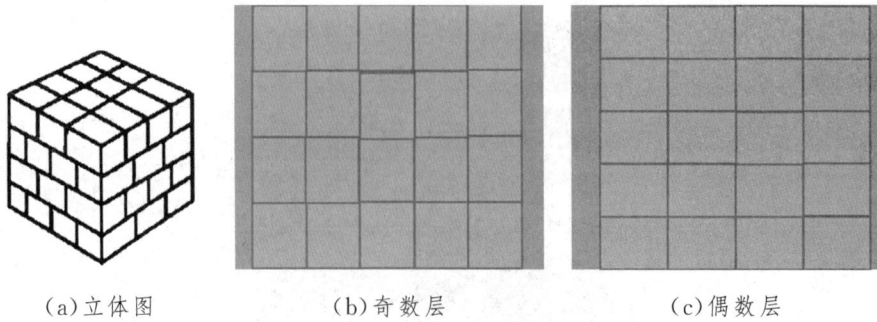

（a）立体图　　　（b）奇数层　　　（c）偶数层

图 2-30　纵横交错式组托

（3）正反交错式

同一层中，不同列的货物以 90 度垂直码放，相邻两层的货物码放形式是另一层旋转 180 度的形式。这种方式不同层间咬合强度较高，相邻两层之间不重缝，稳定性高，但操作较为麻烦，且包装体之间相互挤压，下部容易压坏（见图 2-31）。

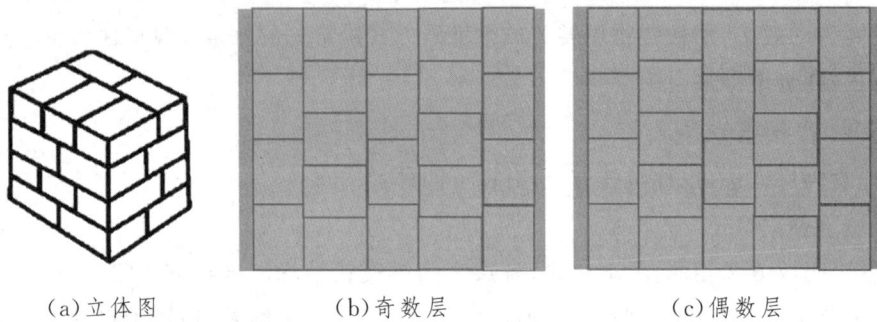

（a）立体图　　　（b）奇数层　　　（c）偶数层

图 2-31　正反交错式组托

（4）旋转交错式

第一层相邻的两个包装体都互为 90 度，两层间的码放有相差 180 度，这样相邻两层之间咬合交叉，托盘货体的稳定性较高，但不易塌垛，码放的难度较大，且中间形成空穴，降低了托盘的利用效率（见图 2-32）。

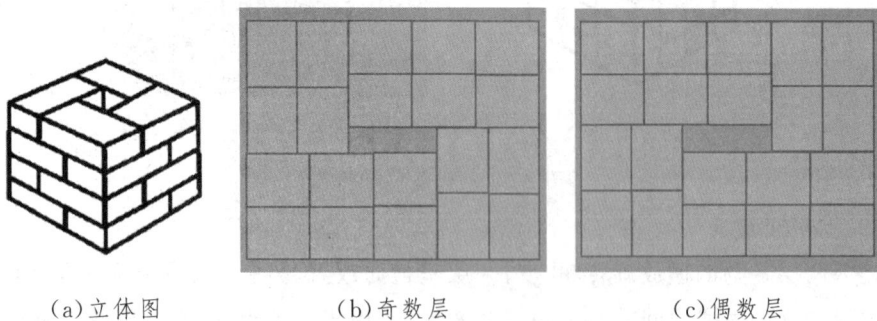

（a）立体图　　　（b）奇数层　　　（c）偶数层

图 2-32　旋转交错式组托

【模拟任务】现有 80 个纸箱，需要装在托盘上运送到某仓储公司储存保管，货物的规格为 200 mm×250 mm×300 mm，每箱货物重 5 kg。

任务：请分别用这四种方法，将这批货物码放在 1200 mm×1000 mm 的平托盘上。

2.紧固方法

(1)捆扎

捆扎是用绳索、打包带等柔软索具对托盘货体进行捆扎以保证货体稳定的方法（见图 2-33）。在防止箱形货物（瓦楞纸箱、木箱）散垛时用得较多。这种方式按如何扎带分成水平、垂直和对角等捆扎方式。捆扎打结的方法有结扎、钻合、热融、加卡箍等。但这种方式存在扎带部分能防止货物移动，未扎带部分容易发生货物脱出的缺点，且由于保管时多层货物的堆压以及输送中振动冲击而使带子变松，从而降低防止散垛的效果，这是需要注意的。

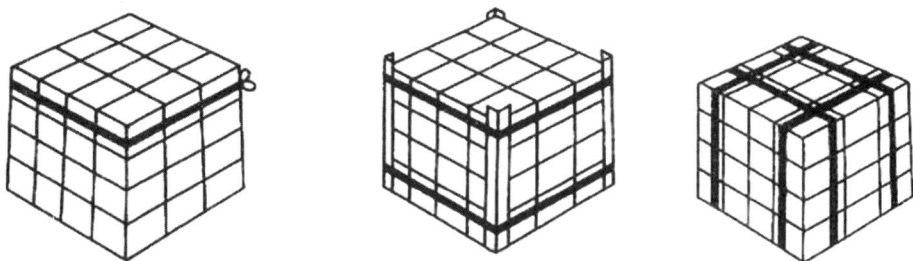

图 2-33　托盘货物的各种捆扎方法

(2)粘合加固

粘合有两种方法，一是在下一层货箱上涂上胶水使上下货箱粘合；二是每层之间贴上双面胶条，将两层货箱通过胶条粘合在一起，防止物流中托盘货物从层间滑落。这种方式对水平方向滑动的抵抗能力强，但在分离托盘的货载时，从垂直方向容易分开。另外，在使用时必须根据货物的特性来决定用量和涂布方法。与这种方式相近的，也有在货物表面涂以耐热树脂，货物间不相互胶结而靠增加摩擦力来防止散垛（见图 2-34）。

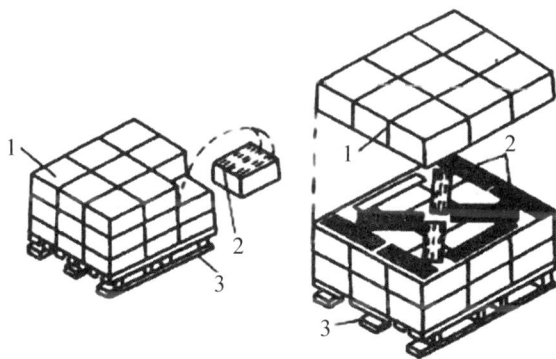

图 2-34　托盘货物的黏合加固

(3)加框架紧固

将墙板式的框架加在托盘货物的相对的两面或四面以至顶部，用以增加托盘货体刚性（见图 2-35）。框架的材料以木板、胶合板、瓦楞纸板、金属板等为主。加固方法有固定式和组合式两种。采用组合式需要打包带紧固，使托盘和货物结合成一体。

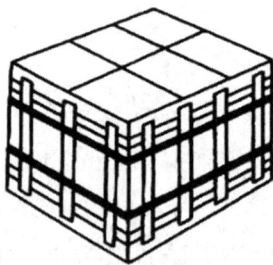

图 2-35   托盘货物的加框架紧固

（4）网罩紧固

这种方式主要用于装有同类货物托盘的紧固，多见于航空运输，将航空专用托盘与网罩结合起来，就可达到紧固的目的（见图 2-36）。将网罩套在托盘货物上，再将网罩下端的金属配件挂在托盘周围固定的金属片上（或将绳网下部缚牢在托盘的边缘上），以防形状不整齐的货物发生倒塌。为了防水，可在网罩之下用防水层加以覆盖，网罩一般采用棉绳、布绳和其他纤维绳等材料制成。绳的粗细视托盘货物的重量而定。

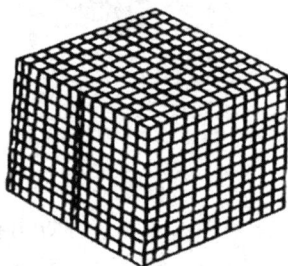

图 2-36   托盘货物的网罩紧固

（5）专用金属卡具加固

对某些托盘货物，最上部如能伸入金属夹卡，则可用专用夹卡将相邻的包装物卡住，以使每层货物通过金属卡具成一整体，防止个别货物分离滑落（见图 2-37）。

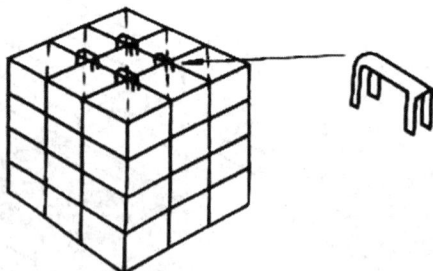

图 2-37   托盘货物的专用金属卡具加固

（6）中间夹摩擦材料紧固

将具有防滑性能的纸板夹在各层器具之间，以增加摩擦力，防止水平移动（滑动）或冲击时托盘货物各层间的移位，防滑片除纸板外，还有软质聚氨酯泡沫塑料等片状物（见图 2-38）。另外，在包装容器表面涂布二氧化硅溶液也有较好的防滑效果。

图 2-38　托盘货物的中间夹摩擦材料紧固

(7)收缩薄膜紧固

将热缩塑料薄膜制成一定尺寸的套子,套在托盘货垛上,然后进行热缩处理,塑料薄膜收紧后,便使托盘与货物成一体。这种紧固形式属五面封,托盘下部与大气相通(见图 2-39)。它不但起到紧固和防止塌垛的作用,而且由于塑料薄膜不透水,还可起到防雨水的作用。这有利于克服托盘货体不能露天存放、需要仓库的缺点,可大大扩展托盘的应用领域。但是,由于通气性不好,又由于在高温下加热处理,所以,有的商品及容器材料不宜采用这一方法。

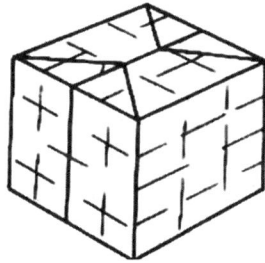

图 2-39　托盘货物的收缩薄膜紧固

(8)拉伸薄膜紧固

用拉伸塑料薄膜将货物与托盘一起缠绕裹包形成集装件(见图 2-40)。顶部不加塑料薄膜时形成四面封,顶加塑料薄膜时形成五面封,拉伸包装不能形成六面封,不能防潮。但它不进行像热缩包装那样的热处理,对需要防止高温的货物是有效的。由于塑料薄膜的透气性较差,所以对需要透气的水果等货物,也有用树脂薄膜代替。另外拉伸薄膜比收缩薄膜捆缚力差,只能用于轻量物品的集装。

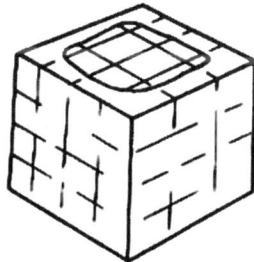

图 2-40　托盘货物的拉伸薄膜紧固

（9）平托盘周边垫高紧固

将平托盘周边稍稍垫高，托盘上所放货物会向中心相互靠拢，在物流中发生摇摆、振动时，可防止层间滑动错位，防止货垛外倾，因而能起到稳固作用（见图 2-41）。

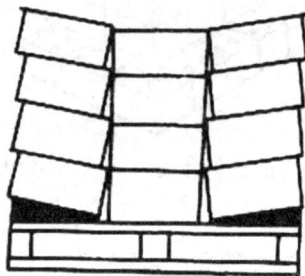

图 2-41　平托盘周边垫高紧固

（10）胶带加固

托盘货体用单面不干胶粘捆，即使是胶带部分损坏，由于全部贴于货物表面，也不会出现散捆。该法适用于短途运输。主要能够方便快捷地对货物进行加固（见图 2-42）。

图 2-42　托盘货物的胶带加固

以上 10 种加固方法，其中捆扎、加框架紧固、网罩紧固、收缩薄膜紧固、拉伸薄膜紧固、胶带粘扎这六种是适用于普通货品的属性和保护要求的。然而根据仓库的有关规定和实际的可操作性来说，"加框架紧固＋拉伸薄膜紧固＋网罩紧固"这三个组合在一起使用的话，在很大程度上让货品和托盘形成了一个整体，从而达到保护货品的目的。加框架紧固，可以用纸护角，在货物四个角加固，增加货品顶部和中部的左右上下承受力；拉伸薄膜紧固，这个是对纸护角和货品之间的一种紧密加固，另一方面也使得货品和托盘之间初步形成一个整体和防止货品的掉落倾斜；网罩紧固，这个是进一步对货物和托盘之间的加固，这样形成五面加固紧密，货物的重心降到最低，全部作用力和受力都在托盘，形成一个整体，只要托盘之间紧密摆放，在运输过程中就很难发生让托盘移动位置的情况。网罩一般采用棉绳、布绳和其他纤维绳等材料制成，绳的粗细视托盘货物的重量而定。

（四）垛形

垛形是指货物在库场码放的形状。垛形的确定根据货物的特性，能实现作业方便、迅速和充分利用仓容的原则。仓库常见的垛形有：

1.平台垛

平台垛是先在底层以同一个方向平铺摆放一层货物,然后垂直继续向上堆积,每层货物的件数、方向相同,垛顶呈平面,垛形呈长方体(见图 2-43)。

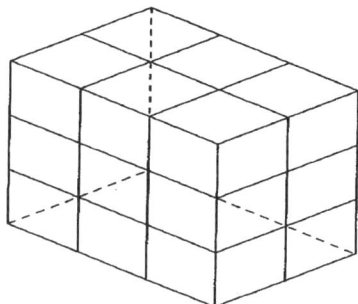

图 2-43 平台垛

实际操作中并不都采用层层加码的方式,往往从一端开始,逐步后移。平台垛适用于单一包装规格、大批量的货物,以及包装规则、能够垂直叠放的方形箱装货物、大袋货物、规则的软袋成组货物、托盘成组货物。平台垛只是用在仓库内和不需要遮盖的堆场堆放的货物码垛。

平台垛具有整齐、便于清点、占地面积小、堆垛作业方便的优点。但该垛形的稳定性较差,特别是小包装、硬包装的货物有货垛端头倒塌的危险,所以在必要时(如太高、长期堆存、端头位于主要通道等)要在两端采取稳定的加固措施。对于堆放很高的轻质货物,往往在堆码到一定高度后,向内收半件货物后再向上堆码,以保证货垛稳固。

2.立体梯形垛

立体梯形垛是在最底层以同一方向排放货物的基础上,向上逐层同方向减数压缝堆码,垛顶呈平面,整个货垛呈下大上小的立体梯形形状(见图 2-44)。立体梯形垛适用于包装松软的袋装货物和上层面非平面而无法垂直叠码的货物的堆垛,如横放的卷形、桶装、捆包货物。立体梯形垛极为稳固,可以堆放得较高,仓容利用率较高。对于在露天堆放的货物采用立体梯形垛,为了排水需要可以起脊变形。

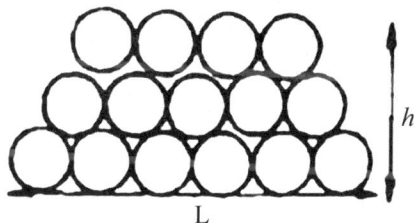

图 2-44 立体梯形垛

3.行列垛

行列垛是将每票货物按件排成行或列排放,每行或列一层或数层高。垛形呈长条形(见图 2-45)。行列垛用于存放批量较小货物的库场码垛使用,如零担货物。为了避免混货,每批独立开堆存放。长条形的货垛使每个货垛的端头都延伸到通道边,可以直接作业而不受其他货物阻挡。但每垛货量较少,垛与垛之间都需留空,垛基小而不能堆高,使得行列垛占用库场面积大,库场利用率较低。

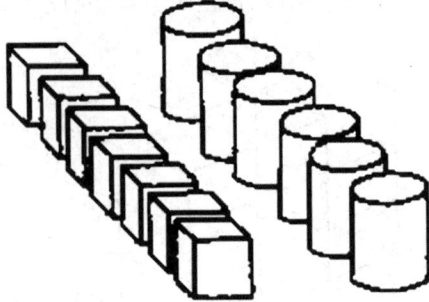

图 2-45　行列垛

4.起脊垛

这种垛形先按平台垛的方法码垛到一定的高度,以卡缝的方式将每层逐渐缩小,最后顶部形成屋脊形(见图 2-46)。起脊垛是堆场场地堆货的主要垛形,货垛表面的防雨遮盖从中间起向下倾斜,可以方便排泄雨水、防止水淋湿货物。有些仓库由于陈旧或建筑简陋,有漏水现象,仓内的怕水货物也应采用起脊垛堆垛并遮盖。

起脊垛是平台垛为了适应遮盖、排水的需要的变形,具有平台垛操作方便、占地面积小的优点,适用平台垛的货物同样可以适用起脊垛堆垛。但是起脊垛由于顶部压缝收小以及形状不规则,造成清点货物的不便,顶部货物的清点需要在堆垛前以其他方式进行。另外,由于起脊的高度使货垛中间的压力大于两边,因而采用起脊垛时库场使用定额要以脊顶的高度来确定,以免中间底层货物或库场被压损坏。

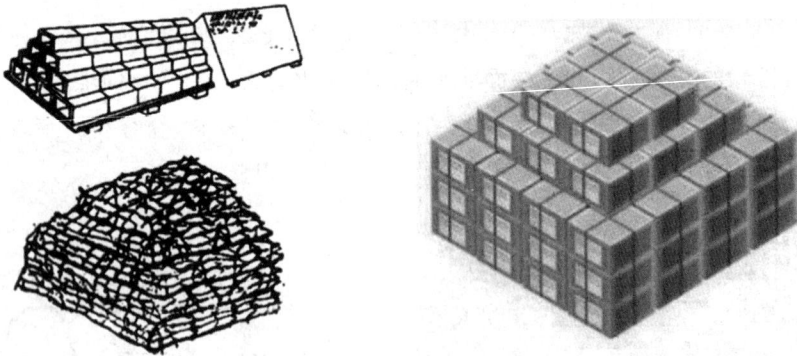

图 2-46　起脊垛

5.梅花形垛

对于需要立直存放的大桶装货物,将第一排(列)货物排成单排(列),第二派(列)的每件靠在第一排(列)的两件之间卡位,第三排(列)同第一排(列)一样,之后每排(列)依次卡缝排放,形成梅花形垛(见图 2-47)。梅花形垛货物摆放紧凑,充分利用了货件之间的空隙,节约了库场面积。

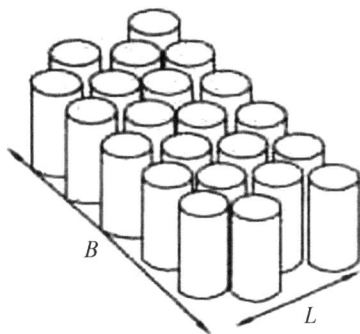

图 2-47 梅花形垛

6.井形垛

井形垛适用于长形的钢材、钢管及木方的堆码。它是在以一个方向铺放一层货物后,再以垂直的方向铺放第二层货物,货物横竖隔层交错逐层堆放。垛顶呈平面(见图2-48)。井形垛垛形稳固,但垛边货物容易滚落,需要捆绑或者收进。井形垛的作业较为不便,需要不断改变作业方向。

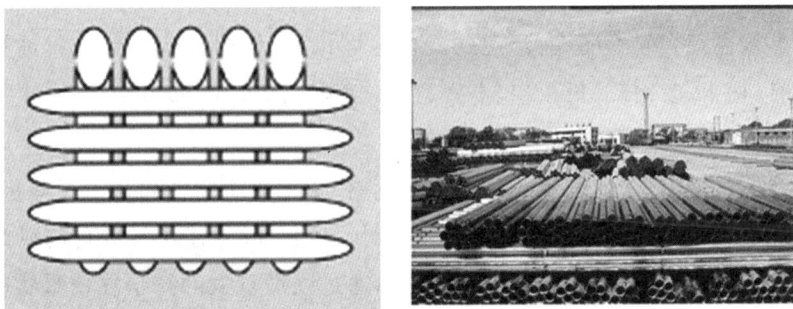

图 2-48 井形垛

(五)堆垛作业"五距"要求

货垛的"五距"指的是垛距、墙距、柱距、顶距和灯距。"五距"应符合安全规范要求。堆垛货垛时,不能依墙、靠柱、碰顶、贴灯,不能紧挨旁边的货垛,必须留有一定的间距。无论采用哪一种垛形,房内必须留出相应的走道,方便商品的进出和消防用途。

1.垛距

货垛与货垛之间的必要距离称为垛距,常以支道作为垛距。垛距能方便存取作业,起通风、散热的作用,方便消防工作。库房垛距一般为 0.3~0.5 m,货场垛距一般不少于0.5 m。

2.墙距

为了防止库房墙壁和货场围墙上的潮气对商品的影响,也为了散热通风、消防工作、建筑安全、收发作业,货垛必须留有墙距。墙距可分为库房墙距和货场墙距,其中,库房墙距又分为内墙距和外墙距。内墙距是指货物离没有窗户墙体的距离,此处潮气相对少些,一般距离为 0.1~0.3 m;外墙距是指货物离有窗户墙体的距离,这里湿度相对大些,一般距离为 0.1~0.5 m。

3.柱距

为了防止库房柱子的潮气影响货物,也为了保护仓库建筑物的安全,必须留有柱距。柱距一般为 0.1~0.3 m。

4.顶距

货垛堆放的最大高度与库房、货棚屋顶横梁间的距离称为顶距。顶距能便于装卸搬运作业及通风散热,有利于消防工作,有利于收发、查点。顶距一般为 0.5 ~0.9 m,具体视情况而定。

5.灯距

货垛与照明灯之间的必要距离称为灯距。为了确保储存商品的安全,防止照明灯发出的热量引起靠近灯具的商品燃烧而发生火灾,货垛必须留有足够的安全灯距。灯距按规定应有不少于0.5 m的安全距离。

三、苫垫

(一)垫垛

垫垛是指在货物码垛前,在预定的货位地面位置,使用衬垫材料进行铺垫。常见的衬垫物有:枕木、废钢轨、货板架、木板、帆布、芦席、钢板等(见图 2-49)。

1.垫垛的目的

垫垛可以使地面平整;堆垛货物与地面隔离,防止地面潮气和积水浸湿货物,并形成垛底通风层,有利于货垛通风排湿;地面杂物、尘土与货物隔离;货物的泄漏物留存在衬垫之内,不会流动扩散,便于收集和处理;通过强度较大的衬垫物使重物的压力分散,避免损害地坪。

2.垫垛的基本要求

所使用的衬垫物与拟存货物不会发生不良影响、具有足够的抗压强度;地面要平整坚实、衬垫物要摆平放正,并保持同一方向;衬垫物间距适当,直接接触货物的衬垫面积与货垛底面积相同,垫物不伸出货垛外;要有足够的高度,露天堆场要达到 0.3~0.5 m,库房内0.2 m即可。

图 2-49 苫垫

【例 2-1】衬垫面积的确定

某仓库内要存放一台自重 30 t 的设备,该设备底架为两条 2 m×0.2 m 的钢架。该仓库库场单位面积技术定额为 3 t/m²。

问:需不需要垫垛? 如何采用 2 m×1.5 m、自重 0.5 t 的钢板垫垛?

解:货物对地面的压强为:30/(2×2×0.2)=37.5(t/m²)

远远超过库场单位面积技术定额 3 t/m²,必须垫垛。

假设衬垫钢板为 n 块,根据

重量(含衬垫重量)=面积×库场单位面积技术定额

则为:

$$30+n×0.5=n×2×1.5×3$$
$$n=3.52(块)$$

取整 4 块,所以需要使用 4 块钢板衬垫。将 4 块钢板平铺展开,设备的每条支架分别均匀地压在两块钢板之上(见图 2-50)。

图 2-50 衬垫

(二)苫盖

苫盖是指采用专用苫盖材料对货垛进行遮盖,以减少自然环境中的阳光、雨雪、风、尘土等对货物的侵蚀、损害,并使货物由于自身物理化学性质所造成的自然损耗尽可能地减少,保护货物存储期内的质量。

常用的苫盖材料有:帆布、芦席、竹席、塑料膜、铁皮铁瓦、玻璃钢瓦、塑料瓦等(见图 2-51)。

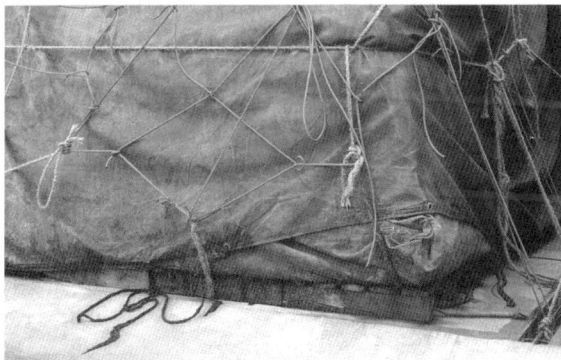

图 2-51 货物苫盖及苫垫

1.苫盖的基本要求

苫盖的目的是给货物遮阳、避雨、挡风、防尘,具体的要求如下:

（1）选择合适的苫盖材料。选用防火、无害的安全苫盖材料；苫盖材料不会对货物发生不良影响；成本低廉，不易损坏，能重复使用，没有破损和霉变。

（2）苫盖要牢固。每张苫盖材料都需要牢固稳定，必要时在苫盖物外用绳索、绳网绑扎或者用重物镇压，确保刮风吹不开。

（3）苫盖接口要紧密。苫盖的接口要有一定深度的互相叠盖，不能迎风叠口或留空隙，苫盖必须拉挺、平整，不得有折叠和凹陷，防止积水。

（4）苫盖的底部与垫垛齐平。不腾空或拖地，并牢固地绑扎在垫垛外侧或地面的绳桩上，衬垫材料不露出垛外，以防雨水顺延渗入垛内。

（5）要注意材质和季节。使用旧的苫盖物，在雨水丰沛季节，垛顶或者风口需要加层苫盖，确保雨淋不透。

2.苫盖方法

（1）就垛苫盖法。直接将大面积苫盖材料覆盖在货垛上遮盖，一般采用大面积的帆布、油布、塑料膜等。就垛苫盖法操作便利，但基本不具备通风条件（见图 2-52）。

图 2-52　就垛苫盖法

（2）鱼鳞式苫盖法。将苫盖材料从货垛的底部开始，自下而上呈鱼鳞式逐层交叠围盖。该法一般采用面积较小的瓦、席等材料苫盖。鱼鳞式苫盖法具有较好的通风条件，但每件苫盖材料都需要固定，操作比较烦琐复杂。

（3）活动棚苫盖法。将苫盖物料制作成一定形状的棚架，在货物堆垛完毕后，移动棚架到货垛加以遮盖。或者采用即时安装活动棚架的方式苫盖。该法较为快捷，具有良好的通风条件，但活动棚本身需要占用仓库空间，也需要较高的购置成本。

（三）货垛牌

为了使保管中及时掌握货物资料，需要在货垛上张挂有关该垛货物的资料标签。该记载货物资料的标签称为货垛牌或者货物标签、料卡等。在货物码垛完毕，仓库管理人员就需要根据入库货物资料、接收货物情况制作货垛牌，并摆放或拴挂在货垛正面明显的位置，或者货架上。

货垛牌的主要内容有：货位号、货物名称、规格、批号、来源、进货日期、存货人、该垛数量、接货人（制单人）等。此外根据不同特点的仓库可以相应增减项目。

案例解析

1.入库作业方案

（1）物动量 ABC 分类

根据出库作业周报，物动量统计见下表。

物动量统计表

商品	编号	周转量	周转量所占比重	累计周转量所占比重	品种所占比例	累计品种所占比重	分类
百事可乐	1	5750	28.75%	28.75%	3.33%	3.33%	A
兴华苦杏仁	2	3100	15.50%	44.25%	3.33%	6.67%	
可口可乐	3	2210	11.05%	55.30%	3.33%	10.00%	
娃哈哈矿泉水	4	1470	7.35%	62.65%	3.33%	13.33%	
美汁源果粒橙	5	1000	5.00%	67.65%	3.33%	16.67%	
怡然话梅糖	6	980	4.90%	72.55%	3.33%	20.00%	B
脆香饼干	7	890	4.45%	77.00%	3.33%	23.33%	
隆达葡萄籽油	8	680	3.40%	80.40%	3.33%	26.67%	
椰树牌椰汁	9	500	2.50%	82.90%	3.33%	30.00%	
神奇松花蛋	10	430	2.15%	85.05%	3.33%	33.33%	
诚诚油炸花生仁	11	400	2.00%	87.05%	3.33%	36.67%	
玫瑰红酒	12	320	1.60%	88.65%	3.33%	40.00%	
利鑫达板栗	13	270	1.35%	90.00%	3.33%	43.33%	
乐纳可茄汁沙丁鱼罐头	14	260	1.30%	91.30%	3.33%	46.67%	C
金谷精品杂粮营养粥	15	240	1.20%	92.50%	3.33%	50.00%	
华冠芝士微波炉爆米花	16	200	1.00%	93.50%	3.33%	53.33%	
早苗栗子西点蛋糕	17	190	0.95%	94.45%	3.33%	56.67%	
轩广章鱼小丸子	18	130	0.65%	95.10%	3.33%	60.00%	
休闲黑瓜子	19	120	0.60%	95.70%	3.33%	63.33%	
黄桃水果罐头	20	110	0.55%	96.25%	3.33%	66.67%	
梦阳奶粉	21	100	0.50%	96.75%	3.33%	70.00%	
幸福方便面	22	100	0.50%	97.25%	3.33%	73.33%	
金多多婴儿营养米粉	23	90	0.45%	97.70%	3.33%	76.67%	
日月腐乳	24	90	0.45%	98.15%	3.33%	80.00%	

商品	编号	周转量	周转量所占比重	累计周转量所占比重	品种所占比例	累计品种所占比重	分类
鹏泽海鲜锅底	25	90	0.45%	98.60%	3.33%	83.33%	C
统一鲜橙多	26	90	0.45%	99.05%	3.33%	86.67%	
大嫂什锦水果罐头	27	70	0.35%	99.40%	3.33%	90.00%	
万盛牌瓷砖	28	70	0.35%	99.75%	3.33%	93.33%	
雅比沙拉酱	29	30	0.15%	99.90%	3.33%	96.67%	
山地玫瑰蒸馏果酒	30	20	0.10%	100.00%	3.33%	100.00%	
累计出库总量				20000			

根据货物的累积周转率对货物进行 ABC 分类,70%(包括 70%)以下为 A 类,70%~90%(包括 90%)为 B 类,90%以上为 C 类货物,物动量 ABC 分类见下表。

物动量 ABC 分类

商品	编号	周转量(箱)	周转量所占比重	品种比重累计	周转量比重累计	分类
百事可乐	1	5750	28.75%	3.33%	28.75%	A
可口可乐	2	2210	11.05%	10.00%	55.30%	
娃哈哈矿泉水	3	1470	7.35%	13.33%	62.65%	
美汁源果粒橙	4	1000	5.00%	16.67%	67.65%	
椰树牌椰汁	5	500	2.50%	30.00%	82.90%	B
统一鲜橙多	6	90	0.45%	76.67%	97.70%	C

(2)货物组托

根据任务提供的货物和托盘尺寸,货物组托如下:

①可口可乐

包装规格(mm):330×235×180

利用重叠法进行堆码,每层放置 15 箱货物,放置 3 层货物,第三层放置 9 箱货物,共计入库 39 箱货物,需要使用 1 个托盘(见下图)。

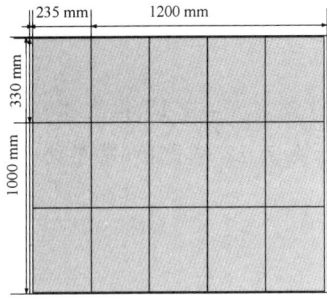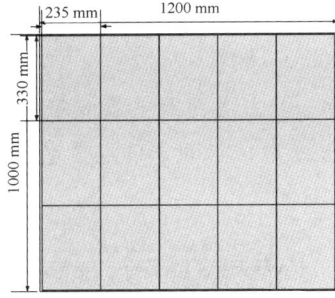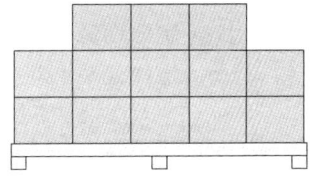

奇数层俯视图　　　　　　偶数层俯视图　　　　　　主视图

可口可乐组托图

②百事可乐

包装规格（mm）：460×260×180

利用重叠法进行堆码，每层放置 10 箱货物，放置 3 层货物，共计入库 30 箱货物，需要使用 1 个托盘（见下图）。

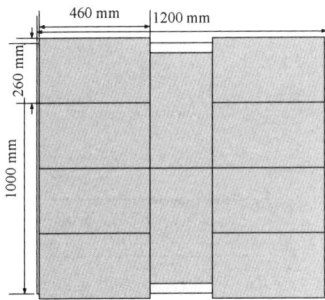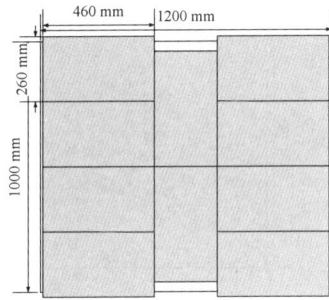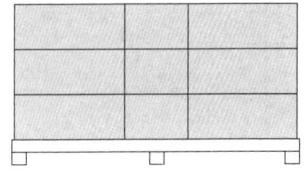

奇数层俯视图　　　　　　偶数层俯视图　　　　　　主视图

百事可乐组托图

③美汁源果粒橙

包装规格（mm）：395×245×180

利用重叠法进行堆码，每层放置 12 箱货物，放置 2 层货物，共计入库 24 箱货物，需要使用 1 个托盘（见下图）。

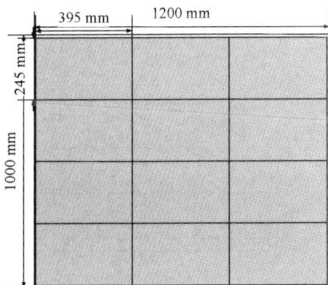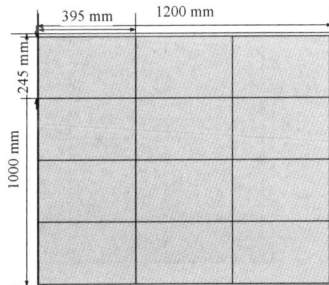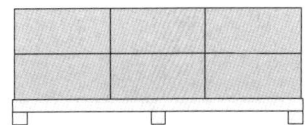

奇数层俯视图　　　　　　偶数层俯视图　　　　　　主视图

美汁源果粒橙组托图

④椰树牌椰汁

包装规格(mm):595×325×180

利用重叠法进行堆码,第一个托盘每层放置6箱货物,放置3层,共18箱货物;第二个托盘每层放置4箱货物,放置1层,共计4箱货物。共计入库22箱货物,需要使用2个托盘(见下图)。

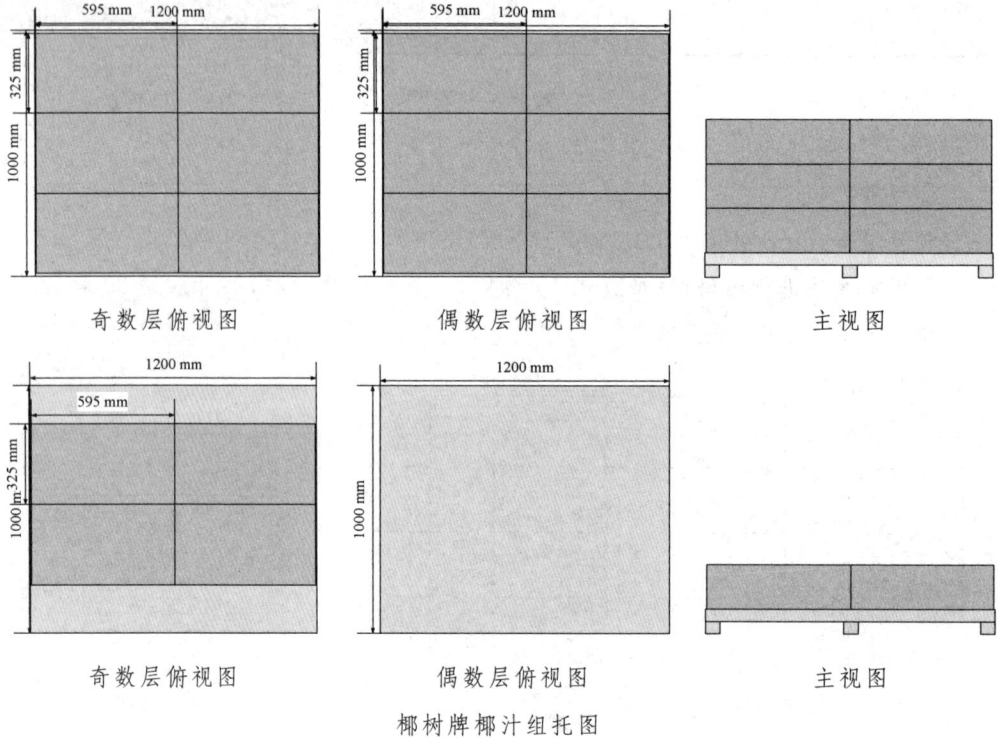

| 奇数层俯视图 | 偶数层俯视图 | 主视图 |

| 奇数层俯视图 | 偶数层俯视图 | 主视图 |

椰树牌椰汁组托图

⑤统一鲜橙多

包装规格(mm):495×395×180

利用重叠法进行堆码,每层放置6箱货物,放置3层货物,第三层放置4箱货物。共计入库16箱货物,需要使用1个托盘(见下图)。

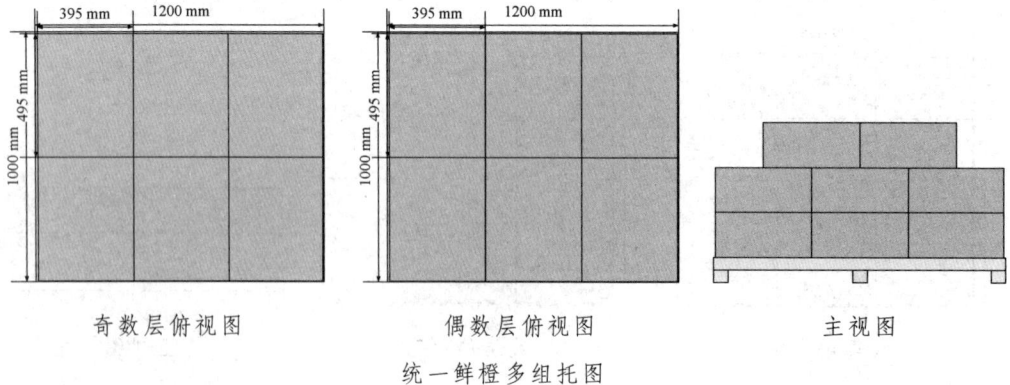

| 奇数层俯视图 | 偶数层俯视图 | 主视图 |

统一鲜橙多组托图

(3)货位摆放

根据物动量ABC分类得出结果,将三种货物摆放在不同的货位上,A类货物摆放在离物流出口最近的货位上,B、C类以此类推。当第一层货位储存满后,再储存到第二层货位上。结合货物摆放的离物流出口最近原则、以库存周转率为依据的摆放原则、关联原则、唯一原则、面向通道原则、合理搭配原则、上轻下重原则等,确定货位摆放的位置。另外,美汁源果粒橙为虽然A类商品,但是因货位不足,且其周转量比百事可乐与可口可乐的低,所以将美汁源果粒橙摆放在第二层。货位摆放如下图所示。

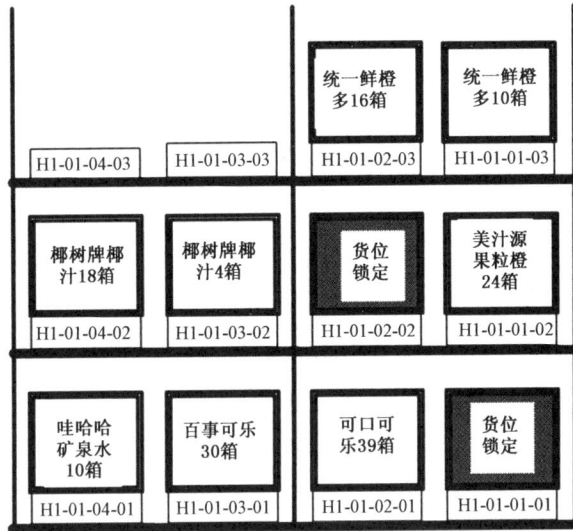

货位摆放图

2.入库作业方案执行

入库作业管理采用深圳中诺斯资讯科技有限公司的诺思全国物流技能大赛软件,入库管理包括:入库管理流程、入库作业、RF组托、RF上架、入库完成、入库单打印等。

(1)入库管理流程(见下图)

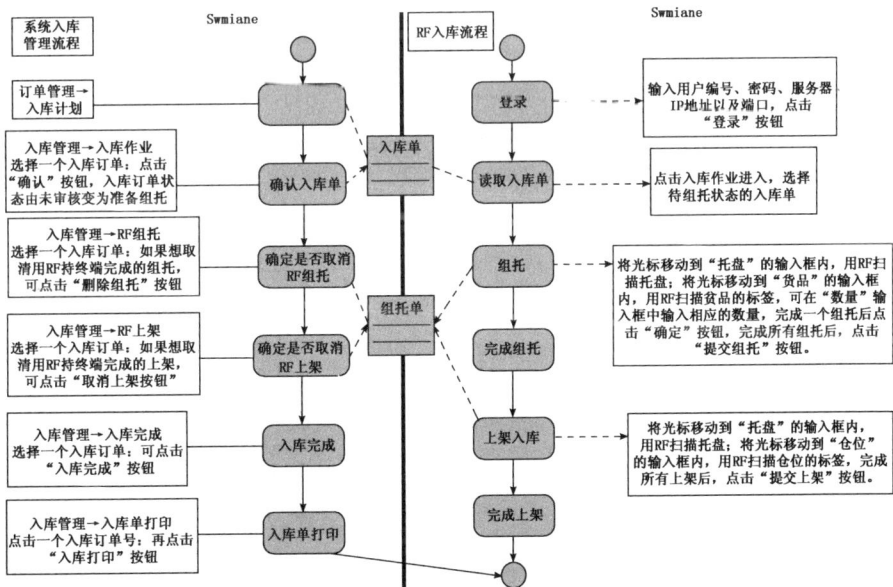

入库管理流程图

(2)入库作业

①点击【入库管理/入库作业】,进入入库订单列表页面(见下图)。

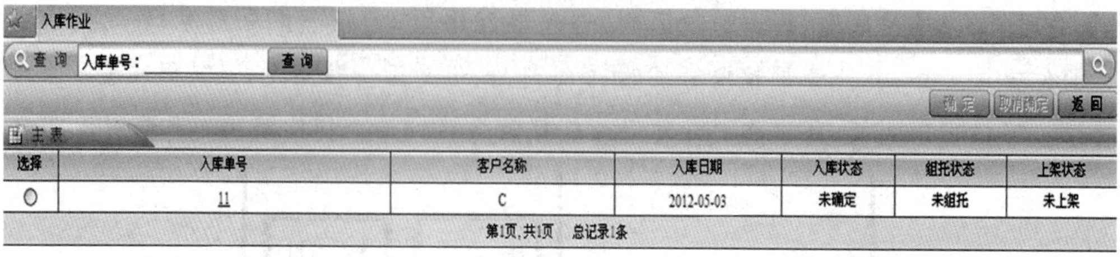

入库订单列表页面图

②选择一个入库单:点击【确认】按钮,入库单状态由未确定变为已确定,并且组托状态变为待组托,上架状态变为待上架(见下图)。

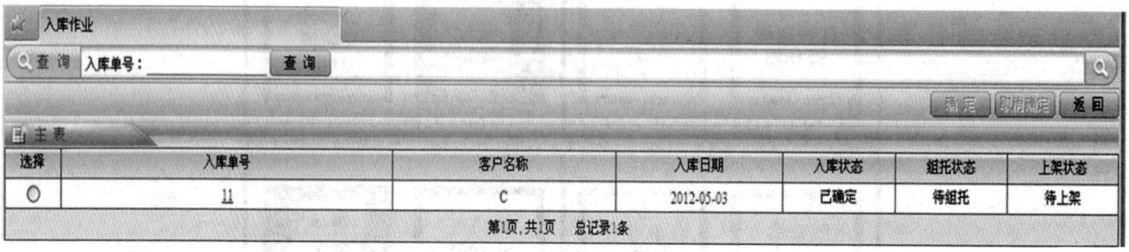

选择一个入库单

③功能按钮说明:

【查询】:输入查询条件查找出相应的入库订单,查询条件为空,可查询出所有的入库订单。

【确定】:将入库订单状态由未确定变为已确定,若无确定操作,无法进入一下流程即用 RF 手持终端进行组托。

【取消确定】:取消已确定的待组托的入库单。若入库单已组托或已上架,就无法取消确定操作,系统会给出相应的提示。

【返回】:退出当前页面,返回到系统主界面。

(3)RF 组托

RF 组托就是用 RF 手持终端对入库确认过的货品进行组托,需要用 RF 手持终端来操作,具体操作方法如下:

第一步,用登录物流大赛软件的账号登录 RF,登录 RF 的界面(见下图)。第二步,在 NOS-WMS-RF 主界面页面,单击【入库作业】按钮(见下图),进入 NOS-WMS-RF 入库作业页面。

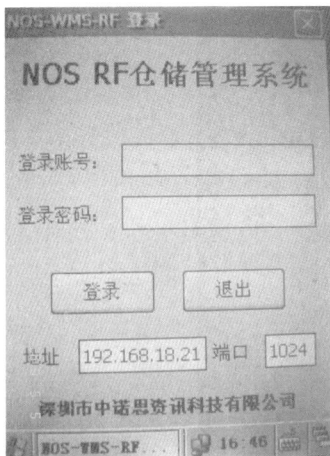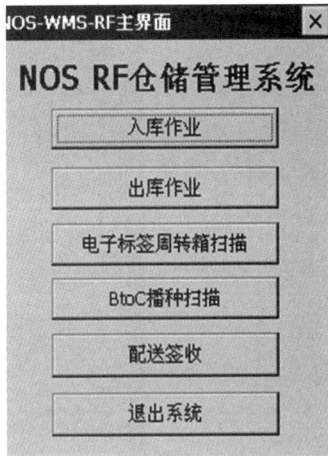

第一步　　　　　　　　　　　　　　第二步

第三步,在 NOS-WMS-RF 入库作业页面(见下图),选择一个入库单状态是待组托的入库单 ROD201004261001,单击【组托】按钮,进入 NOS-WMS-RF 入库作业-组托页面。

第四步,在 NOS-WMS-RF 入库作业-组托页面(见下图),将光标移动到"托盘"的输入框内,用 RF 扫描托盘的标签 53500。

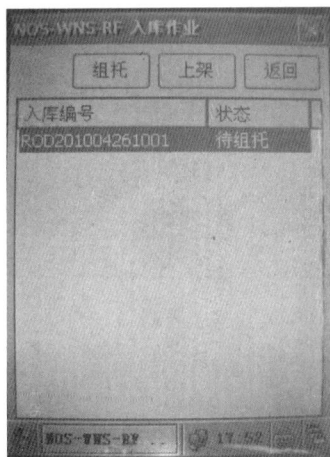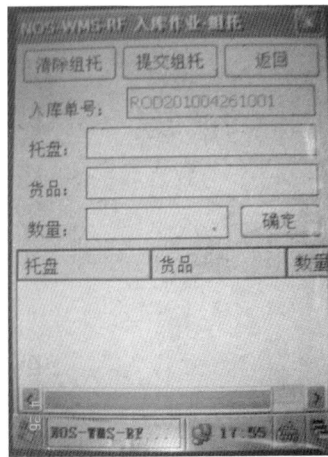

第三步　　　　　　　　　　　　　　第四步

第五步:扫描托盘标签 53500 之后,将光标移动到"货品"的输入框内,用 RF 扫描货品的标签 80602,RF 会自动将扫描的货品 80602 的数量,显示在"数量"输入框中。扫描货品 80602 之后,如果还有货品 80602 放到此托盘 53500 上,在"数量"输入框中输入相应的数量。

第六步:如果放到此托盘 53500 上所有货品 80602 扫描完成(见下图),点击【确定】按钮。

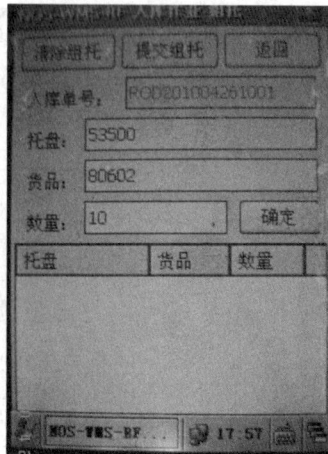

第六步

第七步：重复第四步、第五步和第六步，组托本入库单 ROD201004261001 上其他的货品，本入库单 ROD201004261001 所有货品组托完毕，如图第七步所示，点击【提交组托】按钮。

第八步：提交组托成功的提示，如图第八步所示。

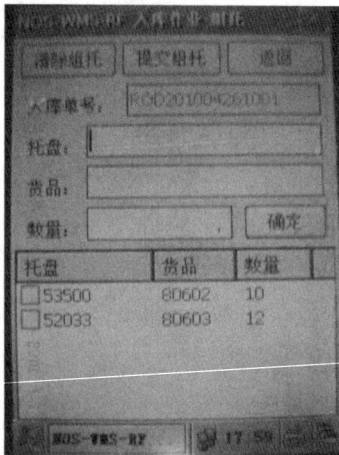 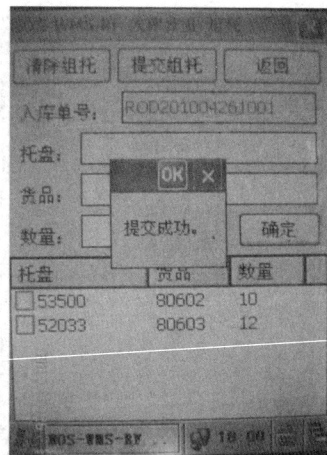

第七步　　　　　　　　　　第八步

如果想取消用 RF 手持终端完成提交的组托，在软件上，如下图所示，选择入库单，点击【取消组托】按钮即可。

取消组托

(4)RF上架

RF上架就是用RF手持终端对组托后的托盘(货品)进行上架,需要用RF手持终端来操作,具体操作方法如下:

第一步:用登录物流大赛软件的账号登录RF,登录RF的界面如下图所示。

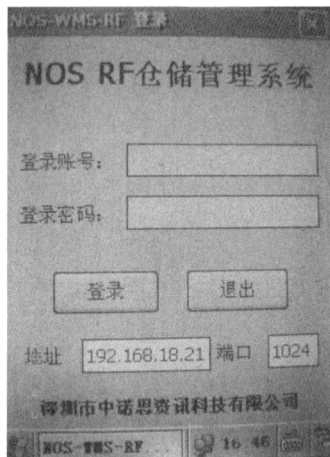

登录页面

第二步:在NOS-WMS-RF主界面页面,如下图所示,点击【入库作业】按钮,进入到NOS-WMS-RF入库作业页面。

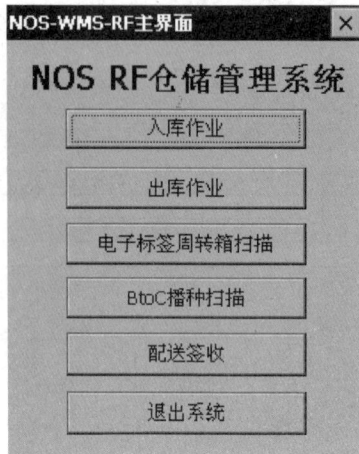

第二步

第三步：在 NOS-WMS-RF 入库作业页面，如下图所示，选择一个入库单状态是已组托的入库单 ROD201004261001，点击【上架】按钮，进入 NOS-WMS-RF 入库作业-上架页面。

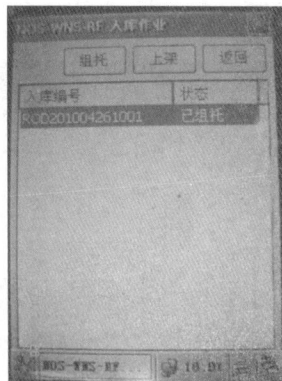

第三步

第四步：在 NOS-WMS-RF 入库作业-上架页面，如下图所示，将光标移动到"托盘"的输入框内，用 RF 扫描托盘的标签 53500。

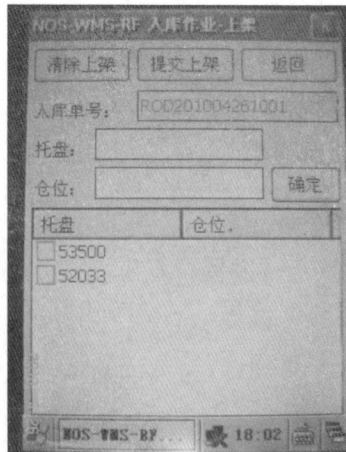

第四步

第五步：扫描托盘标签 53500 之后，将光标移动到"仓位"的输入框内，用 RF 扫描仓位的标签 51004，扫描结果如下图所示。

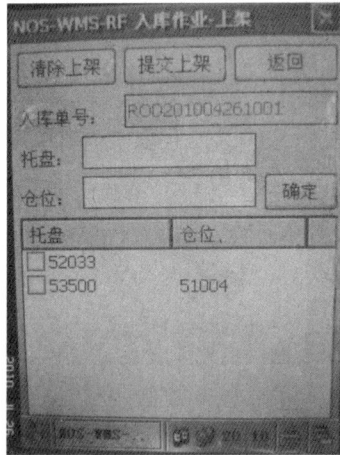

第五步

第六步：重复第四步和第五步，上架本入库单 ROD201004261001 上其他的托盘，本入库单 ROD201004261001 所有托盘上架完毕，如下图所示，点击【提交上架】按钮。

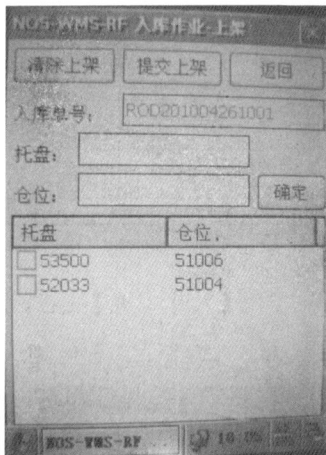

第六步

第七步：提交上架成功的提示，如下图所示。

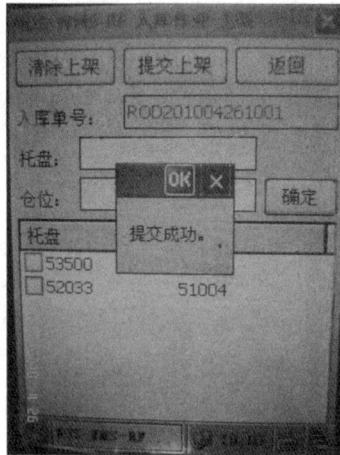

第七步

（5）入库完成

对用 RF 手持终端提交上架后的入库单进行入库完成操作，操作方法如下：

①点击【入库管理/入库完成】进入入库单打印列表页面（见下图）。

入库单打印列表页面

②入库完成：选择入库单号，点击【入库完成】按钮，系统提示"入库完成"，如下图所示。

入库完成

（6）入库单打印

打印入库完成的入库单，具体操作方法如下：

①点击【入库管理/入库单打印】进入入库单打印列表页面（见下图）。

入库单打印列表页面

②打印入库单：点击入库单号，进入打印预览页面（见下图）。

打印预览页面

③点击【打印】按钮，完成打印。

学习小结

货物入库作业是仓储作业环节的起点，合理的入库作业是后续环节高效运作的基础。学习者应了解货物入库前的注意事项，掌握入库货物的种类特征与数量分析方法，学会并应用物动量 ABC 分类方法，了解入库作业装卸搬运设备的种类及特征，掌握货物接运、入库验收、入库交接、理货、堆存和苫垫的操作方法，学会根据入库任务单设计货物入库作业方案并执行相应入库作业任务的方法。

学习要求

1. 了解货物入库前的注意事项。

2. 掌握入库货物的种类特征与数量分析方法。

3. 学会并应用物动量 ABC 分类方法。

4. 了解入库作业装卸搬运设备的种类及特征。

5. 掌握货物接运、入库验收、入库交接、理货、堆存和苫垫的操作方法。

6. 学会根据入库任务单设计货物入库作业方案并执行相应入库作业任务的方法。

学习时间

建议教学课时为 8 学时。

学习方法

任务驱动法、实操性学习法、模仿性学习法、系统性学习法、多媒体手段学习法、求同存异学习法、举一反三学习法等。

学习环境

1.书面教材。

2.多媒体网络资源(视频、动画、案例)。

3.计算机设备和软件(WORD、VISIO 等)。

4.入库作业实训设备(货物、托盘、地牛、堆高机、托盘货架、手持终端等)。

评价标准

1.能准确把握入库货物的种类特征与数量分析方法。

2.能掌握并应用物动量 ABC 分类方法。

3.能掌握货物接运、入库验收、入库交接、理货、堆存和苫垫的操作方法。

4.学会根据入库任务单设计货物入库作业方案并执行相应入库作业任务的方法。

学习情境三

◆ 货物在库作业管理 ◆

案例导入

新中仓物流公司现有一批在库货物需要盘点,盘点单如下表所示。

在库货物表

货物编号	商品名称	单位	账面数量	实存数量	单价(元/箱)	盘亏		盘盈		备注
						数量	金额(元)	数量	金额(元)	
1	可口可乐	箱	15		200					
2	百事可乐	箱	14		200					
3	美汁源果粒橙	箱	12		200					
4	椰树牌椰汁	箱	20		200					
5	统一鲜橙多	箱	20		200					
6	娃哈哈纯净水	箱	10		200					

请根据上表内容对学习情境二入库之后的重型货架进行盘点和盈亏调整,并填写盘点单。

任务一　货物保管养护

一、货物保管养护的意义

物品储存在仓库与配送中心内,表面上看是静止不变的,但实际上它每时每刻都在发生着变化。在一段时间内,物品发生的轻微变化凭人的感官是觉察不到的,只有当其发展到一定的程度后才被发现。保管保养的任务就是在认识和掌握各种库存物品变化规律的基础上,采取相应的组织管理和技术管理措施,有效地抑制外界因素的影响,创造适宜的环境,提高良好的条件,最大限度地缓解和控制物品的变化,以保持物品的使用价值。

仓库应高度重视货物保管养护工作,以制度性、规范性的方式确定保管工作责任;针对各种货物的特性制定保管方法和程序,充分利用现有的技术手段开展针对性的保管、维护。

货物保管养护遵循"预防为主、防治结合"的保管原则。要特别重视货物损害的预防,及时发现和消除事故隐患,防止损害事故的发生。特别要预防发生爆炸、火灾、水浸、污染等恶性事故和造成大规模损害事故。在发生、发现损害现象时,要及时采取有效措施,防止损害扩大,减少损失。

仓库货物保管养护的手段主要有:经常对货物进行检查测试,及时发现异常情况;合理地对货物通风;控制阳光照射;防止雨雪水湿货物,及时排水除湿;除虫灭鼠,消除虫鼠害;妥善进行湿度控制、温度控制;防止货垛倒塌;防霉除霉,剔出变质货物;对特殊货物采取针对性的保管措施等。

二、物品质量变化的类型

(一)物理变化

物理变化是指只改变物质本身的外表形态,不改变其本质,没有新物质的生成,并且有可能反复进行的质量变化现象。物品的机械变化是指物品在外力的作用下发生形态变化。物理机械变化的结果不是数量损失就是质量降低,甚至使物品失去使用价值。物品常发生的物理机械变化主要有挥发、溶化、熔化、渗漏、串味、沉淀、沾污、破碎与变形等。

(二)化学变化

物品的化学变化与物理变化有本质的区别,它是构成物品的物质发生了变化。化学变化不仅改变了物品的外表形态,也改变了物品的本质,并且有新物质生成,物品不能恢复原状。物品化学变化过程即物品质变过程,严重时会使物品失去使用价值。物品的化学变化形式主要有氧化、分解、水解、化合、聚合、裂解、老化、风化等。

(三)生化变化

生化变化是指有生命活动的有机体物品在生长发育过程中为了维持它的生命本身所进行的一系列生理变化。如粮食、水果、蔬菜、鲜鱼、鲜肉、鲜蛋等有机体物品,在储存过程中受到外界条件的影响和其他生物作用往往会发生这样或那样的变化,这些变化主要有呼吸作用、发芽、胚胎发育、后熟、霉腐、虫蛀等。

三、货物保管养护方法

(一)通风

通风是指采取措施加大空气流通的保管手段。利用干燥空气的大量流通,能降低货物的含水量;利用低温空气降低货物温度;通风还具有消除货物散发出的有害气体的作用,如消除造成货物窒息的二氧化碳、使金属生锈的二氧化硫、酸气等;通风还能增加空气含氧量。

当然通风也会将空气中的水分、尘埃、海边空气的盐分等带入仓库,影响货物。仓库通风的方式有:

(1)利用库内外温度差使库内热空气上升排出的自然通风。

(2)利用通风机将库内空气排出的机械自然通风。

(3)利用通风机在库内将空气搅动的机械循环通风。

(4)将库内空气抽出制冷、除湿后再排入仓库的制冷通风。

普通仓库只采用前两种通风方式。

(二)温度控制

除了冷库外,仓库的温度直接受天气温度的影响,库存货物的温度也就随天气温度同步变化。货物温度高时,会发生融化、膨胀、软化,容易发生腐烂变质、挥发、老化、自燃,甚至发生物理爆炸。温度太低时,会发生变脆、冻裂、液体冻结膨胀等损害货物。一般来说,绝大多数货物在常温下都能保持正常的状态。部分物品的温度要求如表3-1所示。

表 3-1 部分物品的温度要求

种类	温度/℃	种类	温度/℃
金属及其制品	5～30	重质油、润滑油	5～30
碎末合金	0～30	轮胎	5～30
塑料制品	5～30	布电线	0～30
压层纤维塑料	0～35	工具	10～25
树脂、油漆	0～30	仪表、电器	10～30
汽油、煤油、轻油	30	轴承、钢珠、滚针	5～30

普通仓库的温度控制主要是避免阳光直接照射货物,因为在阳光直接照射的地表温度要比气温高很多,午间甚至高近一倍。仓库遮阳采用仓库建筑遮阳和苫盖遮阳。不同建筑材料的遮阳效果不同,混凝土结构的遮阳效果最佳。怕热货物应存放在仓库内阳光不能直接照射的货位。

对温度较敏感的货物,在气温高时可以用洒水降温,包括采取直接对货物洒水,对怕水货物可以对苫盖、仓库屋顶洒水降温。在日晒降低的傍晚或夜间,将堆场货物的苫盖适当揭开通风,也是露天堆场货物降温保管的有效方法。

货物自热是货物升温损坏的一个重要原因,对容易自热的货物,应经常检查货物温度,当发现升温时,可以采取加大通风、洒水、翻动货物等方式散热降温。必要时,可以采取在货垛内存放冰块、释放干冰等措施降温。

此外仓库里的热源也会造成温度升高,应避开热源,或者在高温季节避免使用仓库内的热源。

在严寒季节气温极低时,可以采用加温设备对货物进行加温防冻。对突至的寒潮,采取寒潮到达前对货物进行保暖苫盖,也具有短期保暖效果。

(三)湿度控制

湿度分为货物湿度、空气湿度(大气湿度)。笼统来说,湿度表示含水量的多少,但在不同场合又有不同的表示方式。对货物采用含水量指标,用百分比表示;对空气湿度则用绝对湿度和相对湿度两种方式表示;对空气中的水汽凝结成水珠采用露点来表示。

1.货物湿度

货物湿度指货物的含水量。货物的含水量对货物有直接的影响,含水量高,则容易发生霉变、锈蚀、溶解、发热甚至化学反应等;含水量太低,则会发生干裂、干涸、挥发、容易燃烧等危害。控制货物的含水量是货物保管的重要工作。大多数货物要求较低的含水量,具体可根据货物资料确定合适的含水量标准。

2.空气湿度

空气的湿度用绝对湿度和相对湿度两种方式表示。绝对湿度是指空气中含水汽量的绝对数,一般用克/立方米(g/m^3)表示,如25℃时,空气最高绝对湿度(也称为饱和湿度)为22.8 g/m^3。温度越高,空气中水分子的动能越大,空气含水汽的能力就越高,空气的绝对湿度就会越高。

相对湿度则是空气中的含水汽量与相同温度空气能容纳下的最大水汽量的百分比,最大时为100%。相对湿度越大,表明空气中的水汽量距离饱和状态越接近,表示空气越潮湿;相反,相对湿度越小,表明空气越干燥。部分物品的库存相对湿度范围参考如表 3-2 所示。

表 3-2 部分物品的库存相对湿度范围参考

物品名称	库存相对湿度	物品名称	库存相对湿度
棉花	85%以下	纸张、书籍	50%~80%
棉布	50%~80%	草制品、竹制品	60%~75%
毛织品	50%~80%	鲜鸡蛋	80%~90%
皮鞋、皮箱	60%~75%	茶叶	65%以下
烟叶	50%~80%	冻肉	90%~95%

露点是指在一定温度下含有一定水汽量(未饱和)的空气,将湿度下降,直到空气达到饱和状态,并开始出现水珠时的温度为露点。露点用温度表示。如果气温下降到露点以下,空气中的水汽就会在物体表面凝结成水滴,俗称"汗水",会造成货物的湿损。

空气湿度可以采用干湿球温度计(表)测定和经过换算得出。干湿球温度计(表)由干球温度计(表)和湿球温度计(表)组成。干球温度计(表)直接测量空气温度;湿球温度计(表)下端裹缠纱布,纱布部分浸泡在水中,测量得到湿球温度,由于纱布的水分蒸发吸热,湿球温度计(表)的测量温度一般比干球温度计(表)低,当空气中水汽达到饱和时,两者相同。通过"湿度查对表",确定空气相对湿度、绝对湿度、露点等。

3.湿度控制

(1)湿度监测。仓库应经常进行湿度监测,包括空气湿度和仓内湿度监测。一般每天早、晚各监测一次,并做好记录。

(2)空气湿度太低时的处理措施:空气湿度太低,意味着空气太干燥,应减少仓内空气流通,采取洒水、喷水雾等方式增加仓内空气湿度,或者对货物采取加湿处理,直接在货物表面洒水。

(3)空气湿度太高时的处理措施:封闭仓库或者密封货垛,避免空气流入仓库或货垛;在有条件的仓库采用干燥式通风、制冷除湿;在仓库或货垛内摆放吸湿材料,如生石灰、氯化钙、木炭、硅胶等;及时擦干、排除出现的汗水;特殊货仓可采取升温措施。

(四)特殊情况下的保管

为了保证保管质量,除了温度、湿度、通风控制外,仓库应根据货物的特性采取相应的保管措施。如对货物进行油漆、涂刷保护涂料,采用除锈、加固、封包、密封等,发现虫害及时杀虫,以及释放防霉药剂等针对性保护措施。必要时采取转仓处理,将货物转入具有特殊保护条件的仓库,如冷藏。

四、库区的 5S 管理

企业内员工的理想莫过于有良好的工作环境以及和谐融洽的管理气氛。5S 管理的目标就是造就安全、舒适、明亮的工作环境,提升员工真、善、美的品质,从而塑造企业良好的形象,实现共同的梦想。5S 管理起源于日本,因日语的罗马拼音均以"S"开头而简称 5S 管理。5S 管理就是整理(seiri)、整顿(seiton)、清扫(seiso)、清洁(setketsu)、素养(shitsuke)这五个项目。通过规范现场、现物,营造一目了然的工作环境,培养员工良好的工作习惯。其最终目的是提升人的品质,使其养成良好的工作习惯。

(一)整理

1.定义

整理是指:(1)将工作场所任何东西区分为必要的与不必要的;(2)把必要的东西与不必要的东西明确地、严格地区分开来;(3)不必要的东西要尽快处理掉。

2.目的

整理的目的是:(1)腾出空间,空间活用;(2)防止误用、误送;(3)营造清爽的工作场所。

注意点:要有决心,不必要的物品应果断加以处置。

3.实施要领

(1)自己的工作场所(范围)全面检查,包括看得到和看不到的;(2)制定"要"和"不要"的判别基准;(3)将不要的物品清除出工作场所;(4)对需要的物品调查使用频度,决定日常用量及放置位置;(5)制定废弃物处理方法;(6)每日自我检查。

(二)整顿

1.定义

整顿是指:(1)对整理之后留在现场的必要的物品分门别类放置,排列整齐;(2)明确数量,有效标识。

2.目的

整顿的目的是:(1)工作场所一目了然;(2)整整齐齐的工作环境;(3)消除找寻物

品的时间;(4)消除过多的积压物品。

注意点:这是提高效率的基础。

3.实施要领

(1)前一步骤整理的工作要落实;(2)需要的物品明确放置场所;(3)摆放整齐、有条不紊;(4)地板画线定位;(5)场所、物品标识;(6)制定废弃物处理办法。

4.整顿的"三要素"

(1)放置场所:物品的放置场所原则上要100%设定。物品的保管要定点、定容、定量,工作场所附近只能放真正需要的物品。

(2)放置方法:易取。不超出所规定的范围,在放置方法上多下功夫。

(3)标识方法:放置场所和物品原则上一对一标识。现物的标识和放置场所的标识,某些标识方法全公司要统一,在标识方法上多下功夫。

5.整顿的"三定"原则

"三定"原则是:(1)定点:放在哪里合适;(2)定容:用什么容器、颜色;(3)定量:规定合适的数量。

6.重点

(1)整顿的结果要达到任何人都能立即取出所需要的东西的状态;

(2)要站在新人和其他人的立场来看,什么东西该放在什么地方更为明确;

(3)要想办法使物品能立即取出使用;

(4)使用后要易恢复到原位,没有恢复或误放时能马上知道。

(三)清扫

1.定义

清扫是指:(1)将工作场所清扫干净;(2)保持工作场所干净、亮丽。

2.目的

清扫的目的是:(1)消除脏污,保持工作场所内干净、明亮;(2)稳定品质;(3)减少事故。

注意点:责任化、制度化。

3.实施要领

清扫的实施要领:(1)建立清扫责任区(室内外);(2)执行例行扫除,清理脏污;(3)调查污染源并予以杜绝或隔离;(4)建立清扫基准并作为规范;(5)开展一次全公司的大清扫,每个地方清洗干净;(6)清扫就是为了进入工作场所没有垃圾、没有脏污。

虽然已经整理、整顿过,要的东西马上就能取得,但是被取出的东西要达到能被正常使用的状态才行,而达到这种状态就是清扫的第一目的,尤其强调高品质、高附加价值,更不容许有垃圾或灰尘的污染造成货物品质不良。

(四)清洁

1.定义

清洁是指将上面的清扫实施的做法制度化、规范化。

2.目的

清洁的目的是维持上面清扫的成果。

注意点:制度化,定期检查。

3.实施要领

清洁的实施要领:(1)落实前述整理、整顿、清扫工作;(2)制定 5S 实施办法;(3)制定考评、检查方法;(4)制定奖惩制度,加强执行;(5)高层主管经常带头巡查,带动全员重视 5S 活动。

(五)素养

1.定义

素养是指通过晨会等手段,提高员工文明礼貌水准,增强团队意识,养成按规定行事的良好工作习惯。

2.目的

提升素养的目的是提升人的品质,使员工对任何工作都讲求认真。

注意点:长期坚持才能养成良好的习惯。

3.实施要领

(1)制定服装、臂章、工作帽等识别标准;

(2)制定公司有关规则、规定;

(3)制定礼仪守则;

(4)教育培训(新进人员强化 5S 教育、实践);

(5)推动各种精神提升活动(晨会、例行打招呼、礼貌运动等);

(6)推动各种激励活动,遵守规章制度。

任务二 检查盘点

一、货物检查盘点的意义

货物在库房中因不断地被搬动和进出库,容易出现其库存账面数量与实际数量的差异;或者有些货物因存放时间过久、储存措施不恰当而变质、丢失等,造成损失。为了有效地掌握货品在库数量,需对在库货品的数量进行检查清点,即盘点作业。货物盘点是保证储存物品达到账、货、卡完全相符的重要措施之一,库存的盘点能够确保货品在库数量的真实性及各种货品的完整性。

二、检查盘点作业流程（见图 3-1）

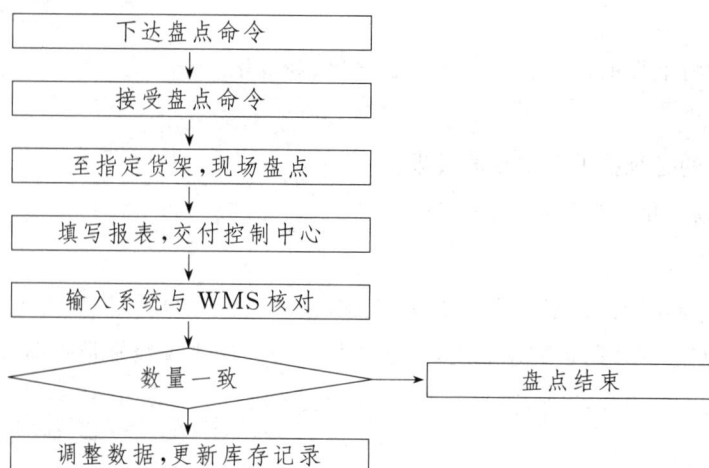

```
下达盘点命令
    ↓
接受盘点命令
    ↓
至指定货架，现场盘点
    ↓
填写报表，交付控制中心
    ↓
输入系统与 WMS 核对
    ↓
数量一致 ——→ 盘点结束
    ↓
调整数据，更新库存记录
```

图 3-1　检查盘点的作业流程

三、检查盘点作业的内容和方法

(一)检查盘点作业的内容

1.查数量

通过盘点查明库存商品的实际数量，核对库存账面数量与实际库存数量是否一致，这是盘点的主要内容。

2.查质量

检查库存商品的质量是盘点的另一项主要内容，主要是检查在库商品的包装是否完好及是否超过有效期和保质期，是否有长期积压等现象，必要时要对商品进行技术检验。

3.查保管条件

检查保管条件是否与商品要求的保存条件相符合，这是保证在库商品使用价值的一个基本条件。如堆码是否合理、稳固，库内温、湿度是否符合要求，各类计量器具是否准确等。

4.查安全

检查各种安全措施和消防设备、器材是否符合安全要求，建筑物和设备是否处于安全状态。

(二)盘点作业的方法

1.账面盘点

账面盘点是把每天入库、出库的货物的数量及单价记录在存货账面上，而后不断地累计加总算出账面上的库存量及库存金额。这种方法适合于少量且单价高的货物。

2.现货盘点

现货盘点又称为实地盘点。现货盘点法按时间频率的不同又可分为期末盘点及循环盘点。

期末盘点是对储存保管的全部在库货物,不论是否有出入动态,全部进行盘点清查。通常用于清仓查库或年终盘点。这种方法的工作量大、检查的内容多,有时还需闭库以防止和减少盘点中的混乱与疏漏。

循环盘点法是每天或每周盘点部分货物,通常是对价值高或重要的货物进行盘点。因此货物应按其重要程度科学地分类,对重要的货物进行重要管理,加强盘点,防止出现差错。这种方法在一个循环周期内将每种货物至少清点一次,有利于节约人力,经济方便。

四、盘点结果的处理

(一)盘点出现盈亏的原因分析

(1)货物入库登记账卡时看错数字;

(2)运转途中发生的损耗在入库检查中未被发现;

(3)盘点时计算有误,或计算方法不符;

(4)由货物本身的情况而产生的自然损溢;

(5)因气候或温湿度影响而发生腐蚀、硬化、变质、生锈、发霉等导致货物失去原有使用价值而发生数量短缺;

(6)液体货物容器破损而损溢;

(7)包装或分割出库时发生错误使数量短缺;

(8)衡器、量具不准或使用方法不当引起数量错误。

(二)盘点后出现问题的处理

1.盘点后出现盈亏的处理

发生盈亏的原因查清之后,要研究处理办法,并及时办理调整货物账卡的手续,使其实物、账、卡三相符,见表3-3。

表3-3　货物盘点盈亏调整表

年　　月　　日

货物编号	商品名称	单位	账面数量	实存数量	单价	盘亏		盘盈		备注
						数量	金额	数量	金额	

2.积压货物与废旧货物的处理

积压货物是指企业不需要或不对路的货物,或已过时被淘汰的货物。废旧货物是指已完全失去使用价值的货物。对于保管期过长、长期呆滞的积压货物,可采取降价出售或联系与其他企业调剂等。对于废旧货物应尽早报废处理。积压货物与废旧货物的处理对于改善流动资金结构和加速其周转期具有重要意义。

任务三　库存控制

一、库存控制的意义

库存控制是指在保障供应的前提下,为使库存货物的数量最少而进行的有效管理的技术经济措施。从现代物流管理的角度看,持有库存可以使企业获得规模经济以及好的客户服务水平,但库存又是企业付出的高代价投资,因此库存管理是仓储管理领域所面临的一个重要问题。

库存是指企业在生产经营过程中为销售或者耗用而储备的货物。一般来说,库存是处于储存状态的货物,但广义的库存还包括处于制造加工状态和运输途中的物品。所以企业的原材料、燃料、低值易耗品、在产品、半成品、产成品、在途品等都属于库存范畴。库存按其作用可分为周转库存、安全库存和转运库存等。

二、经济订货批量

经济订货批量(EOQ)是库存维持与订货处理相结合使成本最低的补给订货批量。EOQ通过费用分析求得在库存总费用为最小时的订购批量,用以解决需求物品的库存控制问题。为了进一步理解经济订货批量的含义,可把库存总成本分为四部分:

第一部分是年采购成本,即由于采购商品而发生的采购商品总支出,库存采购成本在物价变动和有采购数量折扣的条件下是决策的相关成本;

第二部分是订货成本,即由于组织订货工作而开支的费用,在一定时期进货总量既定的条件下,增加每次进货数量,则会减少进货次数,从而降低订货成本;

第三部分是储存成本,即企业为持有库存而发生的费用,企业要降低储存成本,就要减少库存的进货数量;

第四部分是缺货成本,即由于库存供应中断而造成的损失,如果企业允许缺货,则缺货成本与库存数量反向相关,企业要降低缺货成本,就要增加库存数量。

因此,如何做到既能满足生产、销售的需要,又能使库存所耗费的总成本达到最低水平,已成为供应链中库存管理的基本目标。

EOQ控制原理就在于控制订货批量,使年总库存成本最小,年总库存成本为:

年总库存成本＝年采购成本＋订货成本＋储存成本

其中,年采购成本是固定不变的,而年总库存成本、储存成本和订货成本之间的关系则如图3-2所示。

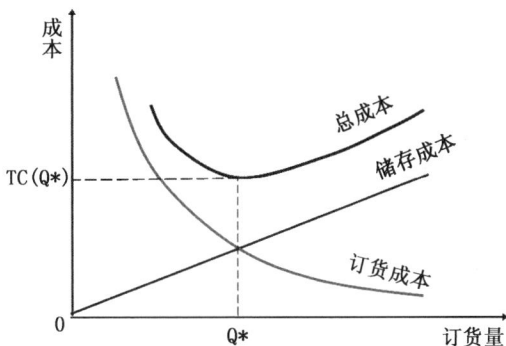

图 3-2　经济订货批量模型

设备参数如下：

TC：年总库存成本；D：年需求总量；P：单位商品的采购成本；C：每次订货成本，单位为元/次；K：单位商品年储存成本，单位为元/年（K＝PF，F 为年仓储保管费率）；Q：批量或订货量。由于

年总库存成本＝年采购成本＋订货成本＋储存成本

即：

$$TC = DP + DC/Q + QK/2$$
$$TC = f(Q) = DP + DC/Q + QK/2$$

经济订货批量就是使库存总成本达到最低的订货数量，即对 Q 求导，并令一阶导数为 0，则得到经济订货批量 EOQ 为

$$EOQ = \sqrt{2CD/K}$$

【例 3-1】某外贸公司每年需要订购 8000 双鞋，每双鞋的价格是 100 元，每双鞋储存成本是 3 元/年，每次订购成本为 30 元。问：最优订货数量、年订购次数和预期每次订货时间间隔各为多少（每年按 360 天计算）？

解：$D = 8000$ 双，$C = 30$ 元/次，$K = 3$ 元/年，带入经济订货批量公式，得

$$EOQ = \sqrt{2CD/K} = \sqrt{2 \times 30 \times 8000/3} = 400（件）$$
年订购次数 $= D/EOQ = 8000/400 = 20（次）$
间隔 $= 360/20 = 18（天）$

则年总库存成本为

年总库存成本 $= 8000 \times 100 + 8000 \times 30/400 + 400 \times 3/2 = 801200（元）$

三、定量订货法

（一）定量订货法原理

定量订货法是指当库存量下降到预定的最低库存量（再订货点 ROP）时，按规定数量（一般以经济订货批量 EOQ 或"最小—最大法"为标准）进行订货的一种库存控制方法。它主要靠控制订货点和订货批量两个参数来控制订货，达到既最大限度地满足库存需求，又能使总费用最低的目的。定量订货法一般可用于 A 类货物及部分 B 类货

物的订货。定量订货法可用"三箱法"表示,如图 3-3 所示。

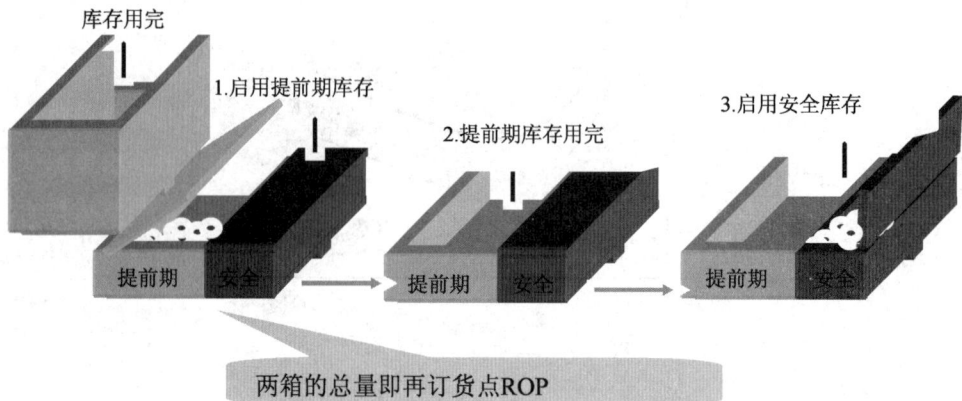

图 3-3 "三箱法"表示定量订货法

(二)再订货点(ROP)

再订货点是用来明确启动补给订货策略时的货品单位数。一旦存货量低于再订货点即补给订货。当需求量或完成周期存在不确定性的时候,须使用合适的安全库存来缓冲或补偿不确定因素。

(三)提前期(LT)

一旦库存量降到订货点并安排了订货,等待物品到货以补充库存,这种等待时间叫订货提前期,简称提前期。它是从订货开始到收到订货批量为止的一段时间。严格来说,提前期是不确定的、随机的。

(四)安全库存(SS)

在实际的库存管理中,需求往往是随机的,因此补货过程也往往是随机的,对这种需求及供应的随机性,主要通过设立安全库存来实现。安全库存是为防止提前期内由于不确定性因素引起的缺货而设置一定数量的库存。

再订货点、提前期、安全库存之间的关系,如图 3-4 所示。

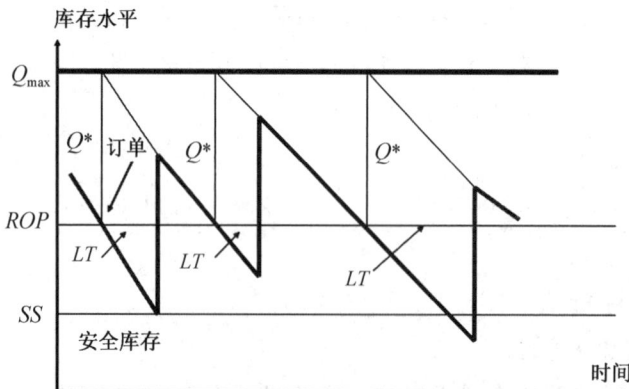

图 3-4 再订货点、提前期和安全库存的关系

(五)安全库存量的确定因素

1.需求和提前期的变化

需求可以有不同的形式,间断的或连续的,如在商业存储系统中,顾客对时令商品的需求是间断的,对日用品或食品的需求是连续的。此外,需求可以分均匀的或不均匀的、独立的或相关的、确定性的或随机的等。

需求水平和提前期的变化越大,存货耗尽的可能性就越大。因此,需求水平和提前期的较大变化使企业倾向于持有较多的安全库存。

2.提前期的平均跨度

平均提前期越长,企业要应对变化的时间就越长。当提前期非常短的时候,如在准时制的环境下,企业的安全库存就会非常少。

3.要求达到的服务水平

服务水平是一项管理决策。我们通常用统计术语来描述服务水平,如"在再订货期内,我们应该保证库存可以维持90%的时间"。管理者可以接受在较小比例的时间内发生缺货。企业期望的服务水平越高,管理层就越不希望出现缺货的情形,就会持有更多的安全库存。

(六)安全库存的计算方法

安全库存(SS)可表示为服务水平相对应的上分位数(z)和再订货期间需求的标准差(σ_{vt})的乘积:

$$SS = z\sigma_{vt}$$

式中,z 值表示某正态分布变量在对应的置信期间的上分位数,z 值及其相对应的服务水平如表 3-4 所示。σ_{vt} 的计算公式为:

$$\sigma_{vt} = z\sqrt{\bar{t}\sigma_v^2 + \bar{v}^2\sigma_t^2}$$

式中,$\bar{v}$ 表示每一时期内的平均需求量(Microsoft Excel 的平均值函数为 AVERAGE),$\bar{t}$ 表示平均提前期,σ_v^2 表示每时期需求的方差(Microsoft Excel 的方差函数为 VAR),σ_t^2 表示提前期的方差。

表 3-4　用于计算安全库存的 z 值

z 值	对应的服务水平/%
0.84	80
1.28	90
1.65	95
2.33	99

(七)再订货点计算方法

再订货点是用来明确启动补给订货策略时的货品单位数。一旦存货量低于再订货点即补给订货。当需求率(v)和提前期(t)固定不变时,再订货点(ROP)可以很容易地计算出来:

$$ROP = vt$$

但是 v 和 t 很少固定不变,我们需要考虑需求率和提前期的变化。当需求率和提前期中有一个因素变动或者二者同时变动时,将再订货点设为高于 $ROP=vt$ 的一个数值,即

$$ROP=\overline{vt}+SS$$

式中,SS 为安全库存,是提前期内满足平均需求量后超出的数量。安全库存加上原来的再订货点库存,可以应对需求水平和提前期的变化。安全库存提高了再订货点,这使得企业不得不将再订货的时间提前,这样有助于企业确保新的订货在现有存货用完之前到达。

在安全库存确定以后,再订货点即可计算出来:

$$ROP=\overline{vt}+SS=\overline{vt}+z\sqrt{\overline{t}\sigma_v^2+\overline{v}^2\sigma_t^2}$$

【例 3-2】某公司是一家专业从事电脑装配的公司,库存物料 30001(主板)执行再订货点库存计划法。随着生产和销售的进行,库存量逐渐减少,降低到设定的再订货点,仓库管理员通过执行再订货点库存计划和最大库存计划进行补货。

任务基础信息如下:

表 3-5　任务基础信息

物料编码	计划方法	服务水平	库存结存量	最大库存量
30001	再订货点计划	95%	4000	8000

历史需求量如表 3-6 所示。

表 3-6　历史需求量

周	1	2	3	4	5	6	7	8	9	10	11	12	13	14	15
需求	362	455	262	277	384	197	264	208	374	343	330	479	502	393	335

历史订货提前期如表 3-7 所示。

表 3-7　历史订货提前期

订货批次	1	2	3	4	5	6	7	8	9	10	11	12	13	14	15
提前期(天)	9	11	8	7	9	10	12	7	6	8	4	7	9	7	8

要求通过手工或借助 Microsoft Excel 软件计算定量补货策略下安全库存和再订货点。

解:本任务情境下,安全库存为:

$$SS=z\sigma_{vt}=z\sqrt{\overline{t}\sigma_v^2+\overline{v}^2\sigma_t^2}=1214$$

再订货点为:

$$ROP=\overline{vt}+z\sqrt{\overline{t}\sigma_t^2+\overline{v}\sigma_t^2}=2801+1214=4015$$

四、定期订货法

(一)定期订货法的概念

定期订货法是按预先确定的订货时间间隔进行订货补充的库存管理方法。它是基于时间的订货控制方法,通过设定订货周期和最高库存量,达到控制库存量的目的。只要合理控制订货间隔期和最高库存量,就可能实现既保障需求、合理存货,又节省库存费用的目标。

定期订货法一般用于 B 类或 C 类货物的订货。

(二)定期订货法的原理

预先确定一个订货周期和最高库存量,周期性地检查库存,根据最高库存量、实际库存、在途订货量和待出库商品数量,计算出每次订货批量,发出订货指令,组织订货。其库存变化如图 3-5 所示。

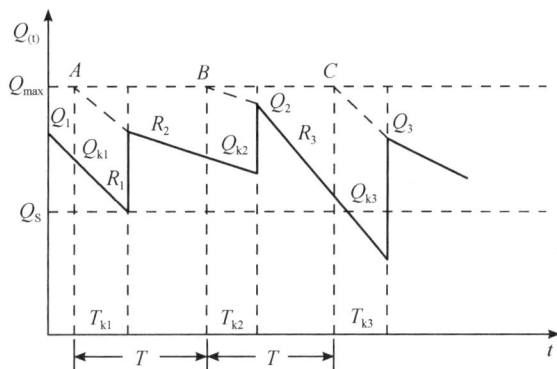

图 3-5 定期订货法库存变化示意图

(三)定期订货法的控制参数

定期订货法的实施主要取决于三个参数:订货周期、最高库存量、订货批量。

1.订货周期 T 的确定

在定期订货法中,订货点实际上就是订货周期,其间隔时间总是相等的。它直接决定最高库存量的大小,即库存水平的高低,进而也决定了库存成本的多少。

从费用角度出发,如果要使总费用达到最小,我们可以采用经济订货周期的方法来确定。经济订货批量的周期计算方法可参见例 3-1。

2.最高库存量 Q_{max} 的确定

定期订货法的最高库存量是用以满足($T+T_k$)期间内的库存需求的,所以我们可以用($T+T_k$)期间的库存需求量为基础。考虑到为随机发生的不确定库存需求,再设置一定的安全库存。公式如下:

$$Q_{max}=R(T+T_k)+Q_s$$

式中,Q_{max} 为最高库存量;R 为($T+T_k$)期间的库存需求量平均值;T 为订货周期;T_k 为平均订货提前期;Q_s 为安全库存量

3.订货批量 Q_i 的确定

定期订货法每次的订货数量是不固定的,订货批量的多少都是由当时的实际库存量的大小决定的,考虑到订货点时的在途到货量和已发出出货指令尚未出货的待出货数量,则每次订货的订货量计算公式为:

$$Q_i = Q_{max} - Q_{Ni} - Q_{Ki} + Q_{Mi}$$

式中:Q_i 为第 i 次订货的订货量;Q_{max} 为最高库存量;Q_{Ni} 为第 i 次订货点的在途到货量;Q_{Ki} 为第 i 次订货点的实际库存量;Q_{Mi} 为第 i 次订货点的待出库货物数量。

【例 3-3】某仓库 A 商品的订货周期为 18 天,平均订货提前期为 3 天,平均库存需求量为每天 120 箱,安全库存量 360 箱。另某次订货时在途到货量 600 箱,实际库存量 1500 箱,待出库货物数量 500 箱,试计算该仓库 A 商品最高库存量和该次订货时的订货批量。

解:根据 $Q_{max} = R(T + T_k) + Q_s$

$$= 120(18 + 3) + 360$$

$$= 2880(箱)$$

根据 $Q_i = Q_{max} - Q_{Ni} - Q_{Ki} + Q_{Mi}$

$$= 2880 - 600 - 1500 + 500$$

$$= 1280(箱)$$

任务四　补货作业

一、保管储区与动管储区

(一)保管储区与动管储区的概念

保管储区是指对货物进行储存的区域,而动管储区是指在拣货作业时所使用的拣货区域,此区域的货品大多在短时期即将被拣取出货,其货品在储位上的流动频率很高,所以称为动管储区。

动管储区的功能是满足拣货的需求,为了让拣货时间及距离缩短并降低拣错率,就必须在拣取时能很方便迅速地找到欲拣取货品的所在位置。

(二)动管储区的设立需求分析

从物料管理的角度来看,储位分为保管储区与动管储区,会导致库存管理复杂,但现在使用计算机进行相关工作,配合相应的无线通信设备,推行已经不再困难。分成保管储区与动管储区则需二次拣货,看似时间增加,其实缩短了行走距离与寻找货品的时间。从空间角度看,似乎增加了空间的负担,从综合作业时间与效率两者同时考虑,两区域并存确有其必要性。对商品种类做 ABC 分析,将 A 类放在动管储区,而 B、C 类放在保管储区。例如,动管区可使用流动棚架,保管区运用一般货架;或动管区放置在货架低端,保管区放置在货架上层。

(三)动管储区的整理与整顿

在动管储区有效地运用整理、整顿,并将货架编号、货品编号、货品名称进行简明的标示,再利用灯光管制、颜色区分,不但可以提升拣货效率,同时也可以降低拣错率。

二、补货作业的含义

(一)补货作业的定义

补货作业是指从保管区将物品移到拣货区域,并做相应信息处理的活动。《物流中心作业通用规范》(GB/T 22126-2008)详细指配送中心拣货区的存货低于设定标准的情况下,将货物从仓库保管区域搬运到拣货区的作业活动。

补货作业需用到补货单,如表 3-8 所示。

表 3-8　补货单

货品类别			补货日期/时间			本单编号:		
项次	品名	单位	货品代码	源储位	目的储位	最低/最高存货量	补货量	实际补货量

(二)补货作业的目的

补货作业是为了将正确的货物在正确的时间、正确的地点,以正确的数量和最有效的方式送到指定的拣货区,保证拣货区随时有货可拣,能够及时满足客户订货的需要,以提高拣货的效率。补货作业不仅是为了确保拣货区有货可拣,确保配货区有货可配,也是为了将货物安置于方便存取的位置。

三、补货作业流程和补货时机

(一)补货作业流程

补货作业流程可用图 3-6 表示。

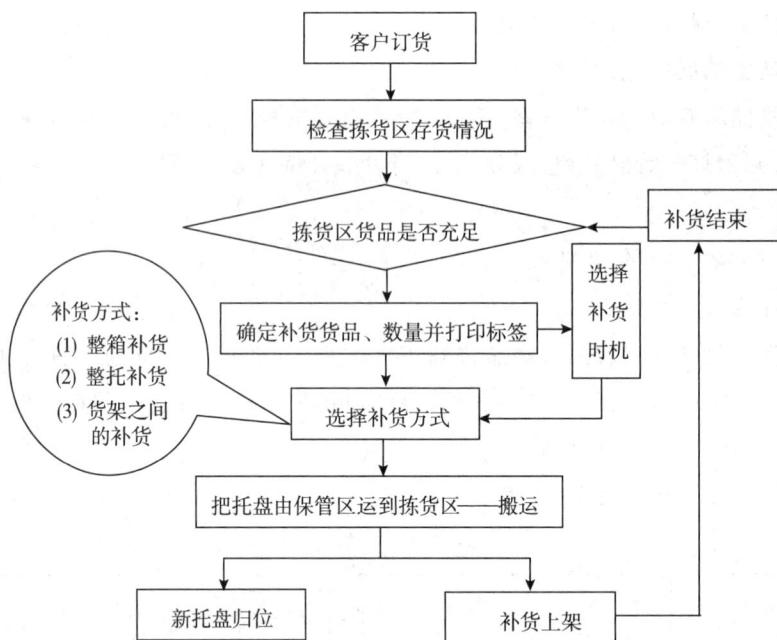

图 3-6　补货作业流程

(二)补货作业时机

补货作业的发生与否应看动管拣货区的货量是否符合需求,因而,确定究竟何时需检查动管区存量,何时需将保管区的货补至动管区,可以避免拣货中途才发觉动管区的货量不够而临时补货,导致影响整个出货时间的情形。

1.批次补货

批次补货是指于每天或每一批次拣取前,用电脑计算所需物品的总拣取量,再相对查看动管拣货区的物品量,于拣取前一特定时点补足物品。此为"一次补足"的补货原则,较适合一日内作业量变化不大、紧急插单不多,或是每批次拣取量大需事先掌握的情况。

2.定时补货

将每天划分为数个时点,补货人员于时段内检查动管拣货区货架上的物品存量,若不足则马上将货架补满,此为"定时补足"的补货原则。这个原则较适合分批拣货时间固定且处理紧急时间也固定的公司。

3.随机补货

随机补货是指定专门的补货人员,随时巡视动管拣货区的物品存量,有不足随时补货的方式。此为"不定时补足"的补货原则,较适合每批次拣取量不大、紧急插单多以至于一日内作业量不易事前掌握的情况。

四、补货作业方式

与拣货作业息息相关的是补货作业。补货作业的策划必须满足两个前提,即"确保有货可配"和"将待配商品放置在存取都方便的位置"。补货作业一定要小心地计划,不仅为了确保存量,也为将其安置于方便存取的位置。下面针对一般拣货安排指出一些可能的补货方式。

(一)整箱补货

整箱补货是指由补货人员用取货箱到保管区货位取货,将取货箱装满后,用手推车运到拣选区。一次补两种以上货物的称为拼箱补货,一次补一种货物的称为整箱补货。这种补货方式适合体积小、多品种小批量的物品。整箱补货一般是由货架保管区补货到两面开放式的流动式货架的动管区的补货方式,拣货时拣货员在流动货架拣取区拣取单品放入周转箱中,而后放置于输送机运至出货区。而当拣取后发现动管区的存货低于要求则要进行补货的动作,如图 3-7 和图 3-8 所示。

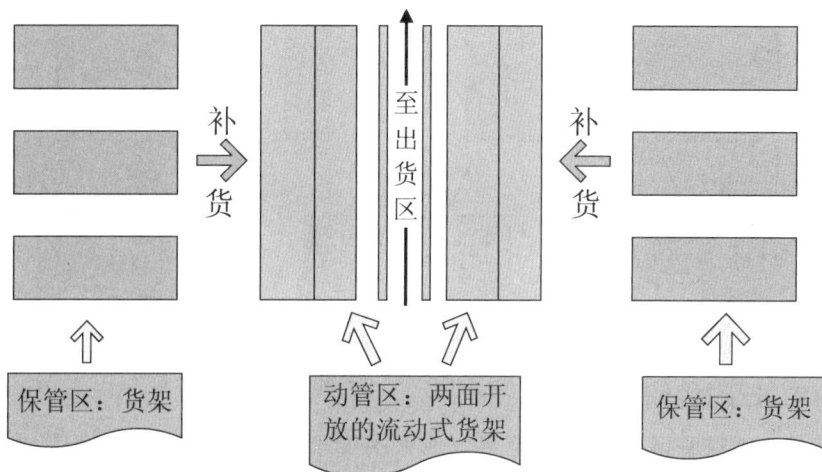

图 3-7　整箱补货

(a)流动货架前面拣货　　　　　　(b)流动货架后面补货

图 3-8　流动货架补货和拣货

(二)整托补货

这种补货方式是以托盘为单位进行补货。根据补货的位置不同,又分为两种情况:一种是地板至地板,一种是地板至货架。

1.地板至地板的整托补货

此补货方式保管区为以托盘为单位地板平置堆叠存放,动管区也为以托盘为单位地板平置堆叠存放;所不同之处在于保管区的面积较大、存放物品量较多,而动管区的面积较小、存放物品量较少。

拣取时拣货员于拣取区拣取托盘上的货箱,放至中央输送机出货;或者使用叉车将托盘整个送至出货区(当拣取大量品项时)。而当拣取后发觉动管拣取区的存货低于水准之下,则要进行补货动作。

此补货方式为作业员以叉车由托盘平置堆叠的保管区搬运托盘至同样是托盘平置堆叠之拣货动管区,此补货方式适合体积大或出货量多的物品。如图 3-9 所示。

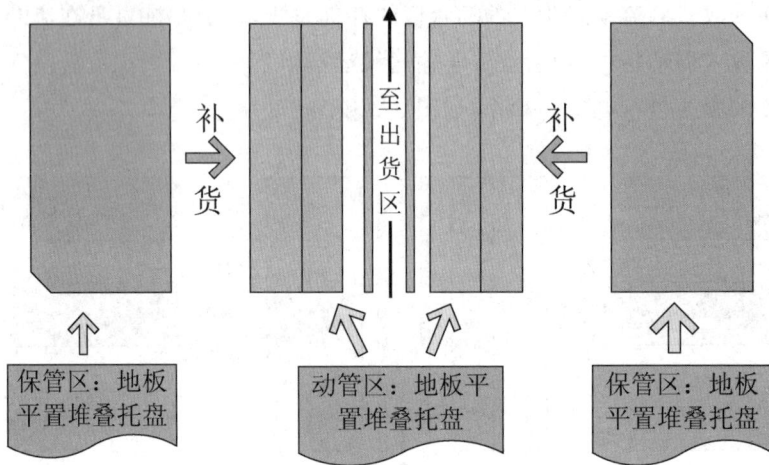

图 3-9 地板至地板的整托补货

2.地板至货架的整托补货

此补货方式保管区是以托盘为单位地板平置堆叠存放,动管区则为托盘货架存放。拣取时拣货员在拣取区搭乘牵引车拉着推车移动拣货,拣取后再将推车送至输送机轨道出货。而一旦发觉拣取后动管区的库存太低,则要进行补货动作。

补货方式为作业员使用叉车很快地至地板平置堆叠的保管区搬回托盘,送至动管区托盘货架上存放,此补货方式适合体积中等或中量(以箱为单位)出货的物品。如图 3-10 所示。

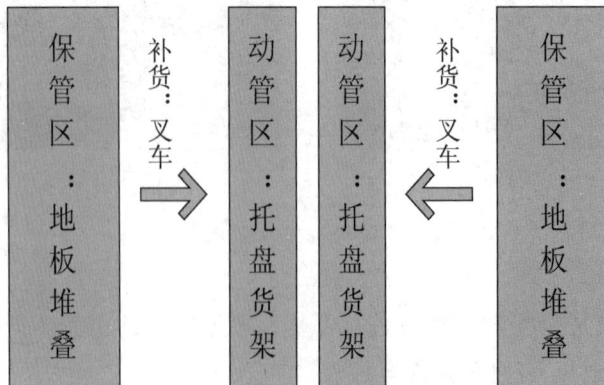

图 3-10 地板至货架的整托补货

(三)货架之间的补货

此补货方式为保管区与动管区属于同一货架,也就是将一货架上的两手方便拿取之处(中下层)设置为动管区,不容易拿取之处(上层)设置为保管区。进货时便将动管区放不下的多余货箱放至上层保管区,对动管拣取区的物品进行拣货,而当动管区的存货低于水准之下则可利用叉车将上层保管区的物品搬至下层动管区补货。此补货方式较适合体积不大、每品项存货量不高,且出货多属中小量(以箱为单位)的物品。如图 3-11 所示。

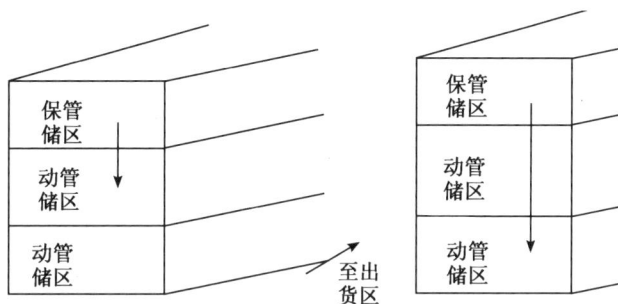

图 3-11　货架之间的补货

五、补货作业注意事项

(一)取货注意事项

(1)核对取货位、货品代码、名称;

(2)发现包装损坏、内装不符、数量不对的,应及时反馈给信息员处理;

(3)维护好周转区的货品;

(4)按规定动作开箱;

(5)轻拿轻放,取货完成后整理货位上的货品;

(6)作业标准及时、准确。

(二)补货上架注意事项

(1)从周转区的取货品时核对取货位、货品代码、名称;

(2)一种货品对应一个拣货位;

(3)尽量全部补到拣货位上;

(4)把货品整齐地放到拣货位上。

(三)其他注意事项

(1)主动补货;

(2)及时查询,及时补充;

(3)结束后清洁卫生;

(4)作业标准及时、准确。

案例解析

1.货物检查盘点

依据任务中的盘点单,对照货架上的每种货物的数量进行盘点,将实际数量和盈亏调整信息填至下表。

货物盘点表

货物编号	商品名称	单位	账面数量	实存数量	单价（元/箱）	盘亏		盘盈		备注
						数量	金额(元)	数量	金额(元)	
1	可口可乐	箱	15	15	200					
2	百事可乐	箱	14	15	200			1	200	
3	美汁源果粒橙	箱	12	12	200					
4	椰树牌椰汁	箱	20	20	200					
5	统一鲜橙多	箱	20	18	200	2	400			
6	娃哈哈纯净水	箱	10	10	200					

学习小结

货物在库作业是仓储管理过程的主要控制环节,货物在经过一系列入库作业之后就相对静止在仓库中。在这个阶段要做好货物的保管与养护、加强对货物的盘点和补货工作,同时要控制货物库存数量。

学习要求

1.掌握货物保管养护方法。

2.了解库区的 5S 管理。

3.掌握货物检查盘点的方法。

4.掌握经济订货批量计算方法。

5.掌握定量订货法中安全库存和再订货点的计算方法。

6.掌握补货作业的几种方式和注意事项。

学习时间

建议教学课时为 6 学时。

学习方法

任务驱动法、实操性学习法、模仿性学习法、系统性学习法、多媒体手段学习法、求同存异学习法、举一反三学习法等。

学习环境

1.书面教材。

2.多媒体网络资源(视频、动画、案例)。

3.计算机设备和软件（WORD、VISIO 等）。

评价标准

1.能描述各类货物的保管养护方法。

2.学会依据盘点单进行货物盘点和盈亏调整。

3.能根据相关参数计算经济订货批量。

4.能根据历史数据计算安全库存和再订货点。

5.能掌握各种补货作业方式的操作过程和适用范围。

学习情境四

◆拣货出库作业管理◆

案例导入

新中仓物流公司现接到来自德福超市、厦顺超市、悦海超市和优八超市等客户的订单。

1.客户订单如下：

德福超市采购清单

序号	商品名称	单位	单价(元)	订购数量	金额(元)	备注
1	美汁源果粒橙	箱	200	2	400	
2	可口可乐	箱	200	7	1400	
3	娃哈哈矿泉水	箱	200	4	800	
4	康师傅冰红茶	瓶	10	5	50	
5	康师傅冰糖雪梨	瓶	10	6	60	
6	磨砂小碗	个	10	3	30	
7	橙色无柄杯托	个	10	4	40	
8	蓝色无柄杯托	个	10	5	50	
9	绿色有柄杯托	个	10	3	30	
10	皂盒	个	10	2	20	
11	橙色有柄杯托	个	10	4	40	
12	果蔬箩	个	10	3	30	
	合计			48	2950	

厦顺超市采购清单

序号	商品名称	单位	单价(元)	订购数量	金额(元)	备注
1	椰树牌椰汁	箱	200	2	400	
2	美汁源果粒橙	箱	200	4	800	
3	可口可乐	箱	200	4	800	

续表

序号	商品名称	单位	单价(元)	订购数量	金额(元)	备注
4	娃哈哈矿泉水	箱	200	3	600	
5	康师傅茉莉清茶	瓶	10	4	40	
6	康师傅冰糖雪梨	瓶	10	4	40	
7	磨砂小碗	个	10	4	40	
8	果蔬箩	个	10	3	30	
9	橙色有柄杯托	个	10	5	50	
10	香皂盒	个	10	2	20	
11	皂盒	个	10	1	10	
12	绿色无柄杯托	个	10	3	30	
13	橙色无柄杯托	个	10	4	40	
合计				43	2900	

悦海超市采购清单

序号	商品名称	单位	单价(元)	订购数量	金额(元)	备注
1	椰树牌椰汁	箱	200	2	400	
2	美汁源果粒橙	箱	200	5	1000	
3	可口可乐	箱	200	3	600	
4	娃哈哈矿泉水	箱	200	4	800	
5	康师傅冰红茶	瓶	10	5	50	
6	康师傅茉莉清茶	瓶	10	3	30	
7	果蔬箩	个	10	2	20	
8	蓝色无柄杯托	个	10	3	30	
9	香皂盒	个	10	1	10	
10	皂盒	个	10	2	20	
11	绿色无柄杯托	个	10	3	30	
12	橙色无柄杯托	个	10	4	40	
合计				36	3020	

优八超市采购清单

序号	商品名称	单位	单价（元）	订购数量	金额（元）	备注
1	椰树牌椰汁	箱	200	2	400	
2	美汁源果粒橙	箱	200	5	1000	
3	可口可乐	箱	200	2	400	
4	统一鲜橙多	箱	200	2	400	
5	百事可乐	箱	200	2	40	
6	康师傅冰糖雪梨	瓶	10	4	40	
7	康师傅茉莉清茶	瓶	10	3	30	
8	果蔬箩	个	10	3	30	
9	橙色无柄杯托	个	10	5	50	
10	蓝色无柄杯托	个	10	4	40	
11	皂盒	个	10	1	10	
12	磨砂小碗	个	10	4	40	
	合计			37	2840	

2.各客户的评估相关信息如下：

各客户评估表

客户	信用额度	应收账款	忠诚度	满意度	客户类型	客户级别
德福	15万元	8.6万元	一般	一般	普通型	C
厦顺	20万元	10.5万元	高	一般	普通型	B
悦海	50万元	49.8万元	高	高	母公司	A
优八	15万元	14.8万元	高	高	普通客户	B

3.重型货架散货区存储信息如下：

重型货架散货区存储信息表

序号	货品名称	单位	库存量
1	康师傅冰红茶	瓶	20
2	康师傅茉莉清茶	瓶	20
3	康师傅冰糖雪梨	瓶	20

4.电子标签区存储信息如下：

电子标签区存储信息表

序号	货品名称	单位	库存量
1	绿色有柄杯托	包	8
2	绿色无柄杯托	包	19
3	橙色无柄杯托	包	18
4	橙色有柄杯托	包	18
5	蓝色无柄杯托	包	22
6	果蔬萝	包	12
7	磨砂小碗	包	12
8	皂盒	个	6
9	香皂盒	个	10

5.重型货架存储信息为"学习情境二"入库完成后的库存信息。

6.物流过程中的相关设备、工具及成本信息如下：

(1)地牛信息：①品牌：升格；②额定起重量：2000 kg；③可租赁1台；④按租赁时间计费，计费标准20元/台分钟。

(2)电动液压叉车信息：①品牌：欧力；②额定起重量：2500 kg；③起升高度：2.5 m；④按租赁时间计费，计费标准30元/台分钟。

(3)电子标签拣货台车信息：①品牌型号：RY26－PC0390；②每队可租赁1台；③使用成本：200元。

(4)手推车成本信息：①每队可租赁1台；②使用成本：100元。

(5)月台信息：①参考尺寸：L3200mm×W2000mm；②月台位置采用就地堆码方式。

(6)托盘信息：①参考尺寸：L1200mm×W1000mm×H140mm；②托盘租赁价格：20元/个；③托盘重量20kg/个；④最多可租赁8个托盘。

(7)折板箱信息：①参考尺寸：L600mm×W400mm×H150mm；②使用价格：10元/个。

(8)工时信息：36元/人均小时。

请根据以上内容进行订单有效性分析、库存分析、客户优先权分析、制定库存分配和拣选作业计划，并进行拣选作业。(若累计应收账款超过信用额度，其订单为无效订单；若客户类型为母公司，则不受信用额度限制，其订单均有效)

任务一　订单处理

一、订单处理作业

订单处理，是指从接到客户订货开始到准备着手拣货为止的作业阶段，对客户订单进行品项数量、交货日期、客户信用度、订单金额、加工包装、订单号码、客户档案、配送货方法和订单资料输出等一系列的技术工作。

订单是配送中心开展配送业务的依据,订单处理则是配送中心组织、调度的前提,是其他各项作业的基础,同时又贯穿配送业务的始终,是关键的核心业务。订单处理既是配送中心作业的开端,也是整个信息流作业的起点。

订单处理作业是实现企业顾客服务目标最重要的环节之一,是配送服务质量得以保证的根本。改善订单处理过程,缩短订单处理周期,提高订单满足率和供货的准确率,提供订单处理全程信息跟踪,可大大提高顾客服务水平与顾客满意度,同时降低库存水平和配送总成本,使配送中心获得竞争优势。订单处理涉及的主要内容及步骤如图 4-1 所示。

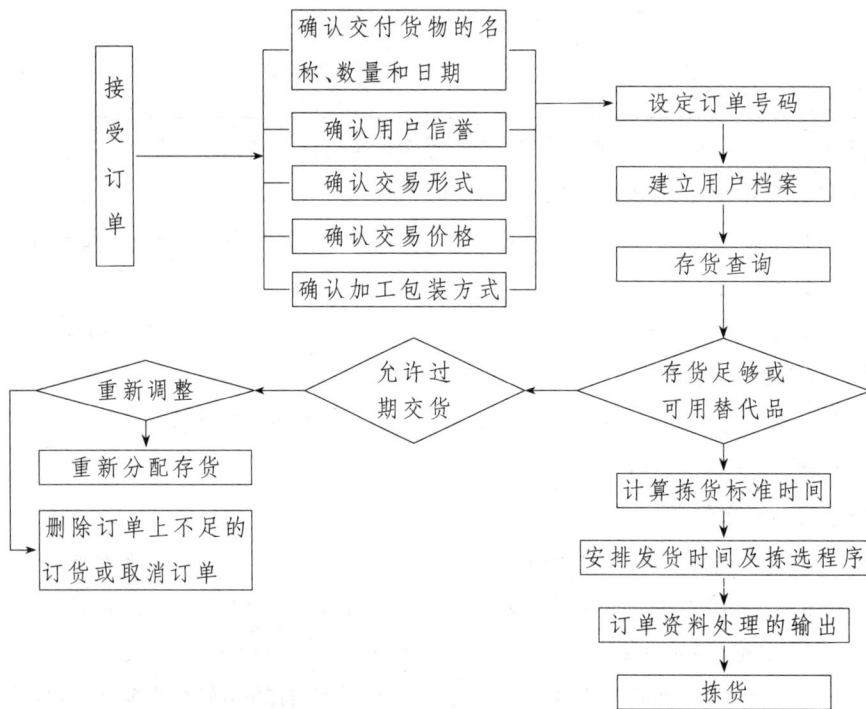

图 4-1 订单处理流程

(一)接受订单

接单作业为订单处理的第一步骤,随着流通环境及科技的发展,接受客户订货的方式也渐由传统的人工下单、接单,演变为电脑间直接送收订货资料的电子订货方式。

1.传统订货方式

传统订货方式下,需人工输入资料而且经常重复输入、传票重复填写,并且在输入输出过程中经常造成时间耽误及产生错误,造成无谓的浪费。尤其现今客户更趋向于多品种、小批量、高频度的订货,且要求快速、准确无误地配送,传统订货方式已逐渐无法应付客户的需求。传统订货方式如图 4-2 所示。

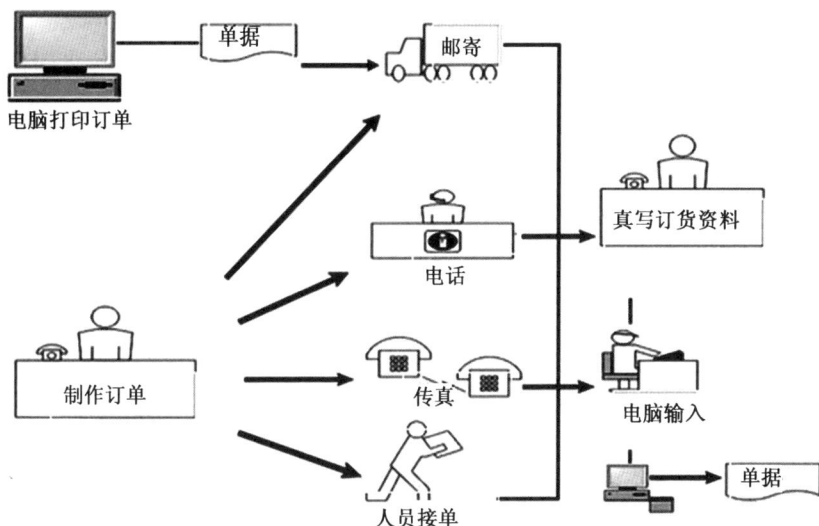

图 4-2 传统订货方式

（1）厂商铺货。供应商直接将商品放在车上，一家家去送货，缺多少补多少，这种方式对于周转率较快的商品或新上市商品较常使用。

（2）厂商巡货、隔日送货。供应商派巡货人员前一天先至各客户处寻查需要补充的货品，隔天再予以补货的方式。此方法厂商可利用巡货人员为店头整理货架、贴标或提供经营管理意见、市场信息等，也可促销新品或将自己的商品放在最占优势的货架上。这种方式的缺点是厂商可能会将巡货人员的成本加入商品的进价中，而且厂商乱塞货将造成零售业者难以管理、分析自己所卖商品。

（3）电话口头订货。订货人员将商品名称及数量，以电话口述向厂商订货。因客户每天订货的品项可能达数十项，而且这些商品常由不同的供应商供货，所以利用电话订货所费时间太长，且错误率高。

（4）传真订货。客户将缺货资料整理成书面资料，利用传真机传给厂商。利用传真机虽可快速地传送订货资料，但其传送资料品质不良常增加事后确认作业。

（5）客户自行取货。客户自行到供应商处看货、补货，这种方式多为传统杂货店因地区近所采用。客户自行取货虽可省却物流中心配送作业，但个别取货可能影响物流作业的连贯性。

（6）业务员跑单、接单。业务员至各客户处推销产品，而后将订单携回或紧急时以电话先联络公司通知客户订单。

2.电子订货方式

电子订货方式，是指通过电子传递方式取代传统人工书写、输入、传送的订货方式，即将订货资料转为电子资料形式，再由通信网路传送进行订货。电子订货方式是一种传送速度快，可靠性及正确性高的订单处理方式，它不仅可以大幅度提高客户服务水平，还可以有效地缩减存货及相关成本费用，但其运作费用较为昂贵，因此，在选择订货方式时应视具体情况而定。

(1)订货簿或货架标签配合手持终端机及扫描器

订货人员携带订货簿及手持终端及扫描器巡视货架,若发现商品缺货则用扫描器扫描订货簿或货架上的商品标签,再输入订货数量,当所有订货资料皆输入完毕后,利用计算机将订货资料传给供应商或配送中心。

(2)POS(销售时点管理系统)

在商品库存管理系统中设定安全存量,每当销售一笔商品时,计算机自动扣除该商品库存,当库存低于安全存量时,即自动产生订货资料,将此订货资料确认后即可通过信息网络传给总公司或配送中心。也有客户将每日的 POS 资料传给总公司,总公司将 POS 销售资料与库存资料比对后,根据采购计划向供应商下订单。这种订货方式对销售零售业来说:下单快速、正确和简便;商品库存适量化,只订购所需数量,可分多次下单;完全适应多品种、小批量和高频率的订货方式;缩短交货时间,减少因交货出错的缺货率和减少进货、验货作业。对于供应商而言:简化接单作业,缩短接单时间,减少人工处理错误,使接单作业更加快捷、正确和简便;减少了退货处理作业;满足用户多品种、小批量和高频率的订货要求;缩短了交货的前置时间。

(3)订货应用系统

客户信息系统里若有订单处理系统,可将应用系统产生的订货资料,经由特定软件转换功能转成与供应商约定的共通格式(EDI),在约定时间里将资料传送出去。

(二)订单确认

(1)货物名称、数量及日期的确认。对订货资料项目的基本检查,即检查货物名称、数量、送货日期等是否有遗漏、笔误或不符公司要求的情况。当要求送货时间有问题或出货时间已延迟的时候,更需要再与客户确认一下订单内容或更正期望运送时间。对于错误的下单资料,传回给客户修改再重新传送回来。

(2)客户信用的确认。订单管理系统的第一步即查核客户的财务状况,以确定其是否有能力支付该订单的账款,其做法多是检查客户的应收账款是否已超过其信用额度。因而可在订单管理系统中查询客户信用的状况。一旦核查发现客户信用存在问题,配送中心可将订单送回销售部门做进一步调查或做退回处理。

(3)订单形态确认。配送中心虽有整合传统批发商的功能以及有效率的物流信息处理功能,但面对众多的交易对象时,由于客户的不同需求,其做法也有所不同。反映到接受订货业务上,则具有多种的订单交易形态,配送中心应对不同的客户或不同的商品有不同交易及处理方式。具体的订单交易形态及相应的处理方式见表 4-1。

表 4-1　各种订单形态的处理方式

订单类型	交易形态	处理方式
一般交易订单	正常、一般的交易订单,接单后按正常的作业程序拣货、出货、配送、收款结账的订单	接单后,将资料输入订单处理系统,按正常的订单处理程序处理,资料处理完后进行拣货、出货、配送、收款结账等作业

订单类型	交易形态	处理方式
现销式交易订单	与客户当场直接交易、直接给货的交易订单,如业务员到客户处巡货、推销所得的交易订单或客户直接到物流中心取货的交易订单	订单资料输入后,因其货品已交给了客户,故订单资料不需再参与拣货、出货、配送等作业,只需记录交易资料,以便收取应收款项
间接交易订单	客户向物流中心订货,但由供应商直接配送给客户的交易订单	接单后,将客户的出货资料传给供应商由其代配。此方式需注意客户的送货单是自行制作还是委托供应商制作,以及出货资料(送货单回联)的核对确认
合约式交易订单	与客户签订配送契约的交易,如签订在某期间内定时配送某数量的商品	约定的送货日来临时,需将该配送的资料输入系统处理以便出货配送或一开始便输入合约内容的订货资料并设定各批次送货时间,以便在约定日期来临时系统自动产生需要送货的订单资料
寄库式交易订单	客户因促销、降价等市场因素而先行订购某数量商品,以后视需要再要求出货的交易	当客户要求配送寄库商品时,系统应检核客户是否确实有此项寄库商品,若有,则出此项商品,并且扣除此项商品的寄库量。注意此项商品的交易价格是依据客户当初订购时的单价计算
兑换券交易	客户通过兑换券所兑换商品的配送出货	将客户兑换券所兑换的商品配送给客户时,系统应查核客户是否确实有此兑换券回收资料,若有,依据兑换券兑换的商品及兑换条件予以出货,并应扣除客户的兑换券回收资料

(4)订单价格确认。不同的客户(大盘、中盘、零售)、不同的订购量,可能有不同的售价,输入价格时系统应加以核对。若输入的价格不符(输入错误或因业务员降价强接单等),系统应加以锁定,以便主管审核。

(5)加工、包装确认。客户对于订购的商品,是否有特殊的包装、分装或贴标签等要求,或是有关赠品的包装等资料都需要详细加以确认记录。

(三)设定订单号码

每一张订单都要有其唯一的订单号码(此号码是由控制单位或成本单位来指定),除了便于计算成本外,可用于制造、配送等整个商品流转过程,且所有工作说明及进度报告均应附此号码。

(四)建立客户档案

将客户信息详细记录,不但能让此次交易更容易进行,且有利于以后合作机会的增加。客户档案应包含订单处理需要用到的及与物流作业相关的资料,包括:

(1)客户名称、代号、等级形态。

（2）客户销售付款及折扣率的条件。

（3）客户信用额度。

（4）客户配送的区域。例如：地区、省、市、县及城市各区域等，基于地理位置或相关特性将客户分类于不同区域将有助于提升管理及配送效率。

（5）客户收账地址。

（6）客户配送路径顺序。根据区域、街道、客户位置，将客户分配于适当的配送路径。

（7）客户点适合配送的车辆形态。客户送货上门点的街道有车辆大小的限制，则须将适合该客户的车辆类型记录在系统中。

（8）客户卸货点特征。客户所在地点或客户卸货位置，由于建筑物本身或周围环境特性（如地下室有限高或高楼层），可能造成卸货时有不同的需求及难易程度，在车辆及工具的调度上须加以考虑。

⑨客户配送要求。客户对于送货时间有特定要求或有协助上架、贴标签等要求也应将其存于资料档案中。

⑩过期订单处理。延迟订单的处理方式，则可事先约定规则，以省去临时询问或须紧急处理的不便。

（五）存货查询

存货查询程序，目的是确认是否有库存能够满足客户需求，通常称为"事先拣货"。存货档案的资料一般包括货品名称、代码、产品描述、库存量、已分配存货、有效存货及期望进货时间，因而输入客户订货商品的名称、代码时，系统即开始查询存货档案的相关资料，看此商品是否缺货。若缺货，则提供商品资料或是此缺货商品是否已经采购但未入库等信息，以便于接单人员与客户协调是否改订其他替代品或是允许延后出货等权宜办法，以提高人员的接单率及接单处理效率。

（六）存货分配

订单资料输入系统，确认无误后，最主要的处理作业在于如何对大量的订货资料做最有效的汇总分类、调拨库存，以便后续的物流作业能有效进行。存货的分配模式可分为单一订单分配及批次订单分配两种。单一订单分配多为线上即时分配，即在输入订单资料时，就将存货分配给该订单；批次订单分配是指累积汇总数笔已输入的订单资料后，再一次分配库存。配送中心因订单数量多、客户类型等级多，且多为每天固定配送次数，因此通常采用批次分配以确保库存能做最佳的分配。存货分配方式决定了下一步的拣货作业，如果是单一订单分配，则采用单一顺序拣选；如果是批次分配，则采用批量拣选方式。

1.批次订单分配的原则

（1）按接单时序划分。将整个接单时段划分成几个区段，若一天有多个配送批次，可配合配送批次，将订单按接单先后分为几个批次处理。一般在接单高峰时段，时间间隔相对非高峰时段要缩短。

（2）按配送区域/路径划分。将同一配送区域或路径的订单汇总一起处理，如图 4-3 所示。

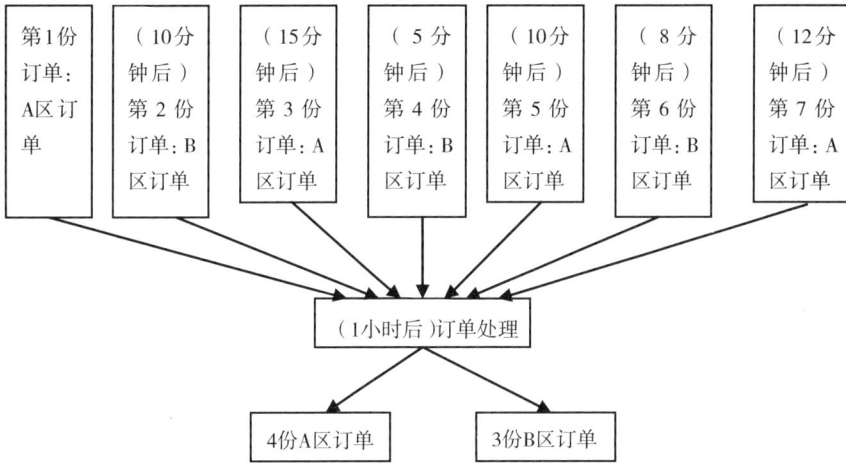

图 4-3 按配送区域划分批次

（3）按流通加工需求划分。将需要加工处理或相同流通加工处理的订单汇总一起处理。如图 4-4 所示。

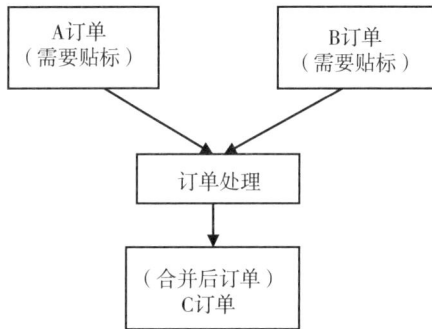

图 4-4 按流通加工需求划分批次

（4）按车辆需求划分。若配送商品需要特殊的配送车辆（如低温车、冷冻车、冷藏车）或客户所在地卸货特性，特殊车辆可汇总合并处理。如图 4-5 所示。

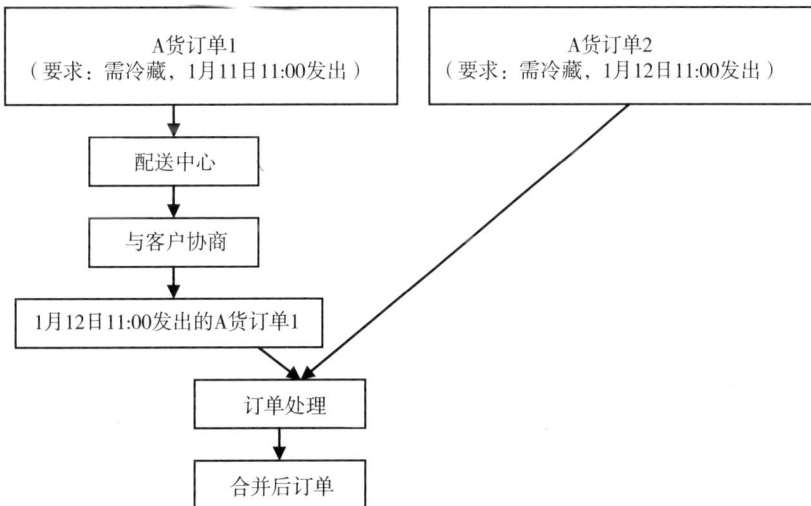

图 4-5 按车辆需求划分批次

2.有限库存分配原则

若某商品总出货量大于可分配的库存量,可依据以下原则来决定客户订购的优先性:

(1)特殊优先权者先分配。前次即允诺交货的订单(缺货补货订单、延迟交货订单、远期订单);客户提前预约或紧急需求的订单;属于母公司的订单等。

(2)依客户等级来取舍。将客户重要性(ABC分类)程度高的进行优先分配。

(3)依订单交易金额来取舍。将对公司贡献度大的订单作优先处理。

(4)客户信用状况。将信用较好的客户订单作优先处理。

(5)依系统自定义。依系统自定义作优先处理。

3.分配后存货不足的异动处理

若现有存货数量无法满足客户需求,且客户又不愿意接受替代品时,则依据客户意愿与公司政策来规定对应方式,如表4-2所示。

表4-2　分配后存货不足的异动处理说明

情况类别	约束条件	处理说明
客户不允许过期交货	公司无法重新调拨	删除订单上不足额的订货,甚至取消订单
	公司可以重新调拨	重新分配订单
客户允许不足额订单	公司政策不希望分配出货	删除订单上的不足额部分
	等待有货时再补送	等待有货时再补送
	处理下一张订单时补送	与下一张订单合并配送
	有时限延迟交货,并一次配送	客户允许一段时间的过期交货,并要求所有订单一次配送
	无时限延迟交货并一次配送	不论等多久,客户皆允许过期交货,且希望所有订货一起到达,则等待所有订货到达再出货
客户希望所有订单一次配达,且不允许过期交货		将整张订单取消
根据公司政策		允许过期分批补货;由于分批出货的额外成本高,不愿意分批补货,宁可客户取消订单,或要求客户延迟交货日期

(七)订单资料输出

订单资料经上述处理后,即可开始打印一些出货单据,主要有拣货单、送货单和缺货资料。

1.拣货单

拣货单提供货品出库指示,作为拣货的依据。其格式应配合配送中心的拣货策略及拣货作业方式,以提供有效的拣货信息,便于拣货的进行。拣货单的打印应考虑商品储位,依据储位前后相关顺序打印,以减少人员重复往返取货,同时拣货数量、单位也要详细确认标示。

2.送货单

物品交货时,通常附上送货单据给客户清点签收。因为送货单主要是给客户签收、确认的出货资料,其正确性及明确性很重要。要确保送货单上的资料与实际送货资料相符,除了出货前清点外,出货单据的打印时间及对于一些订单异动情形(如缺货品项或缺货数量等)也需打印注明。

3.缺货资料

库存分配后,对于含有缺货的商品的订单资料,系统应该提供查询报表打印功能以便工作人员处理。库存缺货商品应提供依商品或供应商查询的缺货商品资料以提醒采购人员紧急采购。

二、订单处理作业管理

订单在配送过程中的执行情况如何,必须要有效地进行管理,才能了解订单是否如期如数出货、是否已收款、是否发生异动、发生异动如何处理,以及对订单处理作业系统怎样进行改进优化。

(一)订单处理跟踪

订单的执行必须要适时跟踪,订单的状态随着作业流程相应地发生变动,对订单进行跟踪,不仅能更好地管理订单的处理及执行,还可满足客户希望了解订单处理状态信息的要求。

1.订单状况资料

订单状况跟踪资料包括订单状态明细表、未出货订单明细表、缺货订单明细表、未取款订单、未结账订单等。

2.商业信息

商业信息跟踪内容包括物品销售量、每种物品的市场销售情况、客户等级、每位客户的订货特点、订单处理过程中的库存情况、每种物品的库存情况、配送中心的作业效率等。

(二)异常情况下的订单处理

1.客户取消订单

客户取消订单常常会造成许多损失,因此在业务处理上需要与客户就此问题进行协商。若目前订单处于已分配未出库状态,则应从已分配未出库销售资料里找出此订单,将其删除,并恢复相关品项的库存资料(库存量/出库量);若此订单处于已拣货状态,则应从已拣货未出库销售资料里找出此笔订单,将其删除,并恢复相关品项的库存资料(库存量/出库量),且将已拣取的物品按拣货的相反顺序放回拣货区。

2.客户增订

如果客户在出货前临时打电话来增加订购某物品,那么作业人员要先查询客户的订单目前处于何种状态,是否还未出货,是否还有时间再去拣货。若接受增订,则应追加此笔增订资料;若客户订单处于已分配状态,则应修改已分配未出库销售资料文件里的这笔订单资料,并更改物品库存档案资料(库存量/出库量)。

3.拣货时发生缺货

拣货时发现仓库缺货,则应从已拣货未出库销售资料里找出这笔缺货订单资料,加以修改。若此时出货单据已打印,就必须重新打印。

4.配送前发生缺货

当配送前装车清点时才发现缺货,则应从已拣货未出库销售资料里找出此笔缺货订单资料,加以修改。若此时出货单据已打印,就必须重新打印。

5.送货时客户拒收/短缺

配送人员送货时,若客户对送货品项、数目有异议予以拒收,或是发生少送或多送,则回库时应从在途销售资料里找出此客户的订单资料加以修改,以反映实际出货资料。

(三)订单作业的改善

订货提前期的稳定性与时间长短、送货的准确性、订单处理状态跟踪等因素是实现价值与客户满意的重要保证,改善订单作业有利于更好地满足客户的要求。

1.改善的关键因素

(1)时间因素。订单处理周期在客户眼中是订货提前期,改善目标是在时间耗用的稳定性前提下,努力减少时间耗费。

(2)供货准确性因素。提供产品的准确品种、数量、质量和正确的交货地点(卸货时间和地点也很关键),如需分批送货和延期供货时,应与客户提前沟通好。

(3)成本因素。配送中心设置的地点和数量、运输批量和运输路线的调控等。

(4)信息因素。配送中心要通过完善的配送信息系统,向客户及企业内部(生产、销售、财务及仓储运输等部门)提供准确、完备、快速的信息服务。

2.改善订单处理的方法

(1)提高订单履行的准确度。如果能够准确无误地完成客户订单的处理周期,不产生任何错误,那么订单处理的时间是最短的,因此要尽量减少出错的概率。

(2)合理分配订单处理的先后顺序。从企业的发展角度出发,把有限的时间、生产能力及人力资源配置到最有利可图的订单上,享有优先级的订单被优先处理,而其他订单则稍后进行处理。

(3)灵活选择订单处理的方法。把订单收集成组分批处理可降低处理成本,将几个小订单集中组成较大运输批量可降低运输成本,但都延长了订单处理时间。因此,在减少处理成本与运输成本的同时,要进行综合平衡。

任务二　拣货作业管理

一、拣货作业

(一)拣货作业的定义

拣货作业是指依据顾客的订货要求或配送中心的送货计划,尽可能迅速、准确地将商品从其储位或其他区域拣取出来,并按一定的方式进行分拣、集中,等待配装送货的作业过程。

(二)拣货作业的功能

拣货作业是配送中心作业的核心环节,拣货作业的速度和质量不仅对配送中心的作业效率起决定性的作用,而且直接影响到整个配送中心的信誉和服务水平,也直接影响配送的成本。

高效拣货作业的要点见表 4-3。

表 4-3　高效拣货作业要点

要点	目的	方法
1	不要等待	零闲置时间
2	不要拿取	零搬运(多运用输送带、无人搬运车)
3	不要走动	缩短动线
4	不要思考	零判断业务(不依赖熟练工)
5	不要寻找	储位管理
6	不要书写	免纸张(RF 手持终端)
7	不要检查	利用条码(由电脑检查)

(三)拣货作业的信息传递方式

1.订单传票

直接以客户订单或以配送中心送货单作为拣选作业指示凭据。这种方法只适合订单数量较小和批量较小的情况。由于订单在作业时容易受到污损,导致作业过程发生错误,甚至无法判别确认。

2.拣货单

将客户订单输入电脑系统,进行拣货信息生成,并打印拣货作业单。拣货单的优化主要取决于信息系统相应的支持功能。

3.灯光显示器

通过安装在储位上的灯光显示器或液晶显示器传递拣选作业信息,该系统可以安装在重力货架、托盘货架和轻型货架上,以提高拣选作业的效率和准确率。

4.无线通信(RF)

通过无线通信设备(如 RF 手持终端),把应该从哪个储位拣选何种商品和数量的信息实时通知拣选作业者,此系统应用于大批量的拣选作业。

5.电脑辅助拣选车

通过在堆高机等装置上安装电脑辅助终端机,向拣选作业者传递拣选作业指令,此系统适应多品种、小批量、体积小、价值高的货品拣选。

(四)拣货作业基本过程

(1)拣货信息的产生。拣货信息的产生有两种方法:①直接利用订单;②订单处理后变为拣货单。

(2)行走和搬运。缩短行走和货物搬运的距离是配送中心作业效率的关键。

(3)拣取。拣取方法包括人工拣货、机械辅助作业、自动拣货系统等。

(4)分类与集中。多个客户订单批量拣取后,根据客户或者送货路线进行集中。

以上四个过程的时间是拣货消耗的时间,因此,要提高拣货作业效率,就必须缩短以上四个过程的时间。

(五)拣货单位的确定

(1)单品。单品是拣货的最小单位,单品由箱中取出,可以用单手拣取。

(2)箱。箱是由单品组成,可由托盘上取出,必须用双手拣取。

(3)托盘。托盘由箱堆叠而成,无法用人手直接搬运,必须用堆高机或托盘搬运车等机械设备。

(4)特殊品。体积大,形状特殊,无法按栈板、箱归类,或必须在特殊条件下作业者,如大型家具、桶装油料、长杆形货物、冷冻货品等等。

二、拣货作业方式

(一)订单拣取方式

1.订单拣取

订单拣取,俗称"摘果式",是针对每一份订单,作业员巡回于仓库内,按照订单所列商品及数量,将客户所订购的商品逐一由仓库储位或其他作业区中取出来的拣货方式。此种拣货方式下,每人每次只处理一份订单或一个客户,简单易操作。摘果式拣取的基本流程见图 4-6。

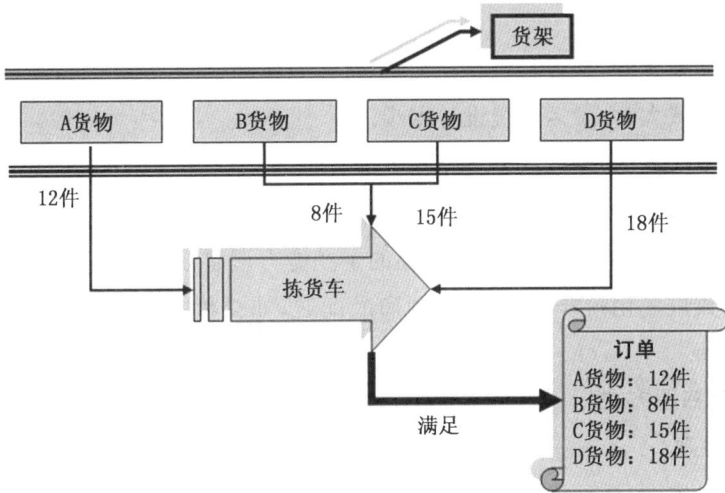

图 4-6 摘果式拣取基本流程

摘果式电子标签拣选系统见图 4-7,该系统一般要求每一品种货物占用一个货位,对应使用一个电子标签。一般每米长度可设置 10 个左右(8~12)的货位,配套的流水线长度一般会大于货架的长度。

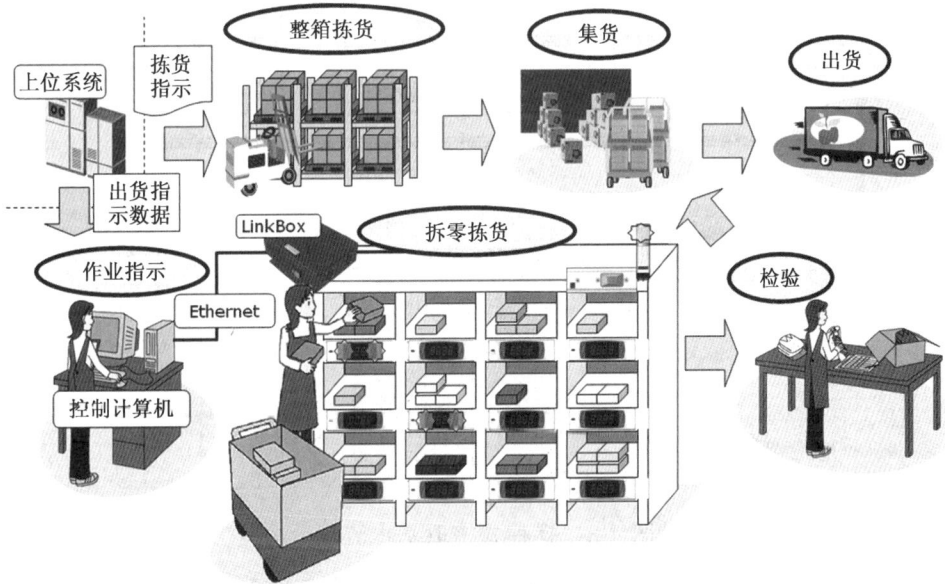

图 4-7 摘果式电子标签拣选系统

2.订单拣取的优点

(1)作业方法单纯。

(2)前置时间短,针对紧急需求可快速拣选。

(3)导入容易且弹性大,对机械化、自动化没有严格要求。

(4)作业员责任明确,派工容易、公平。

(5)拣货后不用再进行分类作业,适用于大量订单的处理。

3.订单拣取的缺点

(1)商品品种多时,拣货行走路径加长,拣选效率降低。

(2)拣货区域大时,搬运系统设计困难。

(3)少量多次拣取时,造成拣货路径重复费时,效率降低。

4.订单拣取的适用条件

订单拣取的处理弹性比较大,临时性的生产能力调整较为容易。适合订单大小差异较大、订单数量变化频繁、季节性强的商品配送,如化妆品、家具、电器、百货和高级服饰等。

(二)批量拣取方式

1.批量拣取

批量拣取,俗称"播种式",是指把多张订单集合成一批,依据商品类别将数量相加后再进行拣选,之后依据客户订单再作分类处理的拣取方式。批量拣取方式下,每次处理多份订单或多个客户,该方式操作复杂、难度系数大。播种式拣取的基本流程见图 4-8。

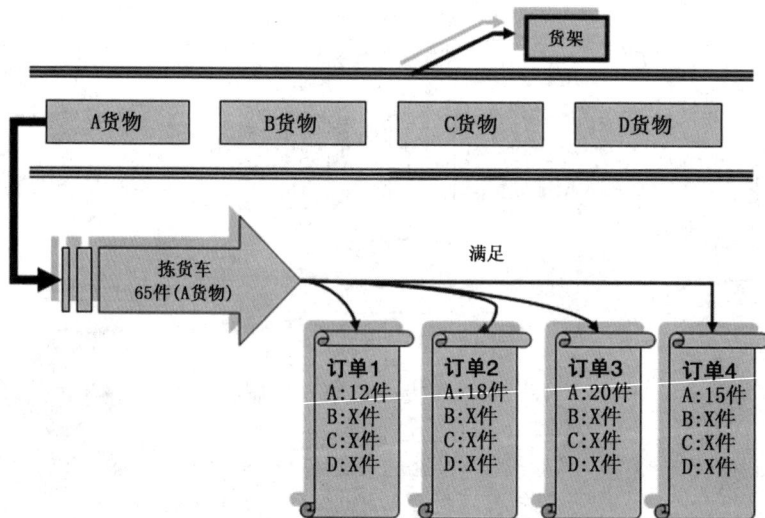

图 4-8 播种式拣取基本流程

播种式电子标签拣选系统见图 4-9。该系统应用电子显示标签的播种式分拣系统,其每个电子标签(货位)代表一张订单(一个客户),因此货架长度和分拣的品种多少无关,用很短的货架分拣线就可以处理品种数巨大的订单。

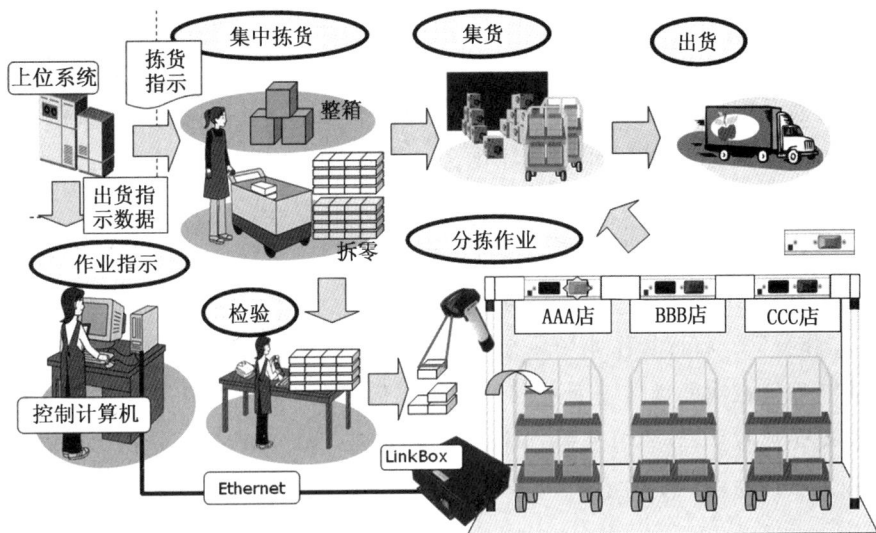

图 4-9　播种式电子标签拣选系统

2.批量拣取的优点

(1)适合订单数量庞大的系统。

(2)可以缩短拣取时行走搬运的距离,增加单位时间的拣取量。

(3)越是要求少量、多次数的配送,批量拣取就越有效。

3.批量拣取的缺点

对订单的到来无法做及时的反应,必须等订单达一定数量时才做一次处理,因此会有停滞的时间产生。只有根据订单到达的状况做等候分析,决定出适当的批量大小,才能将停滞时间减至最低。

4.批量拣取的适用范围

(1)系统化自动化设备齐全、作业速度高的情况。

(2)订单变化较小,订单数量稳定的配送中心。

(3)外形较规则、固定的商品。

(4)需要进行流通加工的商品。

(三)复合拣取方式

复合拣取为订单拣取与批量拣取的组合运用,依订单品项、数量及出库频率,决定哪些订单适用订单拣取,哪些适用批量拣取。

一般复合拣取方式下,第一步就是"汇总拣货",使用摘果式。对于高重合度的订单,先摘果,再播种;对于低重合度的订单,直接到仓储区按订单摘果拣货,并酌情采用"摘后即分法"。

三、拣货策略

(一)分区

(1)商品特性分区。根据货品原有的性质,将需要特别储存搬运或分离搬运的货品进行区隔,以保持货品在储存期间的品质。

(2)拣货单位分区。将拣货作业区按拣货单位划分,如箱装拣货区、单品拣货区或是具有特殊货品特性的冷冻品拣货区。其目的在于将储存与拣货单位分类统一,以方便拣取与搬运单元化,将拣取作业单纯化。一般而言,拣货单位分区其所形成的区域范围是最大的。

(3)拣货方式分区。将各品项的出货量大小及拣取次数多寡,各做 A、B、C 群组划分。再依各群组,决定适合之拣货设备及方式运用。

(4)工作分区。将拣货作业场地细部划分成每个分区,由一个或一组固定的拣货人员负责拣取区域内的货品。此一策略的主要优点在于使拣货人员所需记忆的存货位置及移动距离减少,以缩短拣货的时间,或可配合订单分割策略,运用多组拣货人员在短时间内共同完成订单的拣取,但必须要注意工作平衡的问题。如图 4-10 所示的接力式拣选。

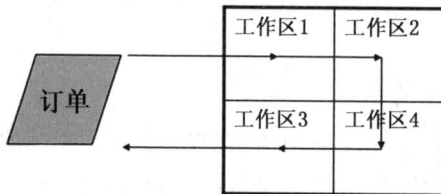

图 4-10　接力式拣选

(二)订单分割

当订单所订购的商品项目较多,或设计一个讲求及时快速处理的拣货系统时,为了使其能在短时间内完成拣货处理,故利用此一策略将订单切分成若干的子订单,交由不同的拣货人员同时进行拣货作业以加速拣货的达成。订单分割策略必须与分区策略联合运用,才能有效发挥其长处。而各子订单拣货完成时,必须考虑到子订单汇集的动作。订单分割处理过程是:首先,按区域进行订单的分割;其次,各个拣选区根据分割后的子订单进行分拣作业;最后,各拣选区子订单拣选完成后,再进行订单的汇总。如图 4-11 所示的按单拣选和批量拣选。

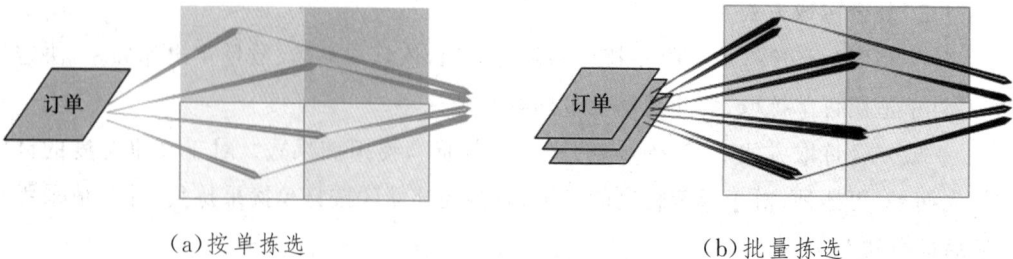

(a)按单拣选　　　　　　(b)批量拣选

图 4-11　按单拣选和批量拣选

(三)订单分批

订单分批是为了提高拣货作业效率而把多张订单集合成一批,进行批次拣取作业。其目的在于缩短拣取时平均行走搬运的距离及时间。若再将每批次订单中的同一商品品项加总做拣取,然后把货品分类至每一顾客订单,则形成所谓的批量拣取,如此不仅缩短了拣取时平均行走搬运的距离,亦减少了储位重复寻找的时间,进而提升拣货的效率。

1.总和计量分批

将进行拣货作业前所有累积订单中的物品按品项合计总量,再根据这一总量进行拣取的方式,适合固定点间的周期性配送。这种方法的优点是一次拣出商品总量,可使平均拣货距离最短;缺点是需要较强的分类系统,订单数不可过多。

2.时窗分批

当订单到达至出货所需时间非常紧迫时,可利用此策略开启短暂时窗,例如5分钟或10分钟,再将此一时窗中所到达的订单作为一批,进行拣取。此分批方式适合密集频繁的订单,以及紧急插单。时窗分批见图4-12。

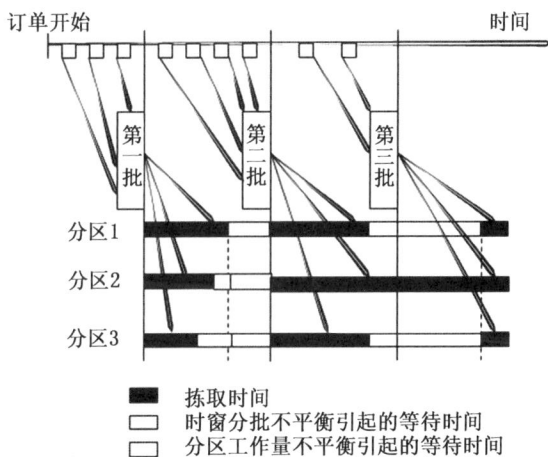

图 4-12 时窗分批

3.固定订单量分批

订单分批按先到先处理的基本原则,当累计订单数到达设定的固定量时,再开始进行拣货作业。此分批方式偏重在维持较稳定的作业效率。固定订单量分批见图4-13。

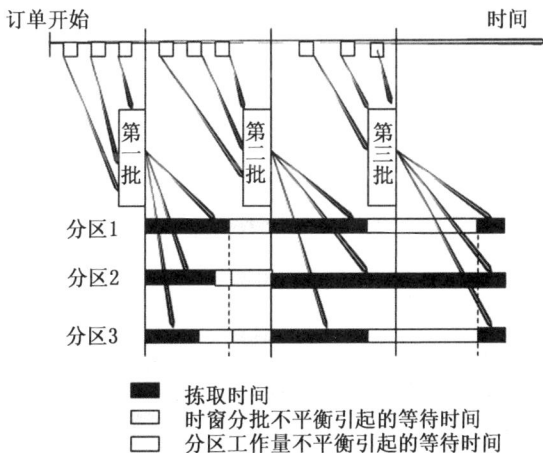

图 4-13 固定订单量分批

4.智能型分批

订单于汇集后经过较复杂的计算机计算程序,将拣取路线相近的订单分成一批同时处理,可大量缩短拣货行走搬运距离。

(四)分类

若采用分批之拣货策略,则随后必须有相配合的分类策略。

1.拣取时分类

在拣取的同时将货品分类到各订单中,须使用计算机辅助台车作为拣货设备,才能加快拣取速度,同时避免错误发生。较适用于少样多量的场合,且由于拣货台车不可能太大,故每批次的客户订单量不宜过大。

2.拣取后集中分类

分批依合计量拣取后,再进行集中分类。一般有两种方式,一种是以人工操作为主,另一种是利用分类输送系统进行集中分类。

(五)拣货策略组合运用

拣货策略包括分区、订单分割、订单分批、分类等四个主要因素,这四者之间存在互动关系,在进行整体规划时,必须按照一定的决定顺序才能将其复杂程度降到最低。图 4-14 是拣货策略的运用组合图,从左到右的顺序表示拣货系统规划时所考虑的一般次序,用箭头连接表示可以相互配合的策略方式,所以任何一条由左到右的组合链都表示一种可行的拣货策略。

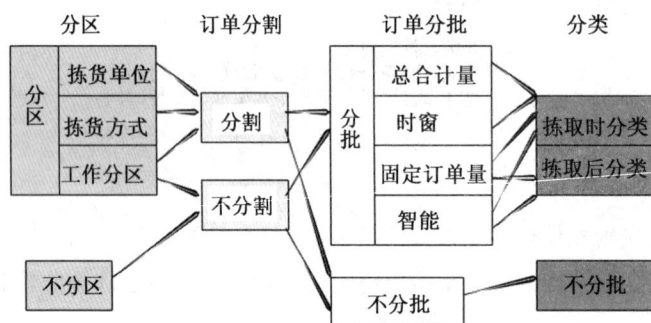

图 4-14　拣货策略运用组合图

任务三　配货及流通加工作业管理

一、配货作业管理

配货作业是指根据出货单上的内容说明,按照出货的优先顺序、储位区域号、配送车辆趟次号、门店、先进先出等出货原则和方法,把需要出货的商品整理出来,经复核人确认无误后,放置到暂存区,准备装货上车的工作。配货作业流程见图 4-15。

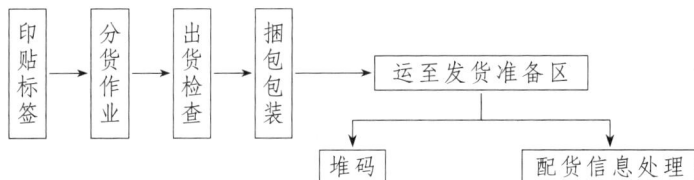

图 4-15 配货作业流程图

(一)印贴标签

一般标签都是附着在物品的外部或附着在物品包装容器的外部,用来说明物品的材料构成、产地、重量、生产日期、质量保证期、产地、厂家联系方式、产品标准号、条形码、相关的许可证、使用方法等等商品重要的信息。

货物分类之前是否印贴标签,要看分货方式,有些方式不印贴标签,而是包装好再贴标签。配货印贴标签的作用是保证分货的准确、快速或识别货物的流向,所以标签信息主要体现这件货物要发送给哪一位客户(或门店)、哪一条线路、哪个区域等,以便分货识别。所以标签上要有客户(或门店)名称或代码、目的地等内容,有些配送中心的印贴标签内容还包括客户的订单号。

(二)分货作业

分货作业是在拣货作业完成之后,将所拣选的货品根据不同的客户或配送路线进行的分类,对其中需要经过流通加工的商品拣选集中后,先按流通加工方式分类,分别进行加工处理,再按送货要求分类出货的过程。分货作业有人工分货、自动分类机分货、旋转架分货等三种方式。

1.人工分货

所有分货作业过程全部由人根据订单、拣货单来进行,作业由人、货架、集货设备(货箱、托盘等)配合完成,不借助任何电脑或自动化的辅助设备。这种分货方式效率较低,适用于品种单一、规模较小的配送中心。

2.自动分类及分货

利用自动分类机及分辨系统完成分货,其步骤如下:(1)将有关货物及分类信息通过信息输入装置输入自动控制系统;(2)自动识别装置对输入的货物信息进行识别;(3)自动分类机根据识别结果将货物分类后送至不同的分类系统。这种分货方式准确、快速、效率高,适用于多品种、业务繁忙的配送中心。

自动分类机的构成机件简单来说包括以下六项装置:搬送输送机、移载装置、分类装置、排出装置、输入装置、控制装置等。这六项装置相互配合使用,在选择自动分类机时,最好从以下五个主要方面来衡量:物品数量、物品形状、重量分析、容器尺寸分析、易损坏品分析。如超薄、超重、易变形、易破损、不能倾覆的货物不能使用自动分类机。自动分类机如图 4-16 所示。

图 4-16　自动分类机

3.旋转架分货

利用旋转货架完成分货工作,其步骤如下:(1)将旋转货架的每一格位当成客户的出货框;(2)作业人员在计算机输入各客户的代号;(3)旋转货架自动将货架转至作业人员面前,让其将批量拣取的物品放入进行分类。

(三)出货检查

出货检查属于确认拣货作业是否产生错误的处理作业,是为了保证发货前货物的品种正确、数量无误、质量及配货状态不存在问题。主要有人工检查法、条码检查法、声音输入检查法、重量计算检查法等。

1.商品条形码检查

条形码是随货物移动的。检查时利用条形码扫描器读取移动着的货物条形码,计算器自行统计扫描信息,并对出货单进行对比,从而检查货物数量和编号是否有误。条形码检查相对于人工检查来说,效率高、出错率低。

2.声音输入检查

当作业人员发声读出商品名称、代码和数量后,计算机接受声音并自动判别,转换成资料信息与发货单进行对比,从而判断是否有误。这种方法效率高,但要求作业人员发音准,且每次发音字节有限,否则会造成计算机识别困难,进而产生错误。

3.重量计算检查

利用计算机计算货单上的所有货物的总重量,再与货品的总重量相对比,检查发货是否正确。这种方法可省去事后检查工作,而且效率及正确性极高。

(四)捆包包装

配货作业中的包装主要是指运输包装,其主要作用是保护货物并将多个零散包装物品放入大小合适的箱子中,以实现整箱集中装卸、成组化搬运等,同时减少搬运次数,降低货损,提高配送效率。另外,包装也是产品信息的载体,通过在外包装上印贴标签或书写产品名称、原料成分、重量、生产日期、生产厂家、产品条形代码、储运说明、客户名称、订单号等,方便客户和配送人员识别产品,进行货物的正确装运与交接。通过扫描包装上的条形码还可以进行货物跟踪。

配送的包装要求是:结构坚固、标志清晰、价格低廉,重点在于搬移管理、保护商品和信息传递。包装的设计不仅要考虑配送过程的要求,例如方便配送人员识别、提高运输效率、方便装卸等;而且要考虑终端用户的要求,例如:方便客户接收时的清点,尽量做到简洁、单纯、轻薄、标准、节约等包装合理化的要求。

(五)发货准备区管理

在不同发车时序要求下需要发货准备区配合工作,方便车辆到达配送中心即可进行货物清点和装载作业,减少车辆等待时间。一般对发货准备区的管理如下:(1)按配送线路分区管理;(2)按配送区域分区管理;(3)按客户类型分区管理。

二、流通加工作业管理

(一)流通加工

流通加工是指物品在从生产地到使用地的过程中,根据需要施加包装、分割、计量、分拣、组装、价格贴付、标签贴付、商品检验等简单作业的总和。流通加工有别于生产加工,两者的区别见表 4-4。

表 4-4　流通加工与生产加工的区别

对比内容	生产加工	流通加工
加工对象	形成产品的原材料、零配件、半成品	进入流通过程的商品
加工程度	复杂的形成产品主体的加工	简单的、辅助性的补充加工
附加价值	创造价值和使用价值	完善其使用价值并提高附加价值
加工责任人	生产企业	流通企业
加工目的	交换、消费	促进销售、维护产品质量、实现物流高效率

(二)流通加工的目的

(1)弥补生产领域加工不足。如在生产领域只能加工到圆木、板、方材这个程度,进一步的下料、切裁、处理等加工则由流通加工完成。

(2)适应多样化需要。如对钢材卷板的舒展、剪切加工,平板玻璃按需要规格的开片加工。

(3)提高原材料利用率。一些生产企业的初级加工由于数量有限,原材料加工利用率不高;而流通加工以集中加工的形式,解决了单个企业加工利用率不高的弊病。如将鱼类的内脏加工成某些药物或饲料、将鱼鳞加工成高级黏合剂等。

（4）提高物流效率、降低物流损失。有些商品本身的形态使之难以进行物流操作,而且商品在运输、装卸搬运过程中极易受损,因此需要进行适当的流通加工加以弥补,从而使物流各环节易于操作,提高物流效率,降低物流损失。如造纸用的木材磨成木屑的流通加工。

（5）方便配送实施。如混凝土搅拌车可以根据客户的要求,把沙子、水泥、石子、水等各种不同材料按比例要求装入可旋转的罐中,汽车在配送路途中边行驶边搅拌,到达施工现场后,混凝土已经均匀搅拌好。

（6）保护产品。如水产品、肉类、蛋类的保鲜、保质,冷冻加工,防腐加工等。

（7）方便消费、促进销售。如对贝类进行挑选、除杂,使用粮食加工除杂机去除杂质,将过大包装或散装物分装成适合依次销售的小包装的分装加工。

（三）几种典型的流通加工

1.生鲜食品加工

生鲜食品的流通加工包括冷冻加工、分选加工、分装加工、精制加工等内容。

2.水泥的流通加工

在需要长途运入水泥的地区,变运入成品水泥为运进熟料半成品,在该地区的流通加工店磨细,并根据当地资源和需要情况掺入混合材料及外加剂,制成不同品种及标号的水泥供应给当地用户。

3.钢板剪板及下料加工

各种钢材,如钢板、则钢、线材的长度、规格不完全适用于客户,如果采用单独剪板下料方式,设备闲置时间长、人力消耗大;如果采用集中剪板、集中下料方式,可以避免单独剪板下料的一些弱点,提高材料利用率。

4.木材的流通加工

在木材产区可对原木进行流通加工,使之成为容易装载、易于运输的形状,如实行集中下料、按客户要求供应规格料,可以使原木利用率提高到95％,出材率提高到72％左右,有相当好的经济效果;木屑也可制成便于运输的形状,以供进一步加工,这样可以提高原本利用率、出材率,也可以提高运输效率,具有相当可观的经济效益。

5.轻工业产品的流通加工

为解决储运问题、降低储运费用,采用半成品(部件)高容量包装出厂、在消费地拆箱组装的方式。组装一般由流通部门在所设置的流通加工点进行,组装之后随即进行销售,如木制家具、自行车组装加工等。

6.煤炭及其他燃料的流通加工

煤炭流通加工有多种形式,如除矸加工、配煤加工、煤浆加工等。除矸加工可提高煤炭运输效益和经济效益,减少运输能力浪费;煤浆加工可以采用管道运输方式运输煤浆,减少煤炭消耗、提高煤炭利用率;配煤加工可以按所需发热量生产和供应燃料,防止热能浪费。

(四)流通加工作业合理化

流通加工合理化是指实现流通加工的最优配置,不仅做到避免各种不合理加工,使流通加工有存在的价值,而且综合考虑流通加工与配送、合理运输、合理商流等的有机结合,做到最优的选择。

进行流通加工需要一定的场地、设施、设备和专用工具,并需要将劳动力与之合理配合。在设置流通加工时,需要进行可行性分拆,并掌握相关流通加工的基本技术和方法。流通加工可依据加工物品、销售对象和运输作业的要求,考虑以下几方面的问题:

1.加工和合理配送结合

将流通加工设置在配送点中,一方面按配送的需要进行加工,另一方面加工又是配送业务流程中分货、拣货、配货之一环,加工后的产品直接投入拣货作业,这就无须单独设置一个加工的中间环节,使流通加工与中转流通巧妙地结合在一起。这在煤炭、水泥等产品的流通中已表现出较大的优势。

2.加工和合理商流结合

通过加工有效促进销售,使商流合理化,也是流通加工合理化考虑的方向之一。通过流通加工,提高了配送水平,强化了销售。

3.加工和合理运输结合

流通加工能有效衔接干线运输和支线运输,按干线或支线运输合理的要求进行适当加工,从而大大提高运输或转运水平。此外,通过简单地改变包装加工,形成方便的购买量,通过组装加工解除用户使用前进行组装、调试的难处。

4.加工与库存管理结合

有些企业为及时地将按照订单生产出来的物品配送到用户手中,通过物品的在途运输和流通加工,减少库存。企业可以通过采用标准的零库存供应运作模式和合理的配送制度,使物品在运输中实现储存,从而减少库存。

(五)流通加工包装技术

1.包装材质

(1)纸质包装材料。纸质包装材料是包装行业中最为广泛的一种材料。其成本经济、加工方便,适合大批量生产,易成型和易折叠,材料本身也适于精美印刷。流通加工应用的纸质包装材质包括白纸板、黄纸板、瓦楞纸板、铝箔纸、铜版纸、牛皮纸、玻璃纸、蜡纸、过滤纸等。

(2)塑料包装材料。塑料是一种人工合成的高级材料,属于天然纤维构成的高分子材料,与纸张不同。由于配料成分和聚合方式不同,以及加工环境、条件、方法不同,生产出的塑料产品性能、种类也不同。按照包装形式的不同,可分为塑料薄膜、塑料容器两大类。

(3)金属包装材料。金属包装具有密封性好,可以隔绝空气、光线、水汽的进入和气味的散出,抗撞击性能高等特点。随着印铁技术的发展,金属包装的外观也越来漂亮,呈现出艺术化发展的趋势。金属包装材料有白铁皮、铝材等形式。

(4)玻璃包装材料。玻璃的主要原料是天然矿石、石英石、烧碱、石灰石等,它具有高度的透明性及抗腐蚀性。玻璃制造工艺简单,造型自由多变,硬度大、耐高温、易清理,也可以反复使用,主要用于酒类、油类、饮料、调味品、化妆品、液态化工产品的包装。它的缺点是重量大、不耐冲击、运输存储成本高等。

(5)其他包装材料。除了以上四种主要应用的包装材料以外,木材、陶瓷、纺织品、皮革、藤、竹等也常被用作包装材料,特别是在个性化包装设计中。例如竹子材料,质地精纯、柔雅亲和、纹理清晰、手感舒适,用做土特产的包装,不但丰富了产品和设计的艺术风格,而且在很大程度上提升了人们的审美观念和环保意识,以材质美感来突显商品的民族特色和文化品位。

为商品包装选择包装材料时,应遵循适用、经济、美观、方便、科学的原则,选用那些保护性好、安全性高,且取材方便、易于加工、易于回收、经济环保的材料。

2.流通加工包装类型

(1)防震荡的以填充为主。材料有珍珠棉、PVC型材、海绵、泡沫塑料、气泡袋,各种材料制作的固定板、彩盒,纸箱也要加厚并作摔打测试,不同的物品、不同的出货地,都会根据情况而定。例如:纸箱,包装小电子礼品,出口国外一般国家(特殊国家有特殊要求),常规要求接口处一定要用胶水贴合,不可见铁钉铁扣,体积和重量要和唛头相符包装好之后要摔打测试,看材料是否过关,否则后果是无法想象的。

(2)保护外观。有胶袋、珍珠棉、PVC薄膜、贴纸、吸塑、盒子、纸箱,大的类别又分很多小的类别,应用和特点全都会不同。例如胶袋可防止物品在包装运输时会来回摩擦刮花表面,薄膜和贴纸多用于保护玻璃镜片,以免影响功能。

(3)其他类型。还有很多,比如打包带,是为了避免箱子爆开,物品外露;分机打带和手打带,机打带靠机器热压接口,手打带是靠一个铁片接口连接用钳子夹紧。

3.包装技术

(1)普通包装技术。包括合理置放、固定、加固内装物;压缩蓬松产品;合理选择外包装的形状尺寸;包装外的捆扎;打包;收缩薄膜;拉伸薄膜包装等技术。

(2)防震包装技术。包括全面缓冲包装技术、现场发泡缓冲包装技术、部分缓冲包装方法、悬浮式缓冲包装方法等。

(3)防潮包装技术。采用不通湿气的包装材料。

(4)防破损包装技术。包括缓冲包装、捆扎及裹进技术、集装技术等。

(5)防锈包装技术。包装时需控制作业场所的温湿度。

(6)防霉腐包装技术。包括填充、装放、瓶装;封口、捆扎、包裹,加标签;检斤等。

(7)防虫包装技术。使用驱虫剂,在包装中放入一些毒性和臭味的药物,利用药物在包装中挥发气体灭杀和驱除各种害虫。

(8)真空和充气包装技术。有些肉类食品及易氧化变质商品可采用真空包装技术,能减少脂肪氧化和抑制细菌生长;有些食品加工厂采用充气(二氧化碳、氧气)包装技术,防止物品的变质、发霉,从而抑制氧化,实现商品保鲜。

4.常见流通加工包装业务

(1)根据客户的需求,将大包装换成小包装,将小包装合成大包装,不改变事物的本质特性,针对国内外厂商的大包装商品或散装商品,以计量包装方式改为商品的销售包装。如大瓶或散装的液体或粉末可进行分装,也可根据需要将长材变成短材。小包装分装的一般流程:准备包装材料及商品—计量—充填—封口—放入纸箱内—封箱。

(2)贴改标签、改换包装,包括贴中文说明标签和价格标签等。如从商场退回的衣服,可在仓库或配送中心重新分类、整理、改换价签和包装,进行简单的加工作业。一般流程为:搬包装纸箱—切开纸箱—改换包装—贴标签—放回托盘。

(3)进行礼盒包装,如补酒礼盒、南北货礼盒、食品礼盒等。其流程为:准备包装材料及商品—拿出礼盒—放入商品—热收缩—封盖、贴价格标签、装箱—封箱。

(4)装潢商品。例如对书籍的加工作业,包括简单的装帧、套书壳、拴书签以及退书的重新整理、复原等。

(5)组装零配件。一些产品采取整车运输、保管和包装,费用多、难度大、装载率低,但这类产品装配简单,不必进行精密调试和检测,故可以将同类部件装箱,批量运输和存放,在商店出售前现场组装。如自行车和助力车等,另外一些产品如电脑散件,也可根据订单组装成不同的配置。

(6)为促销而搭配商品的包装。把某些商品按促销要求组合用热收缩塑料包装材料固定在一起。常用的薄膜收缩温度范围为 $88\sim149℃$ 。其流程为:打开纸箱—取出商品—套热收缩塑料袋—封口、热收缩—贴价格标签—放入纸箱内—封箱。

(7)配制加工,例如从产地批量地将葡萄酒原液至消费地进行配制、装瓶、贴商标、包装后出售,可节约运费,又安全保险,以较低的成本,卖出较高的价格,增加附加值大。另外配餐员也可根据不同的顾客,配置不同的营养餐。

(8)定量成型。将蔬菜水果冲洗、切割、过秤、装袋。

(9)将一个商品分拆成散件。

案例解析

1.拣货作业方案

(1)订单有效性分析

①确认商品品名、数量和日期,并核对订单。经分析,均为有效订单。

②确认订单形态,并核对订单数量和库存数量。经分析,订单形态均无误。核对订单数量和库存数量,由于娃哈哈矿泉水库存不足,无法满足三家客户的需求。根据客户优先权进行选择配送。

③确认订单价格,并核对订单。经分析,均为有效订单

④确认订单授信额度,见下表。

授信额度表

客户名称	本次订单金额	应收账款	累计应收账款	信用额度	是否超过信用额度	客户类型	订单是否有效
德福超市	2950	86000	88950	150000	否	普通	有效
厦顺超市	2700	105000	107700	200000	否	普通	有效
悦海超市	2620	498000	500620	500000	是	母公司	有效
优八超市	2840	148000	150840	150000	是	普通	无效

经分析,悦海超市、优八超市的应收账款超过信用额度,但悦海超市为母公司,不受信用额度影响,所以优八超市的订单为无效订单,其余三家为有效订单。

⑤锁定无效订单,见下表。

无效订单表

客户名称	无效的原因	处理结果	主管签字	日期
优八超市	累计应收账款超过信用额度	无效订单	张三	2015.3.3

(2)客户优先权分析

①现有库存对比分析,见下表。

库存对比表

商品名称	客户名称			现有库存	需求数量	预计剩余数量
	德福超市	厦顺超市	悦海超市			
可口可乐	7	4	3	39	14	25
美汁源果粒橙	2	4	5	24	11	13
椰树牌椰汁	0	2	2	22	4	18
娃哈哈矿泉水	4	3	4	10	11	—1
康师傅冰红茶	5	0	5	20	10	10
康师傅茉莉清茶	0	4	3	20	7	13
康师傅冰糖雪梨	6	4	0	20	10	10
磨砂小碗	3	4	0	12	7	5
橙色无柄杯托	4	4	4	18	12	6
橙色有柄杯托	4	5	0	18	9	9
蓝色无柄杯托	5	0	3	22	8	14
绿色有柄杯托	3	0	0	8	3	5
绿色无柄杯托	0	3	2	19	5	14
皂盒	2	1	2	6	5	1
香皂盒	0	2	1	10	3	7
果蔬箩	3	3	2	12	8	4

根据现有库存对比分析结果,发现娃哈哈矿泉水库存数量不足,因此需要进行客

户优先权分析。

②客户优先权分析。

根据客户类型、客户满意度、忠诚度、信誉度等四个指标综合评价,确定客户优先权,并分配娃哈哈矿泉水,见下表。

客户名称	忠诚度	满意度	客户类型	客户级别	优先权	娃哈哈矿泉水需求数	娃哈哈矿泉水分配数
德福超市	一般	一般	普通型	C	第三	4	3
厦顺超市	高	一般	普通型	B	第二	3	3
悦海超市	高	高	母公司	A	第一	4	4

(3)库存分配计划(见下表)

库存分配表

商品名称	客户名称			现有库存	需求数量	库存剩余数量
	德福超市	厦顺超市	悦海超市			
可口可乐	7	4	3	39	14	25
美汁源果粒橙	2	4	5	24	11	13
椰树牌椰汁	0	2	2	22	4	18
娃哈哈矿泉水	4	3	3	10	10	0
康师傅冰红茶	5	0	5	20	10	10
康师傅茉莉清茶	0	4	3	20	7	13
康师傅冰糖雪梨	6	4	0	20	10	10
磨砂小碗	3	4	0	12	7	5
橙色无柄杯托	4	4	4	18	12	6
橙色有柄杯托	4	5	0	18	9	9
蓝色无柄杯托	5	0	3	22	8	14
绿色有柄杯托	3	0	0	8	3	5
绿色无柄杯托	0	3	2	19	5	14
皂盒	2	1	2	6	5	1
香皂盒	0	2	1	10	3	7
果蔬箩	3	3	2	12	8	4

4.拣选作业计划

①重型货架拣选单,见下表。

重型货架拣选单

拣选单编号	××××	拣选人签字	张三	
拣选日期	2015.3.4	审核人签字	王五	
货品名称	德福超市	厦顺超市	悦海超市	拣选数量
可口可乐	7	4	3	14
美汁源果粒橙	2	4	5	11
椰树牌椰汁	0	2	2	4
娃哈哈矿泉水	3	3	4	10

②电子标签拣选单,见下表

电子标签拣选单

拣选单编号	××××	拣选人签字	李四	
拣选日期	2015.3.4	审核人签字	王五	
货品名称	德福超市	厦顺超市	悦海超市	拣选数量
磨砂小碗	3	4	0	7
橙色无柄杯托	4	4	4	12
橙色有柄杯托	4	5	0	9
蓝色无柄杯托	5	0	3	8
绿色有柄杯托	3	0	0	3
绿色无柄杯托	0	3	2	5
皂盒	2	1	2	5
香皂盒	0	2	1	3
果蔬箩	3	3	2	8

③重型货架散货区拣选单,见下表。

重型货架散货区拣选单

拣选单编号	××××	拣选人签字	李四	
拣选日期	2015.3.4	审核人签字	王五	
货品名称	德福超市	厦顺超市	悦海超市	拣选数量
康师傅冰红茶	5	0	5	10
康师傅茉莉清茶	0	4	3	7
康师傅冰糖雪梨	6	4	0	10

2.拣选作业

(1)生成出库计划

信息员点击进入仓储管理大赛软件主界面,点击【出库管理出库计划】进入出库计划页面,选中出库任务单点击【出库计划】按钮,进入出库任务单页面,点击【选择】选择包装类型,分配完成后点击【下一步】,包装完成后点击确定,进入仓位分配页面,进入各种类型仓库出库,分配完成后点击【下一步】,进入各种类型仓库出库。

(2)重型货架拣选作业

理货员和仓管员按拣选单内容执行拣选出库作业,并将货物搬运至月台,按指定的客户位置分货。同时,信息员在电脑主界面点击【出库管理/重型货架拣货】,进入拣货作业单列表页面,选择一个拣货作业单:点击【拣选】按钮,进入拣货作业页面。然后,进入RF手持主页面,单击【出库作业】按钮,进入出库单列表页面,选择【待拣货的出库单】,点击【拣货】按钮,输入仓位条码、货品条码、数量,选择【已配货的出库单】,点击【提交拣选】按钮,点【OK】完成。

(3)电子标签拣选作业

信息员点击【出库管理/立体与电子标签拣货】,进入拣货作业单列表页面,选择一个拣货作业单,点击【拣选】按钮,进入拣货作业页面,拣货完成后点击添加【周转箱】,完成后点击【发送】按钮,将单据发送。发送成功后,理货员到RF手持完成周转箱确认,输入周转箱号后点击确认将电子标签点亮,然后按照电子标签显示的数字进行拣货。按照每一个标签显示的数量拣取完成以后,拍一下旁边的按钮熄灭数字,等所有的电子标签全部拣取之后再拍一下总按钮,将完成数据反馈至系统。理货员将拣选的商品放入带盖周转箱,用手推车推至月台,按指定的客户位置分货。

(4)重型货架散货区拣选作业

信息员点击【出库管理/重型货架(散货)播种】进入页面,选择状态是"拣货完毕"的单据,点击【播种】,进入重型货架播种到拣货台车页面,选择完仓库和播种柜号后,理货员在拣货台车上登录进入主页面,将客户订单与拣货台车中的仓位进行对应,代表该订单的货品要被播种到这个仓位。确定后,系统自动将拣货单中的第一个货品列出,并且将所在的散货区仓位列出,提示要从散货区的哪个仓位拣货、数量是多少。红色代表可以选择的仓位,选中红色区域后,提示用扫描枪对拣出的货品进行扫描,此时理货员用扫描枪扫描该货品,此时拣货台车的电子标签会亮,理货员按照提示的数量往里面播种,播种完以后,按灭标签后,回到该页面按【确认】按钮,接着进行下一个货品的拣货。

不断重复以上步骤,直到所有货品播种完成,最后页面会提示本次拣货所对应的客户名称和对应的播种柜号。然后理货员将拣货台车推至月台,按指定的客户位置分货。

(5)月台核对

三种货架的货物全部拣选完成以后,由仓管员和理货员按照打印的拣选单共同核对月台三家客户的货物名称和数量。

学习小结

拣货出库作业是配送管理过程的主要环节,配送中心在接到客户订单以后,就开始了订单处理、拣货、配货、流通加工等一系列作业,在这个阶段要做好这些作业环节的合理化管理。

学习要求

1.掌握订单处理作业操作和管理流程;

2.了解拣货作业的功能和信息传递方式;

3.掌握几种不同的拣货作业方式和拣货策略;

4.掌握配货作业操作流程;

5.了解流通加工的基本作业内容及其合理化管理措施。

学习时间

建议教学课时为 12 学时。

学习方法

任务驱动法、实操性学习法、模仿性学习法、系统性学习法、多媒体手段学习法、求同存异学习法、举一反三学习法等。

学习环境

1.书面教材。

2.多媒体网络资源(视频、动画、案例)。

3.计算机设备和软件(诺思仓储技能大赛软件)。

4.出库作业实训设备(货物、托盘、地牛、堆高机、货架、RF 手持、拣货台车等)。

评价标准

1.能掌握订单处理作业操作和管理流程;

2.了解拣货作业的功能和信息传递方式;

3.能掌握主要的拣货作业方式和拣货策略;

4.能掌握配货作业操作流程;

5.了解流通加工的基本作业内容及其合理化管理措施。

学习情境五

◆送货及退货作业管理◆

新中仑物流公司的某配送中心 P 将于 2018 年 3 月 5 日向德福超市（A）、厦顺超市（B）、悦海超市（C）、优八超市（D）、新华都超市（E）、乐购超市（F）、家乐福超市（G）、大润发超市（H）、沃尔玛超市（I）等 9 家超市配送货物。各超市配送里程和配送量见下图：

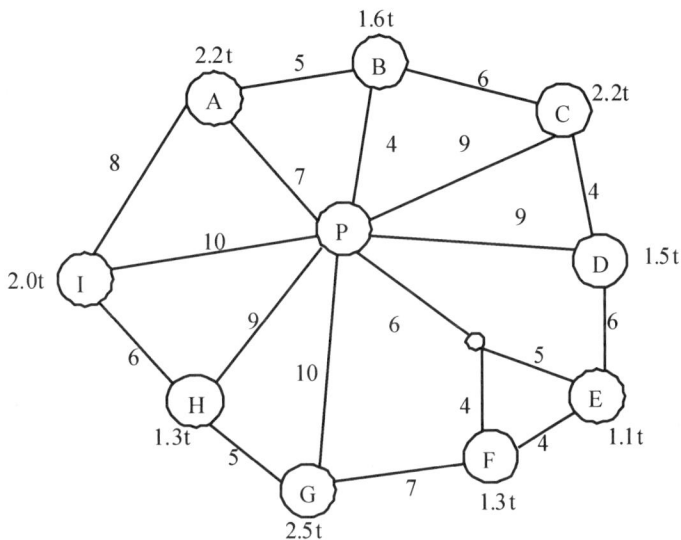

配送图

图中各连线上的数字表示公路里程(km)。靠近各超市的数字,表示各超市对货物的需求量(t)。配送中心备有 4t 和 6t 载重量的汽车可供使用,且汽车一次巡回(顺时针方向)走行里程不能超过 35km。设送到时间均符合用户要求,请试用节约里程法制订最优的配送方案。

任务一　配送线路优化设计

一、配送线路优化

(一)配送线路优化的意义

配送路线合理与否对配送速度、成本、效益影响很大,配送路线的优化设计对合理快速的配送起很关键的作用。

(二)配送路线确定的原则

(1)效益最高。这种目标是指以企业的利润值尽可能大为目标。选择以效益最高为目标主要考虑的是当前效益,同时也兼顾长远效益。由于效益是企业各项经济活动的综合反映,单纯与配送路线建立联系并不能客观真实反映对效益的确切影响,因此一般很少采用这一目标。

(2)成本最低。配送路线与配送成本之间有密切的关系,计算配送路线的送货成本相对效益目标而言相对简化,具有可操作性,是比较实用且常用的选择目标。

(3)路程最短。

(4)吨公里最小。

(5)准时性最高。

(6)运力运用最合理。

(7)劳动消耗最低。

从以上几个目标来看,路程最短、吨公里最小、劳动消耗最低都直接与成本相关,而准时性最高、运力运用最合理两项也间接地与成本有联系,且由于成本的降低最终也影响到效益目标的实现,以成本为目标与以效益为目标事实上是相辅相成的,成本控制在配送路线的选择与确定工作中占有核心地位。

(三)配送路线优化的约束条件

在配送路线选择时,一般有以下几个约束条件:

(1)满足所有收货人对货物品种、规格以及数量的要求;

(2)满足收货人对货物发到时间范围的要求;

(3)在允许通行的时间内进行配送,各配送路线的货物量不得超过车辆容积和载重量的限制;

(4)在已有送货运力资源允许的范围内。

二、配送线路优化方法

根据送货作业的实际情况,送货业务中最多出现的是以下两种情况:从单个配送中心向单个客户往返送货及从单个配送中心向多个客户循环送货后返回。这两种情况的配送线路最短路线设计可以归结为两类问题,即两点间最短路问题和单起点多回路最短路线问题。

(一)两点间最短路问题

在配送线路设计中,当配送的起点和终点都只有一个,即由一个配送中心向一个特定的客户进行专门送货时。这种配送的重点在于节省时间、多装快跑,提供送货的时间准确性,需要计算配送中心与每个客户的最短距离路线。这些问题可以归结为配送线路优化设计时寻求两点间的最短路径问题。

(二)单起点多回路最短路线问题

配送中心向多个客户送货时,如果每家客户收货量比较大并且车辆载重受限,那么一条线路很难为所有客户送货,因此需要设计数条送货线路,每条线路为某几个客户送货。在每天送货线路上,送货车辆装载这条线路上所有客户货物的总量不能大于车辆的额定载重量,而且车辆在这条线路上每次运行的总里程不能超过配送线路的合理限度。解决这类问题的方法最常用的方法是"节约里程法"。

1.节约里程法的基本原理

节约里程法核心思想是依次将运输问题中的两个回路合并为一个回路,每次使合并后的总运输距离减小的幅度最大,直到达到一辆车的装载限制时,再进行下一辆车的优化。优化过程分为并行方式和串行方式两种。

假如一家配送中心(P)向两个客户 A、B 送货,配送中心到两客户的最短距离分别是 a 和 b,A 和 B 间的最短距离为 c,如图 5-1 所示。如果配送中心分别送货,那么需要两个车次,总路程为:$L_1 = 2(a+b)$。

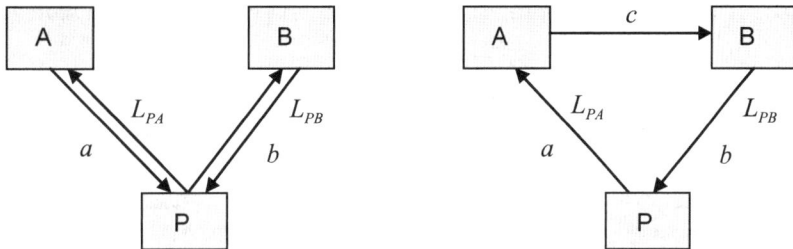

图 5-1 配送中心送货到两个客户的两种形式

如果改用一辆车对两客户进行巡回送货,则只需一个车次,行走的总路程为:$L_2 = a+b+c$。

由三角形的性质我们知道:$c < a+b$,所以第二次的配送方案明显优于第一种,且行走总路程节约:$\Delta L = a+b-c$

如果配送中心的送货范围内还存在着 $3,4,5,\cdots,n$ 个用户,在运载车辆载重和体积都允许的情况下,可将它们按着节约路程的大小依次连入巡回线路,直至满载为止,余下的用户可用同样方法确定巡回路线,另外派车。

2.实例分析

由配送中心 P 向 A→I 等 9 个用户配送货物,如图 5-2 所示。图中连线上的数字表示公路里程(km);靠近各用户括号内的数字,表示各用户对货物的需求量(t)。配送中心备有2 t和4 t载重量的汽车,且汽车一次巡回走行里程不能超过35 km,设送达时间均符合用户要求,求该配送中心的最优送货方案。

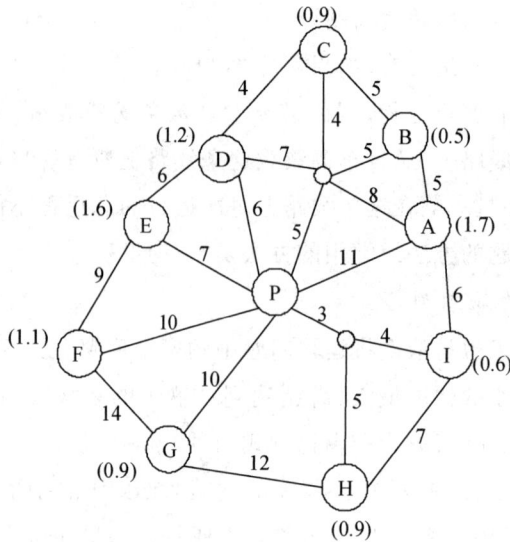

图 5-2　配送路线图

第一步：计算配送中心至各用户以及各用户之间的最短距离，得最短距离，如表 5-1 所示。

表 5-1　**最短距离表**

	P	A	B	C	D	E	F	G	H	I
P		11	10	9	6	7	10	10	8	7
A			5	10	14	18	21	21	13	6
B				5	9	15	20	20	18	11
C					4	10	19	19	17	16
D						6	15	16	14	13
E							9	17	15	14
F								14	18	17
G									12	17
H										7
I										

第二步：由最短距离表，利用节约法计算出各用户之间的节约里程，编制节约里程表：

A→B：$L_A + L_B - L_{AB} = 11 + 10 - 5 = 16$

A→C：$L_A + L_C - L_{AC} = 11 + 9 - 10 = 10$

A→D：$L_A + L_D - L_{AD} = 11 + 6 - 14 = 3$

A→E：$L_A + L_E - L_{AE} = 11 + 7 - 18 = 0$

A→F：$L_A + L_F - L_{AF} = 11 + 10 - 21 = 0$

A→G：$L_A + L_G - L_{AG} = 11 + 10 - 21 = 0$

……

得到节约里程表，如表 5-2 所示。

表 5-2　节约里程表

	A	B	C	D	E	F	G	H	I
A		16	10	3	0	0	0	6	12
B			14	7	2	0	0	0	6
C				11	6	0	0	0	0
D					7	1	0	0	0
E						8	0	0	0
F							6	0	0
G								6	0
H									8
I									

第三步:根据节约里程表中节约里程多少的顺序,由大到小排列,编制节约里程顺序表,如表 5-3 所示,以便尽量使节约里程最多的点组合装车配送。

表 5-3　节约里程顺序表

顺序	里程	节约里程	顺序	里程	节约里程	顺序	里程	节约里程
1	A→B	16	6	H→I	8	10	F→G	6
2	B→C	14	8	B→D	7	10	G→H	6
3	A→I	12	8	D→E	7	15	A→D	3
4	C→D	11	10	A→H	6	16	B→E	2
5	A→C	10	10	B→I	6	17	D→F	1
6	E→F	8	10	C→E	6			

第四步:根据节约里程顺序表和配送中心的约束条件,绘制配送路线。其具体步骤如下:首先选择最节约里程的路段(A→B),然后是(B→C)、(A→I),此时客户需求量之和是3.7 t,走行32 km,由于配送路线必须包含 P,且每条循环路线上的客户需求量之和要小于4 t,里程之和小于35 km,所以第一条路径 A 为(P→I→A→B→C→P),由于 I、A、B、C 这四个点已经选出,所以接下来在上表中将含有这四个点的路段全部划掉;以此类推,在剩下的路段中继续选择最节约里程的路段(E→F)和(D→E),此时客户需求量之和是3.9 t,走行31 km,所以第二条路径 B 为(P→D→E→F→P),同样地,在上表中划掉含有 D、E、F 这三个点的路段;同理,第三条路径 C 为(P→G→H),由于这两个客户需求量之和只有1.8 t,所以这条路径用2 t车即可。

根据节约里程排序表和配车(车辆的载重和容积因素)、车辆行驶里程等约束条件,渐进绘出配送路径,如图 5-3 所示。

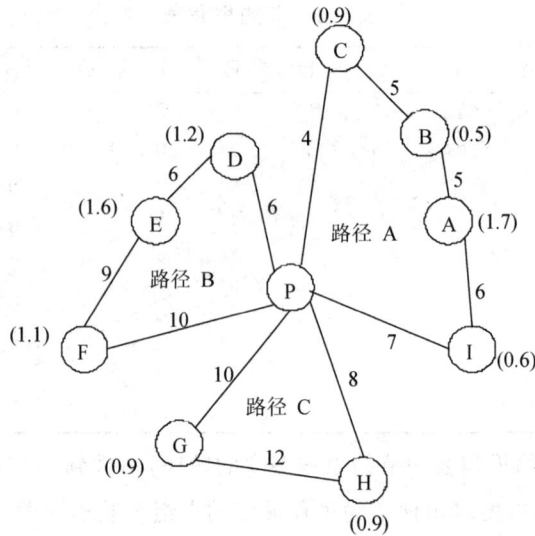

图 5-3　最优配送路径

此时,获得最优路径是:(1)路径 A:4 t 车,走行 32 km,载重量 3.7 t;(2)路径 B:4 t 车,走行 31 km,载重量 3.9 t;(3)路径 C:2 t 车,走行 30 km,载重量 1.8 t。总共走行里程 93 km,共节约里程(16+14+12)+(8+7)+6＝63 km。

3.节约里程法的优缺点分析

(1)优点:节约法是一种简便、易行的方法,一方面体现出优化运输过程,与一般方法相比缩短了运输路程;另一方面,它也体现了物流配送网络的优势,实现了企业物流活动的整合,而且思路简单清晰、便于执行。

(2)缺点:首先,利用节约法选择配送路线过于强调节约路程,而没考虑行程中的时间因素,在许多情况下,时间更能决定物流配送的成本与服务质量;其次,利用节约法选择配送路线不能对客户的需求进行灵活多变的处理。节约法更适合需求稳定或需求时间不紧迫的情况,这显然不能满足现代多变的市场需求。

4.节约里程法的改进建议

节约法计算的配送路线不一定是最短路径,原因是节约里程法一方面要缩短总路程,另一方面又要充分利用车辆的运输空间(载重/容积)减少配送车次,而且只要在前一条预设路线上运行的配送车辆的运输空间允许,就必须按着节约路程的大小顺序进行选择而不考虑其他的预设路线。事实上选择的路线并不能"节约"路程和有效利用运输空间,而且运输的车次也不一定减少,并且配送的总体过程实际上还会受商品分拣、装卸、搬运设备和货物组装的共同影响。

应用节约里程法要做到深入了解客户,加强与客户的信息交流;通过对客户需求的时间变化对其进行分类,以增加配送的灵活性;路线决策过程中实施多路线同步决策。节约里程法的实施过程,要综合考虑路程长短和时间因素。

任务二　车辆调度与配载

一、车辆调度

(一)车辆来源

在保证配送运输质量的前提下,配送中心是组建自营车队,还是以外雇车为主,则须视经营成本而定。一般情况下,外雇车辆的运送费用是随着运输量的增加而增加的,当运输量较小时,外雇车辆费用小于自有车辆费用,应选用外雇车辆;当运输量较大时,外雇车辆费用大于自有车辆费用,应选用自有车辆。但无论自有车辆还是外雇车辆,都必须事先掌握有哪些车辆可供调派并符合要求,即这些车辆的容量和额定载重是否满足要求。配送中心一般都拥有自己的车队和专职司机,在配送任务正常的情况下,配送中心利用自营车队配送;在配送旺季,配送任务量特别大时,配送中心可租用外雇车辆进行配送。为保证车辆和司机的合理安排,配送中心车辆调度作业尤为重要。

(二)车辆调度作业的作用

车辆调度作业是为了保证配送任务按期完成,能及时了解配送任务的执行情况,促进配送及相关作业的有序进行,并实现最小的运力投入。

(三)车辆调度的基本原则

车辆调度应遵循以下几个基本原则:

(1)统一领导、分级管理、分工负责的原则;

(2)从全局出发,局部服从全局的原则;

(3)以均衡和超额完成配送任务为出发点的原则;

(4)最低运力投入和获得最大效益的原则。

(四)车辆调度方法

常用的车辆调度方法包括定向专车运行调度法、循环调度法、交叉调度法等,经验调度法、运输定额比法等传统调度方法,以及线性规划、智能算法等现代运筹学优化调度方法。

(五)车辆调度查验

由于送货车辆经常变换,尤其是外雇车辆,司机流动也比较频繁,所以为确保送货车辆作业的安全,调度管理人员必须在送货车辆调度时进行例行查验,查验内容包括机动车驾驶证、机动车行驶证、道路运输证、运行车辆完好证明、相关人员从业资格证、是否超限超载等。

二、车辆配载

配送路线确定以后,线路的确定意味着送货次序的确定,也意味着货物装车顺序的确定。一般情况下,知道了客户的送货次序之后,只要将货物按照后送先装的顺序装车即可。但实际上,由于配送的货物属性不同、种类不同,对装卸、受力、防震等有不同的要求,而且其比重、体积及包装形式各异。因此,在装车时,需要合理安排、科学装车,既要考虑车辆的载重量,又要考虑车辆的容积,使车辆的载重量和容积都能得到有效的利用,同时又便于装卸,不会损坏货物。车辆配载就是要在充分保证货物质量和数量完好的前提下,尽可能提高车辆在容积和载重量两方面的利用率,以充分发挥运能、节省运力、降低配送费用。

(一)配载的原则

车辆配载要解决的是如何将货物装车,按什么顺序装车的问题。为了有效利用车辆的容积和载重量,还要考虑货物的性质、形状、重量和体积等因素进行具体安排,一般要遵循以下几个原则:

(1)轻重、大小搭配的原则;

(2)重不压轻、大不压小的原则;

(3)货物性质搭配原则;

(4)到达同一地点的适合配装的货物应尽可能一次装载;

(5)确定合理的堆码层次及方法;

(6)装载时不允许超过车辆所允许的最大载重量;

(7)装载易滚动的卷状、桶状货物,要垂直摆放;

(8)货与货之间,货与车辆之间应留有空隙并适当衬垫,防止货损;

(9)装货完毕,应在门端处采取适当的稳固措施,以防开门卸货时,货物倾倒造成货损;

(10)尽量做到"后送先装"。

(二)提高车辆装载效率的方法

1.研究各类车厢的装载标准

根据不同货物和不同包装体积的要求,合理安排装载顺序,努力提高装载技术和操作水平,力求装足车辆核定吨位。

2.调派适宜车型

根据客户所需要的货物品种和数量,调派适宜的车型承运,这就要求配送中心根据经营商品的特性,配备合适的车型结构。

3.尽可能拼装

凡是可以拼装运输的,尽可能拼装运输,但要注意防止差错。

(三)配载装卸的基本要求

装载卸载总的要求是"省力、节能、减少损失、快速、低成本",具体要求是:

(1)装车前应对车厢进行检查和清扫。因货物性质不同,装车前需对车辆进行清洗、消毒,必须达到规定要求。

(2)确定最恰当的装卸方式。在装卸过程中,应尽量减少或根本不消耗装卸的动力,利用货物本身的重量进行装卸。如利用滑板、滑槽等。同时应考虑货物的性质及包装,选择最适当的装卸方法,以保证货物的完好。

(3)合理配置和使用装卸机具。根据工艺方案科学地选择并将装卸机具按一定的流程合理地布局,以达到搬运装卸的路径最短。

(4)力求减少装卸次数。物流过程中,发生货损货差的主要环节是装卸,而在整个物流过程中,装卸作业又是反复进行的,从发生的频数来看,超过其他环节。装卸作业环节不仅不增加货物的价值和使用价值,反而有可能增加货物破损的概率和延缓整个物流作业的速度,从而增加物流成本。

(5)防止货物装卸时的混杂、散落、漏损、砸撞。特别要注意有毒货物不得与食用类货物混装,性质相抵触的货物不能混装。

(6)装车的货物应数量准确,捆扎牢靠,做好防丢措施;卸货时应清点准确,码放、堆放整齐,标志向外,箭头向上。

(7)提高货物集装化或散装化作业水平。成件货物集装化,粉粒状货物散装化是提高作业效率的重要手段。所以,成件货物应尽可能集装成托盘系列、集装箱、货捆、货架、网袋等货物单元再进行装卸作业。各种粉粒状货物尽可能采用散装化作业,直接装入专用车、船、库。不宜大量化的粉粒状也可装入专用托盘、集装箱、集装袋内,提高货物活性指数,便于采用机械设备进行装卸作业。

(8)做好装卸现场组织工作。装卸现场的作业场地、进出口通道、作业流程、人机配置等布局设计应合理,使现有的和潜在的装卸能力被充分发挥或发掘出来。避免由于组织管理工作不当造成装卸现场拥挤、紊乱现象,以确保装卸工作的安全顺利完成。

(四)配载装卸的工作组织

1.制订合理的装卸工艺方案

用"就近装卸"方法或用"作业量最小"法。在进行装卸工艺方案设计时应该综合考虑,尽量减少"二次搬运"和"临时放置",使搬运装卸工作更合理。

2.提高装卸作业的连续性

装卸作业应按流水作业原则进行,工序间应合理衔接,必须进行换装作业的,应尽可能采用直接换装方式。

3.装卸地点相对集中或固定

装载、卸载地点相对集中,便于装卸作业的机械化、自动化,可以提高装卸效率。

4.力求装卸设施、工艺的标准化

为了促进物流各环节的协调,就要求装卸作业各工艺阶段间的工艺装备、设施与组织管理工作相互配合,尽可能减少因装卸环节造成的货损货差。

(五)绑扎

对件杂货或者其他装卸不牢固的货物,装车以后可作绑扎的稳固处理。

1.绑扎注意事项

绑扎时要注意绑扎端点要易于固定而且牢靠,可根据具体情况选择绑扎形式,还应注意绑扎的松紧度,避免货物或其外包装损坏。

2.绑扎的方法

绑扎可采用平行绑扎、垂直绑扎、相互交错绑扎等方法。

3.绑扎的形式

绑扎可采用单件捆绑、单元成组化捆绑、分层捆绑、分行捆绑和分列捆绑等形式。

任务三　送货作业管理

一、送货作业计划

送货作业需要与企业自身拥有的资源、运作能力相匹配。由于企业自身的能力和资源有限,而客户的需求存在多样性、多变性和复杂性,因此制订合理的送货作业计划是送货管理人员的主要工作内容。

送货人员需要预先对送货任务进行估计,对运送的货物种类、数量、去向、运货线路、车辆种类及载重、车辆趟次等,都要做出合理的计划安排。

(一)制订送货作业计划的主要依据

1.客户订单

一般客户订单对配送商品的品种、规格、数量、送货时间、送达地点、收货方式等都有要求。因此,客户订单是拟订运送计划的最基本依据。

2.客户分布、运输路线和距离

客户分布是指客户的地理位置分布,客户位置离配送中心的距离远近、配送中心到达客户收货地点的路径选择直接影响到送货成本。

3.配送货物的体积、形状、重量、性能和运输要求

配送货物的体积、形状、重量、性能和运输要求是决定运输方式、车辆种类、载重、容积、装卸设备的制约因素。

4.运输和装卸条件

运输道路交通状况、运达地点及其作业地理环境、装卸货时间、天气等对输送作业的效率也起相当大的制约作用。

(二)送货作业计划的主要内容

要按时间顺序排定用户所需商品的品种、规格、数量、送达时间、送达地点、送货车辆与人员等,首先要对客户所在地的具体位置作系统的统计,并作区域上的整体划分,再将每一客户包含在不同的基本送货区域中,以作为配送决策的基本参考。在区域划分的基础上再作弹性调整来安排送货顺序,根据客户订单的送货时间确定送货的先后次序。此外,还要选择配送距离短、配送时间短、配送成本低的路线,以及有些客户所在地点的环境对送货时间、车型等的特殊要求。例如,有些客户不在上午或晚上收货,有些道路在某高峰期实行特别的交通管制。

最终形成的送货计划应包括两部分:一份是一定时期内综合的送货作业计划表(见表5-4);另一份是依据综合送货作业计划制定的每一车次的单车作业计划单(见表5-5),该单交给送货司机执行,执行完毕交回。

表 5-4　送货作业计划表

日期	送货作业任务					车公里	吨公里
	起点	止点	送货距离	送货次数	货物名称		
效率指标	标记吨位	日行程	实载率	运量		计划完成率	
备注							

表 5-5　单车作业计划单

年　月　日

发货单位						
车号及车型						
送货点						
运行周期		发车时间		预计返回时间		
车辆运行动态		到达时间	到达地点	离开时间	货物情况	收货人签字
	第一站					
	第二站					
	第三站					
	第四站					
	第五站					
	第六站					
	第七站					
备注						
司机签名			调度员签名			

(三)送货作业计划的调整

由于送货作业过程情况复杂,在送货作业计划执行过程中,难免发生偏离计划要求的情况,而且涉及面较广。因此,必须进行详尽分析与系统检查,才能分清缘由采取有效措施消除干扰计划执行的不利因素,保证计划实施。一般干扰送货作业计划执行的影响因素主要包括以下几项:

(1)临时变更送货路线或交货地点;

(2)装卸工作如装卸机械故障、装卸停歇时间超过定额、办理业务手续意外拖延等;

(3)车辆运行或装卸效率提高、提前完成作业计划;

(4)车辆运行途中出现技术故障;

(5)行车人员工作无故缺勤、私自变更计划、不按规定时间收发车,以及违章驾驶造成技术故障和行车肇事;

(6)道路情况,如临时性桥断路阻、路桥施工、渡口停渡或待渡时间过长等;

(7)气候情况,如突然降雨、雪、大雾、冰雹,河流涨水,冰冻等意外发生。

为防止上述因素对运行作业计划的影响,除需积极加强进行预报预测之外,必须采取一定的措施及时进行补救与调整。在送货作业过程中,司机如遇到各种障碍应及时上报,以便管理人员及时调整变更计划。一旦作业计划被打乱,不能按原计划完成,计划人员应迅速做出变更及时调整并协调相关部门或人员采取适当措施,保证计划的顺利实施。

(四)送货作业监控

1.送货作业控制

送货作业需要控制的内容包括:

(1)监督和指导货物的配载装运过程;

(2)监控车辆按时出车;

(3)监控汽车按时到达装卸货地点;

(4)了解车辆完成计划的情况及不能完成计划的原因,并采取使之恢复正常工作的措施。

2.行驶作业记录管理

行驶作业记录管理主要有车辆行驶日报表管理方式、行车作业记录卡管理方式和行车记录器的管理方式。

3.行车作业人员考核

为了确保行车作业能按送货作业计划有效运行,需要对行车作业人员进行考核和管理。对行车作业人员进行考核的数据,可以通过驾驶成绩报告书、送货人员出勤日报表来反馈。

二、送货作业服务

(一)送货前检查

1.检查的内容

对拣取的商品依客户、车次等产品编号进行核对,并根据有关信息对商品质量和数量进行核对,对产品状态及质量进行检查。

2.检查的依据

以客户订单和其他出货凭证为依据。

3.检查的目的

保证配送的商品数量准确、质量完好、包装完整、杜绝差错发生。

(二)送货作业

1.送货基本服务要求

(1)在客户规定的送达时间内完成送货;

(2)货物品种、数量要符合订单要求,尽量不出差错;

(3)送货途中遇到意外,货物不能按时送达时,要在第一时间与客户取得联系,与客户沟通协调;

(4)市内送货要避开城市交通管制时间,尽量选择在晚上或凌晨送货;

(5)客户订单的货物配齐后,尽可能采用笼车装载,方便装卸,减少货损货差,节约货物交接时间。

2.雨天送货注意事项

雨天送货应注意未雨绸缪,认真做好出车前检查,沉着冷静、小心应对突发情况,行驶当中一定要保持车距。要注意控制车速,保持行车稳定,防止车辆涉水陷车,持之以恒,悉心做好车辆保养,认真做好车况检查,提前处理发现的问题,确保第二天车辆的安全出行。

3.夏日高温送货的注意事项

夏日高温送货应注意合理调整送货时间,备好防护用品,送货车辆及时保养,并掌握一定的急救措施。

(三)送达服务

1.货物送达指定地点后的服务内容

货物送达客户指定地点后,应协助客户尽快卸货,在规定的时间内完成货物的交接和单据的交接,按有关协议完成货款的结算。当客户有退货请求时,要分清责任,接受退货后顺便将退货带回配送中心,客户周转包装箱也顺便带回配送中心。与客户沟通,及时了解客户需求,掌握客户需求动态,为下次配送提供依据。

2.客户签收货物的注意事项

(1)送货地点必须与合同中写明的送货地址一致;

(2)签收人签名时必须要与合同中指定的收货人一致;

(3)改变送货地址和签收人的,需要客户出具有公司公章的签收方式变更说明;

(4)合同指定签收人不在,他人代签收的,代签收人必须留下身份证号码;

(5)凡是以个人账户付款的用户,在签收货物时一定要出示有效身份证。

三、送货车辆返程

(一)送货车辆返程安排的必要性

由于配送的范围较小,大多数送货车辆返程都是空驶,不仅浪费了运力,也增加了配送成本。随着配送能力的增强,配送的范围在不断扩大,送货车辆返程空驶造成的浪费也越来越大,因此,合理安排送货车辆的返程,能降低配送中心的配送成本,提高配送效益。

(二)造成送货车辆返程空驶的原因

1.内部原因

配送中心内部车辆调度部门对送货车辆缺乏合理安排,这可能是调度员的责任心不强或调度水平较低的原因。

2.外部原因

配送中心的设置与各个客户点之间的平面布局不合理,这可能是客户分布较散、客户位置较偏僻等因素引起的。

(三)减少送货车辆返程空驶的措施

(1)当客户提出退货请求时,分清责任后,可将客户的退货顺便带回配送中心;

(2)顺便带回客户的周转包装箱、废弃物料;

(3)在客户所在地设立返程车辆联系点,顺带回头货,以收取的运费弥补运输成本,降低送货成本;

(4)顺便将沿途采购的商品带回配送中心,降低采购成本。

任务四　退货作业管理

一、退货管理

(一)商品退货

商品退货指是配送中心按配送合同将货物发出之后,由于某种原因客户将商品退回配送中心。商品退货会即时减少公司的营业额,降低利润,因此企业要检讨商品竞争力,了解导致商品退货的原因,加强营业管理,提高营运绩效。

(二)做好退货管理的意义

退货管理不论采取何种形式,其前提都是尽可能避免退货。退货管理的作用是显而易见的,通过良好的退货政策,公司对退货成本和客户服务水平进行平衡。

另外,在良好的退回检验控制下,公司对客户的退货授权进行检验,避免错误的、超越权限的退货,这样可以大大节约退货的数量和处理成本。

退货管理对退货进行集中管理,针对不同的货物采取不同的处理方式以获取最多的价值,同时,集中管理的方式也为退货处理提供了批量的优势,在价格上更有决定权。

实行退货管理的情况下,企业在退货中暴露出的产品质量问题,通过退货管理信息系统及时地传递到有关管理阶层,使得厂商更快的发现和解决问题,不断改进产品质量和服务质量,这样也可使分销商更早地发现有问题的厂商,减少可能造成退货出现的隐患。

(三)退货的一般原因

1.依照协议可以退货的情况

例如,连锁超市与供应商达成协议的代销商品、试销商品、季节性商品等。

2.搬运中损坏

由于包装的原因,货物在搬运中产生震动,造成商品损坏或包装破损等。

3.由于质量问题的退货

例如商品含量不达要求、数量不足等。

4.次品召回

由于商品在设计、制造过程中存在缺陷,在商品销售后,由用户或厂商自己发现重大缺陷,必须立即部分或全部召回,这种情况虽然不常发生,但却是不可避免的。

5.商品过期退回

有些商品有保质期限规定,例如日常食品、速冻食品等,与供应商有协定,有效期一过,就予以退货或换货。

6.商品错送退回

由于商品规格、条码、重量、数量等与订单不符,要退回(换货)。

常见的退货原因和退货处理办法见表5-6。

表5-6 退货的常见原因和处理办法

原因	处理办法	具体细则
按订单发货发生错误	无条件重新发货	(1)及时联系发货人,要求重新调整发货方案,收回错发的货物,重新按正确的订单发货,所有费用由发货人承担; (2)核查产生问题的原因,如订单错误、拣货错误、出货单贴错、装错车等,找到原因后应立即采取有效措施,如在常出错的地方增加控制点。
运输途中货物受到损坏	给予赔偿	(1)依据退货情况,由发货人确定所需的修理费用或赔偿金额,然后由运输单位负责赔偿; (2)重新研究包装材料的材质、包装方法和搬运过程中的各项装卸动作,找出真正的原因并加以改善。

续表

原因	处理办法	具体细则
客户订货有误	收取费用重新发货	(1)按客户新订单重新发货； (2)所产生的费用原则上由客户承担。
货物本身缺陷	重新发货或提供替代品	(1)物流公司接到退货通知后,应派车派工收回退货,并将被退货物集中的仓库退货处理区进行处理； (2)货物回收结束后,物流公司应督促发货方采取措施,用没有缺陷的同种商品或替代品重新向收货人发货。

(四)退货管理的原则

配送中心在处理客户的退货时,不管是"经销商的退货",还是"使用者的退货",都必须遵循一定的原则。

1.责任原则

商品发生退换货问题时,配送中心首先要确定产生问题的责任人,即是配送中心在配送时产生的问题,还是客户在使用时产生的问题。与此同时,配送中心还要鉴别产生的问题是否是由己方产生,从而制订出最佳的解决方案。

2.费用原则

进行商品的退货要消耗企业大量的人力、物力、财力。配送中心在实施退换商品时,除由配送中心自身原因导致的商品退换之外,通常需要对要求进行商品退换的客户加收一定的费用。

3.条件原则

配送中心应当事先决定接收何种程度的退货,或者在何种情况下接收退货,并且规定相应的时间作为退换期限。例如,决定仅在"不良品或商品损伤的情况下接收退货",或是"7天之内,保证退货还钱"等。

4.凭证原则

配送中心应规定客户以何种凭证作为退换商品的证明,并说明凭证得以有效使用的方法。

5.计价原则

退换货的计价原则与购物价格不同。配送中心应将退换货的作价方法进行说明,通常是取客户购进价与现行价的最低价进行结算。

二、退货作业流程

为规范商品的退换货工作,配送中心要制定一套符合企业标准流程作业的退货作业流程,以保证退货业务的顺利进行和规范商品的退换工作。退货作业流程如图 5-4 所示。

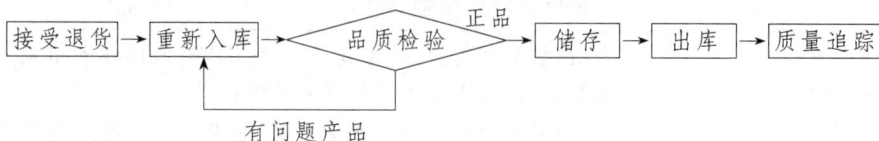

图 5-4　退货作业流程

(一)退货流程

1.接受退货

配送中心的销售部门接到客户传来的销货退回的信息后,要尽快将销货退回信息通知质量管理部门及市场部门,并主动会同质量管理部门人员确认退货的原因。

2.重新入库

对于客户退回的货品,配送中心的销售部门要进行初步的审核。通常配送中心受理客户提出退货的要求后,企业的信息系统根据相关信息即生成销货退回单。

3.重验货物品质

配送中心将客户退回的商品重新入库时,要通知有关管理部门按照新品入库验收标准对退回的商品进行新一轮的检查,以确认退回货品的品质状况。对符合标准的商品进行储存备用或分拣配送;对于客户退货的有问题商品,再清点数量与"销货退回单"标志相符后,将其贴以"拒收标签"标志后隔离存放。

4.退款估算

实施商品退换货虽然能满足客户的各种需要,但却给配送中心的日常配送工作带来不便,例如退换货打乱了已经制订完毕的购销计划,增加了配送车辆的安排,变更了分拣、备货等工作的具体环节,给配送中心的工作添加了许多变量。同时,由于销货和退货的时间不同,同一货物价格可能出现差异,同质不同价、同款不同价的问题时有发生,故配送中心的财务部门对再退货的发生要进行退回商品货款的估计,将退货商品的数量、销货时的商品单价及退货时的商品单价信息输入企业的信息系统,并依据销货退回单办理扣款业务。

5.质量管理部门的追踪处理

商品退货时,客户常常出现抱怨。质量管理部门应追踪销货退回的处理情况及成效,并将追查结果予以记录,并及时通知客户。与此同时,质量管理部门应冷静地接受客户抱怨,并抓住抱怨的重点,分析事情发生的原因,找出解决方案。在问题解决后,还要对客户加强后续服务,使客户对企业拥有良好的印象。最后,质量管理部门还要对客户抱怨以及销货退回处理状况进行储存,作为今后配送工作改善及查核的参考。

(二)退货清点

配送中心接到客户退货后,必须重新查点退回商品的数量与品质,确认所退货的种类、项目、名称是否与客户发货单的记载相同。

1.数量清点

退货商品到达配送中心后,接货入库的验货人员首先要检查退货商品的数量。由于配送中心的收货工作非常繁忙,通常会有多辆卡车同时到达,逐车验收很费时间,且送货车辆又不愿意久等,所以一般采取"先卸先验"的方法,即由卡车送货人员按不同的商品分别堆码托盘,验货员接过随货同行单据,用移动计算机终端或其他相应方法查阅核对实际数量与预报数量是否相符。多辆卡车同时卸车,先卸毕先验收,交叉进行,既可节省人力,又可加快验收速度,既可便利点验,又可防止出现差错。

验货人员在清点退货商品数量时,首先要注意商品的计量单位和细数,正确统计退货商品数量。"细数"是指商品包装内部的数量,如 1 盒与 1 箱,虽只差一字,因 1 箱有 24 盒,故实际数量相差 24 倍。其次要大体确定退货物品有无损伤,是否为商品的正常状态,若有异常,贴上标志,暂时隔离,等待进一步的品质清点。对易碎、流质商品卸车时,应采取"边卸边验"的方式,通过"听声音、看异状"等手段,若发现问题,分清责任。同时,配送中心在进行数量验收时,除了验收大件外,还需对散装、畸形零星等各种商品实施清点验收。

另外,进行退货商品数量验收时还要同步进行商品规格验收,即根据单据核对退回商品的品名、规格、数量。例如,对退回的洗衣粉核对品牌,同一品牌却不同规格的还要核对每小包的克数及包装区别。

2.品质清点

分清退回商品的品质并合理分配使用退回商品,是配送中心处理销货退回的重要内容。

(1)收货点验

在收货点验时,由于交货时间短和现场工作条件的限制,一般只能用"看"、"闻"、"听"、"摇"、"拍"、"摸"等感官检验方法,检验范围也只能是商品的包装外表。

(2)质量部门检验

企业质量检验部门在实验室里,利用各种仪器、器具和试剂做手段,运用物理、化学及生物学的方法,可对退回商品作进一步的品质检验。

(3)调整库存

销货退回的商品经清点后,配送中心要迅速调整库存量。在正常情况下,配送中心通过相应的库存管理,可以科学合理地控制库存的订购点、订购量和库存基准。当发生销货退回问题时,配送中心的库存有时会超出货品库存数量和最高界限,若配送中心不及时调整库存安排,将会冲击购销计划,增加库存成本,减低企业效益。因此,销货退回后,销售部门要尽快制作退货受理报告书,以作为商品入库和冲销销货额、应收账款的基础资料。财务人员据此报告书调整账面上的"应收账款余额"与"存货余额";备货人员据此报告书,重新调整购货计划及订购量,或暂时少进,或差额补缺,以保证库存商品数量科学合理,既能满足客户需求,又能保持合理的库存。

三、退货理赔

(一)理赔费用

对于易发生退换货的商品,配送中心的销售人员在执行销售合同过程中,往往根据经营商品的具体情况,统一给予经销商某一额度的理赔费用或补偿金,用于支付日常发生的商品退换损失。

理赔费用额度的确定,通常根据经销商的性质、规模,经营商品的性质、种类,经营风险的大小等因素来决定。

(二)理赔原则

1.及时原则

对于客户提出的退货要求,不管合理与否,配送中心一定要及时给予处理,及时了解情况,及时分析原因,及时提出解决方案,争取在最短的时间内达到客户的满意。

2.效益原则

退货对于交易双方来说都存在经济上的损失。为了将损失降低到最低程度,配送中心要积极、主动地提出解决问题的方法,缩短处理问题的时间,通过对问题的妥善解决,加强双方的进一步合作,从而推动双方获得更大的经济效益。

3.关系原则

配送中心在处理退货问题时,要本着与客户进行密切合作的态度,一切从维系交易双方的合作关系出发,利用关系营销的思想与手段,树立以客户为中心的经营理念,重承诺,守信用,与客户建立良好的交易关系。

(三)验收和退赔

对于经销商因商品质量缺损提出退回的商品,配送中心要经过验收,视不同情况区别对待。

1.故障机的处理

对于经销商退回的故障机,配送中心应立即通知机器的生产厂家进行修复处理,修复后退还经销商,原则上不予以更换,不予以退货。

2.故障品的处理

接收经销商退回故障货品后,配送中心应组织服务人员立即对其进行开箱检验,并在"接收清单"上详细记录检验结果。配送中心与经销商代表在"接收清单"上签字确认后,由经销商留存"接收清单"商家保管联的提货凭证,配送中心将故障品交由生产厂家处理。

故障品修复后,经销商凭"接收清单"保管联提回商品,并在备注栏注明"已归还"字样并签名。同时,配送中心还应计算出经销商应付的修理费用,并列出清单,由经销商支付费用。

(四)退赔商品的处理

若经销商提出退赔的商品无法修复,配送中心的销售部门要会同市场部门、财务部门及生产厂家进行审核,确认无误后,经有权审批人员签名和财务核实,按"商品退换货申请表"办理货物验收入库手续,同时填写"商品退换货验收情况表"。

(五)结算理赔费用

配送中心实施配送供应的经销商越多,发生的理赔问题就越多,需核准、结算的理赔项目和费用办理越繁杂。在执行销售合同时,虽然销售人员已将统一的理赔费用给予经销商,但是处于意料之外而需要理赔的项目依然较多,为了更好地与经销商合作,配送中心要定期与各经销商进行理赔费用的结算。

结算理赔费用时,配送中心要与经销商依据相应的指标来进行。结算理赔费用的指标主要有：

1.退赔数量

退赔数量即一定时期内实际发生的商品理赔退回数量,包括在保修期内免费维修的商品数量、超出保修期而维修的商品数量、无法维修全部或部分退货的商品数量。

2.退赔品种

退赔品种即一定时期内实际发生的商品理赔退回的商品品种类别。不同类别的商品,理赔额度不同,如工业品、生产资料单件品的理赔额度远高于一般日用品。

3.退赔期限

配送中心和经销商还要确定合理的退赔期限。既不要过长,以免理赔金额过大,影响经销商的资金周转;也不要过短,以免使双方频繁结算,占用大量时间,影响日常工作进度。

案例解析

用节约里程法优化

1.节约里程法的核心思想

节约里程法核心思想是依次将运输问题中的两个回路合并为一个回路,每次是合并后的总运输距离减小的幅度最大,直到达到一辆车的装载限制时,再进行下一辆车的优化。

2.配送中心到各客户及两两客户之间的距离矩阵表

距离矩阵表

	P	A	B	C	D	E	F	G	H	I
P	0	7	4	9	9	11	10	10	9	10
A	7	0	5	11	15	18	17	17	14	8
B	4	5	0	6	10	15	14	14	13	13
C	9	11	6	0	4	10	14	19	18	19
D	9	15	10	4	0	6	10	17	18	19
E	11	21	16	10	6	0	4	11	16	21
F	10	25	20	14	10	4	0	7	12	18
G	10	19	24	21	17	11	7	0	5	11
H	9	14	19	25	22	16	12	5	0	6
I	10	8	13	19	23	22	18	11	6	0

3.节约里程矩阵表

节约里程矩阵表

节约里程	B	C	D	E	F	G	H	I
A	6	5	1	0	0	0	2	9
B		7	3	0	0	0	0	1
C			14	10	5	0	0	0
D				14	9	2	0	0
E					17	10	4	0
F						13	7	2
G							14	9
H								13

4.计算出最优路线

由上述表格可计算最优路线,见下图。

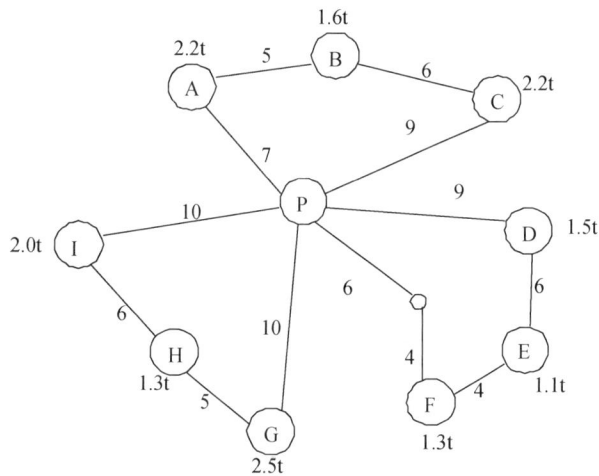

计算路线图

第一辆车配载线路:配送中心 P→A(德福超市)→B(厦顺超市)→C(悦海超市)→配送中心 P,行驶里程 27 公里,共计 6 吨,使用 6 吨的汽车,装载 3 家客户。

第二辆车配载线路:配送中心 P→D(优八超市)→E(新华都超市)→F(乐购超市)→配送中心 P,行驶里程 29 公里,共计 3.9 吨,使用 4 吨的汽车,装载 3 家客户。

第三辆车配载线路:配送中心 P→G(家乐福超市)→H(大润发超市)→I(沃尔玛超市)→配送中心 P,行驶里程 31 公里,共计 5.8 吨,使用 6 吨的汽车,装载 3 家客户。

三辆车共行驶 87 公里,原路线总路程 158 公里,节约 71 公里。

如配送时出现路障,应及时更改配送路线,选取最优的线路。

学习小结

拣货出库以后应进行送货作业,内容包括配送线路优化方、车辆调度、车辆配载、送编制货作业计划、退货作业操作。

学习要求

1.掌握配送线路优化方法;

2.了解车辆调度的原则与方法;

3.掌握车辆配载的原则和要求;

4.掌握送货作业计划的编制方法;

5.掌握退货作业操作流程。

学习时间

建议教学课时为 6 学时。

学习方法

任务驱动法、实操性学习法、模仿性学习法、系统性学习法、多媒体手段学习法、求同存异学习法、举一反三学习法等。

学习环境

1.书面教材。

2.多媒体网络资源(视频、动画、案例)。

3.计算机设备和软件(Excel 软件)。

学习情境六

◆ 仓储配送经营管理 ◆

厦门京泰物流有限公司主要经营各种食品、家用生活用品的储存、销售配送业务。配送中心拥有一座 3 层楼的库房,每层面积为 $2100m^2$(长 60 米,宽 35 米),配送车辆统一采用 5 吨厢式货车,日装卸处理最高达 40 车左右,平均量为 32 车左右。目前库房的使用率达 84%,尚有一些储位空缺。

2017 年 5 月 3 日,厦门市盛达进出口有限责任公司与厦门京泰物流公司签订一份仓储合同。合同约定:由京泰公司为盛达公司储存保管小麦 50000 公斤,保管期限自 2017 年 5 月 3 日至 11 月 3 日,任何一方违约,均按储存费用的 20% 支付违约金。请按照给定的资料和条件,按照一般仓储保管合同的内容、保管方和存货方的权利和义务,模拟盛达进出口有限责任公司和京泰公司合同签订过程,并拟订一份仓储合同。

任务一 仓储配送商务管理

一、仓储经营组织

(一)仓储经营组织的含义

仓储经营组织是以实现仓储经营的最高经济效益和社会效益为目标,将仓储作业人员与仓储作业手段有效地结合起来,完成仓储作业过程各环节的职责,为商品流通提供良好的仓储服务和有效的经营管理的经营实体。

(二)仓储经营组织的目标

仓储经营的总体目标是按照仓储活动的各项要求和仓储管理上的需要,把与仓储经营有关的各部门、各环节合理组织起来,使各方面的工作协调、有效地进行,加速商品在仓库中的周转,合理地使用人、财、物,以最小的资源取得最大的经济效益。

仓储经营组织的具体目标可总结为"多储存、多经营、快进、快出、保管好、费用省"。

(1)"多储存"是指在库容合理规划的基础上,最大限度地利用有效存储面积和空间,提高单位面积的存储量和面积利用率。

(2)"多经营"是指采用多种经营方式提高企业的收益。

(3)"快进"是指物资抵港口、车站或仓库专用线时,要以最快的速度完成物资的接运、验收和入库作业。

(4)"快出"是指商品出库时,要及时迅速和高效地完成备料、复核、出库和交货清理作业活动。

(5)"保管好"是指按照商品的性质和存储要求结合企业自身的仓储条件,合理安排储存场所,采取科学的存储方法,使其在存储期内质量完好、数量准确。

(6)"费用省"是指商品在输入和输出以及存储的整个过程中,都要努力节省人力、物力和财力消耗,以最低的仓储成本取得最好的经济效益。

(三)仓储经营组织的结构形式

仓储部的组织结构可依据企业的类型、规模、经营范围和管理体制等的不同而选择不同的结构模式,设置不同的管理层次、职能工作组,安排不同的人员。

1.按照职能不同设计

将仓储部主导业务分解成多个环节,由相应的职能小组负责执行,具体组织结构示例如图 6-1 所示。

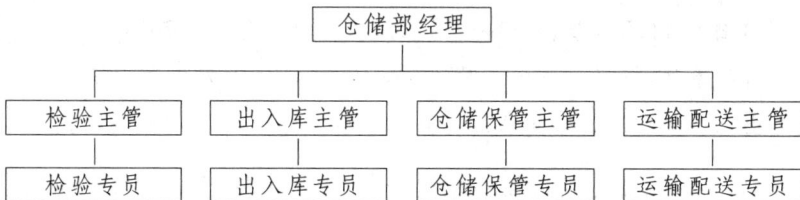

图 6-1　按照职能不同设计的组织结构示例

2.按照存储对象不同设计

根据企业生产、经营的需要,将不同的物资分别存放在不同的仓库,然后相应地设置职能工作组和配备人员,如图 6-2 所示。

图 6-2　按存储对象不同设计的组织结构示例

3.按仓库规模设计

(1)小型仓储部组织结构范例如图 6-3 所示。

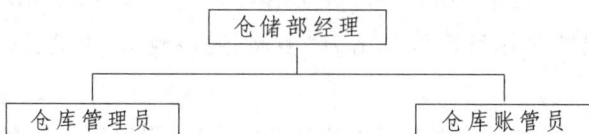

图 6-3　小型仓储部组织结构示例

（2）中型仓储部组织结构范例如图 6-4 所示。

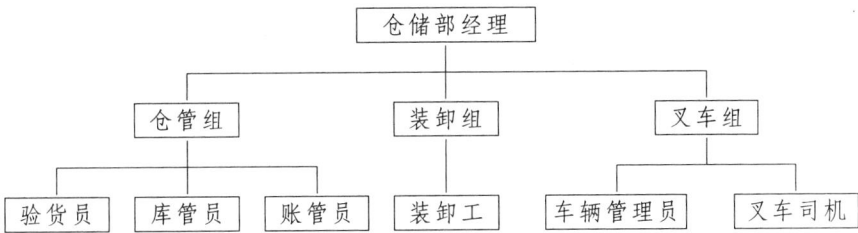

图 6-4　中型仓储部组织结构

（3）大型仓储部组织结构范例如图 6-5、图 6-6 所示。

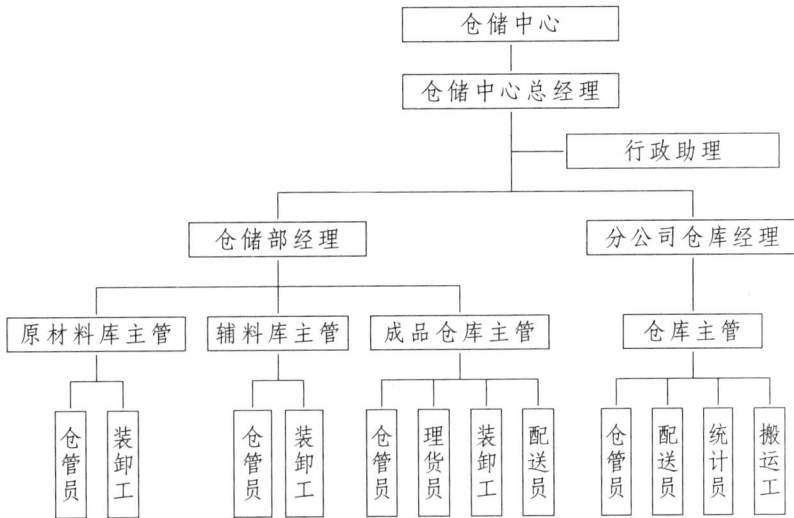

图 6-5　按存储对象设计的大型仓储部组织结构示例

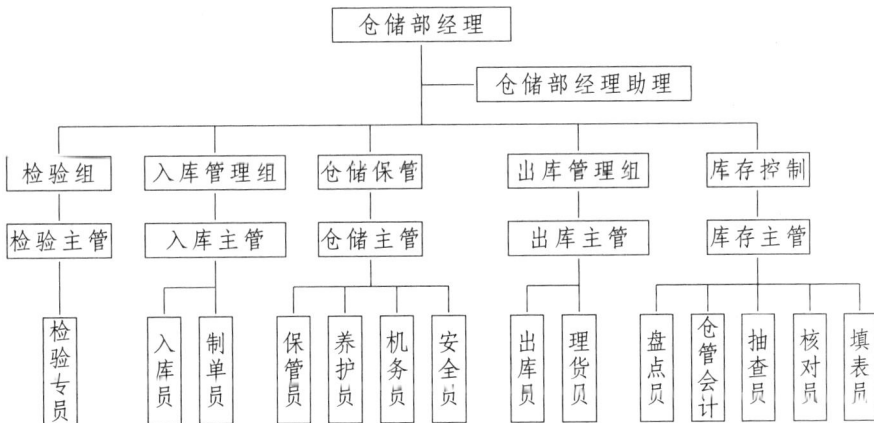

图 6-6　按不同职能设计的大型仓储部组织结构示例

4.按不同企业类型设计

（1）对零售超市而言，其仓储部主要负责各类商品的出入库管理、在库商品保管、理货配货及安全管理等。零售超市仓储部的组织结构范例如图 6-7 所示。

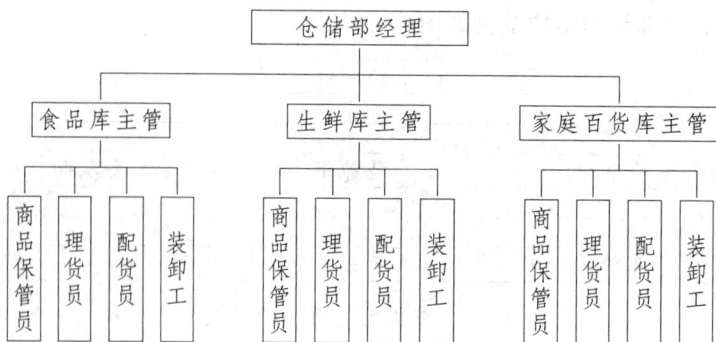

图 6-7　超市仓储部组织结构示例

（2）对物流企业而言，其仓储部的主要职能是按照客户的需求提供物资仓储服务。物流企业仓储部的组织结构范例如图 6-8 所示。

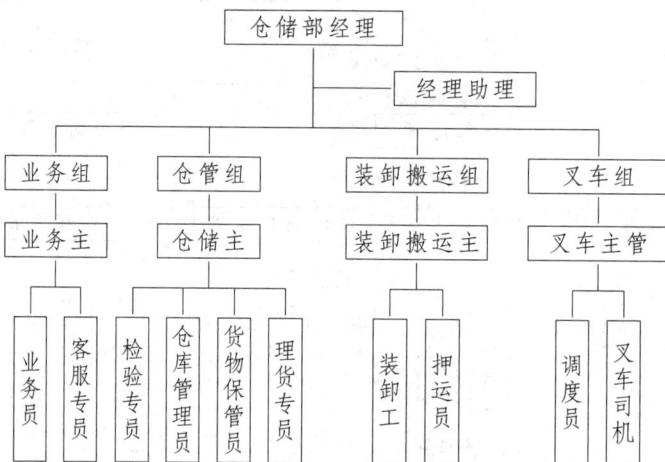

图 6-8　物流企业仓储部组织结构示例

（三）仓储经营业务类型

1.保管仓储

保管仓储是指由仓储经营人提供完善的仓储条件，接受存货人的仓储物进行保管，在保管期届满，将原收保的仓储物原样交还给存货人，存货人支付仓储费的一种仓储经营方法。

保管仓储的特点：

（1）保管仓储的目的在于保持仓储物原状；

（2）仓储管理的物品只能是动产；

（3）保管仓储活动是等价有偿活动；

（4）由保管人进行全程操作，仓储费是仓储企业收入的主要来源。

2.混藏仓储

混藏仓储是指存货人将一定品质数量的种类物交付保管人储藏，而在储存保管期限届满时，保管人只需以相同种类、品质、数量的替代物返还的一种仓储经营方法。

混藏仓储的特点：

（1）仓储的对象是种类物；

（2）保管物并不随交付而转移所有权；

（3）混藏仓储是一种特殊的仓储方式；

（4）其保管对象是种类物，经营人的收入依然来自于仓储保管费。

3.消费仓储

消费仓储是指存货人不仅将一定数量品质的种类物交付仓储管理人储存保管，而且将储存物的所有权也转移给保管人，在合同期届满时，保管人以"相同种类、相同品质、相同数量替代品返还"的一种仓储方法。

消费仓储包括"保管人直接使用仓储物进行生产加工"和"仓储经营人在仓储物的价格升高时将仓储物出售降低时购回"等两种经营模式。

消费仓储的特点：

（1）具有与保管仓储相同的基本性质；

（2）以种类物作为保管对象，仓储期间所有权转移给保管人；

（3）存货期间，允许保管人使用、收益、处分保管物；

（4）收益主要来自对仓储物消费收入，仓储费收入是次要收入。

4.仓储租赁经营

仓储租赁经营是指通过出租仓库、场地、设备，由存货人自行保管货物的仓库经营方式，通常通过签订仓库租赁合同来实现。仓储租赁经营包括整体租赁、部分租赁和货物租赁等三种租赁模式。租赁双方是出租人和承租人的关系。

5.仓储流通加工

仓储流通加工是指物品从生产地到使用地的过程中，根据需要在仓库中施加包装、分割、分拣、刷标志、拴标签、组装等简单作业的总称。

（四）仓储多种经营

仓储多种经营可更好地适应瞬息万变的物流市场，降低经营风险，实现仓储企业的经营目标，如开展仓储业务的同时还经营运输、商品交易、配送与配载、仓储增值服务等。

1.仓储增值服务

仓储增值服务可满足来自市场的需求和挑战、日益增长的顾客需求以及对更佳仓储表现的要求，其形式有托盘化、包装、贴标签、产品组装、上油漆、简单的加工生产、退货和调换服务、订货决策支持等。

2.运输中介

（1）货运代理人。把各种顾客手中的小批量货物整合成大批量装载，然后利用专业承运人进行运输，收取中介费。

（2）经纪人。为委托人进市场搜寻和交易磋商，使委托人和交易对象发生运输交易，收取中介费。

3.配送和配载

(1)配送。在经济合理区域范围内,根据用户要求,对物品进行拣选、加工、包装、分割、组配等作业,并按时送达指定地点。

(2)配载。向运输工具安排货载。要求把所送的商品以最合理的方式安排在车辆上;以最少的运力来满足配送的需要;以保证商品安全、满足用户需求、方便装卸为原则,充分利用车辆的容积和载重量,做到满载满装,以降低运输成本。

二、仓储合同管理

(一)仓储合同

1.仓储合同的定义

《合同法》第 381 条指出,仓储合同是仓储保管人储存存货人交付的仓储物,存货人支付仓储费的合同。

2.仓储合同的特点

仓储合同具有以下特点:

(1)保管人必须是专门从事仓储保管业务的仓库经营人;

(2)仓储合同是提供劳务或者服务的合同;

(3)标的物须为动产,且为特定物或者特定化的种类物;

(4)仓储合同为诺成、双务、有偿合同。

3.仓储合同的种类

根据仓储经营组织类型不同,可以分为一般保管仓储合同、混藏式仓储合同、消费式仓储合同以及仓库租赁合同等。

(二)仓储合同当事人的权利和义务

1.仓储合同当事人

仓储合同当事人是指存货人和保管人。如果由他人代理签订合同,必须出具授权委托书,不能超过授权范围,否则合同无效。

(1)存货人

存货人是指将仓储物交付仓储的一方的合同当事人。存货人必须是具有将仓储物交付仓储的处分权的人,可以是仓储物的所有人,也可以是只有仓储权利的占有人。

(2)保管人

保管人是指仓储货物的保管一方的合同当事人。保管人可以是独立的企业法人、企业的分支机构,或者个体工商户、合伙、其他组织等。

2.存货人的权利和义务

(1)权利:提货权、转让权、检查权、索偿权。

(2)义务:如实告知货物情况、按约定交付货物、交付仓储费和其他费用、按约定及时提取货物。

3.保管人的权利和义务

(1)权利:拒收权、要求提货权、提存权。

(2)义务:给付仓单、验收货物和通知、妥善保管存储货物、危险通知、返还仓储物、存货与发货。

(三)仓储合同的标的和标的物

1.标的

合同的标的是指合同关系指向的对象,也就是合同当事人权利和义务共同指向的对象。仓储合同的标的是保管行为,包括保管空间、保管时间和保管要求。

2.标的物

合同标的物是标的的载体和表现,仓储合同的标的物就是存货人交存的仓储物,必须是动产,能够移动到仓储地进行仓储保管,具有具体的物理形状。标的物既可以是特定物,也可以是种类物。

(四)仓储合同的订立和生效

1.订立

仓储合同的订立可以是书面形式、口头形式或其他。合同订立的必须遵循平等、等价有偿、自愿与协商一致、合法和不损害社会公共利益等原则。

2.生效

仓储合同属于诺成性合同,即在合同成立时就生效。

(五)仓储合同的变更及解除

1.仓储合同的变更

(1)含义

仓储合同的变更是指对已生效的仓储合同的内容进行修改或补充,不改变原合同的关系和本质事项。

(2)变更方式

期限内答复,即同意变更或不同意变更,如不答复则为同意变更。

(3)变更后果

对变更前已履行部分没有追溯力,对变更前未履行部分可向对方请求赔偿或变更合同的条件。

例如,仓储费率提高,提出变更请求。若存货人同意仓储费按变更后支付,变更前费率不变;若存货人并未支付仓储费,保管人可请求赔偿。如仓储物数量规定1月份交付100吨,2月份交付100吨,而实际存货人1月份交付50吨,2月份交付150吨,并提出变更数量。保管人可提出索赔。

2.仓储合同的解除

(1)含义

仓储合同的解除是将未履行的合同或合同还未履行部分不再履行,发生的权利义务关系消亡,合同履行终止。

(2)仓储合同解除的方式

仓储合同解除的方式包括存货人与保管人协议解除合同、仓储合同依法律的规定而解除两种方式。

(3)仓储合同解除的程序

仓储合同的解除权人应以书面形式发出通知,便于举证自己已经尽了通知之义务。仓储合同的解除权人应当在法律规定或者与另一方当事人约定的解除权行使期限内行使解除权,否则,其解除权将归于消灭。

(六)仓储合同的违约责任

1.违约金

(1)前提:违约,无论是否发生损害。

(2)支付

①低于实际损失:违约金+差额=实际损失。如违约金 3 万,实际损失 20 万,则法院可按实际损失赔付判决。

②高于实际损失:按违约金偿付。如:违约金 10 万,而实际损失只有 1 万,法院可酌情判决。

2.赔偿损失

(1)前提:违约或发生损失。

(2)支付金额:实际损失+收益。

例如:一批货物价值 100 万,毛利率为 15%,仓储期间由于保管责任造成损失,则:赔偿金额=100+100×15%=115(万)。

3.继续履行

这是违反合同后的处理措施,是合同义务延伸。

(1)前提:已形成违约,无论是否支付违约金和损失赔偿,违约方有履行合同的能力,原合同不变。

(2)执行:被违约方申请。

4.采取补救措施

这是违反合同后的处理措施,以减少损失的扩大,如修复、转移等。

5.定金惩罚

定金在签约后、履约前支付,履约完毕退还或抵价款。

(1)支付违约金、定金不退还。

(2)收款方违约:定金双倍退还。

(3)定金不超过合同总金额的 20%。

(4)同时有定金和违约金约定,只选其中一种履行。

(七)仓储合同的免责

(1)不可抗力。必须满足:①是签约后发生的;②不是当事人任何一方故意或过失造成；③不可预见、不可避免、不可克服。

（2）仓储的自然特性。如过期、特性等。

（3）存货人的过失。如包装不符，质量欠缺，错误指示说明。

（4）合同约定的免责。

三、仓单质押

（一）仓单及其生效条件

1.仓单

仓单是保管人收到仓储物后给存货人开出的提取仓储物的凭证。我国《合同法》第 385 条规定："存货人交付仓储物的，保管人应当给付仓单。"

2.仓单生效的两个条件

（1）保管人须在仓单上签字或者盖章。

（2）仓单须包括一定的法定必要记载事项。依《合同法》第 386 条的规定，仓单的法定必要记载事项共有八项：其中，存货人的名称或者姓名和住所，仓储物的品种、数量、质量、包装、件数和标记，储存场所，填发人、填发地和填发日期四项为绝对必要记载事项，不记载则不发生相应的证券效力。其余四项属于相对必要记载事项，如当事人不记载则按法律的规定来处理。

（二）仓单质押的操作流程

仓单质押操作流程如图 6-9 所示。

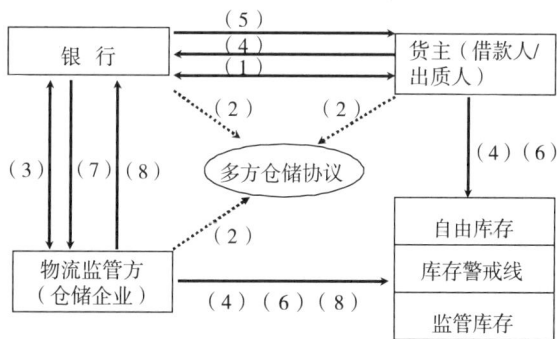

图 6-9　仓单质押操作流程

（1）货主（借款人）与银行签订《银企合作协议》、《账户监管协议》。

（2）仓储企业、货主和银行签订《仓储协议》。

（3）仓储企业与银行签订《不可撤销的协助行使质押权保证书》。

（4）货主按照约定数量送货到指定的仓库，仓储企业接到通知后，经验货确认后开立专用仓单；货主当场对专用仓单作质押背书，由仓库签章后，货主交付银行提出仓单质押贷款申请。

（5）银行审核后，签署贷款合同和仓单质押合同，按照仓单价值的一定比例放款至货主在银行开立的监管账户。

(6)贷款期内实现正常销售时,货款全额划入监管账户,银行按约定根据到账金额开具分提单给货主,仓库按约定要求核实后发货;贷款到期归还后,余款可由货主(借款人)自行支配。

(7)银行划扣相应的保证金或收贷后签发《提货通知书》。

(8)物流监管方凭银行签发的《提货通知书》给予办理相关质押物的放行手续,同时签发《提货通知单回执》并送达银行。

(三)仓单质押的业务特点和质押物要求

1.业务特点

(1)多适用于商品流通企业;

(2)有效解决企业担保难问题,当无固定资产作为抵押,又寻找不到合适的保证单位担保时,可以自有的仓单作为质押向银行取得贷款;

(3)缓解企业因库存商品而造成的短期流动资金不足的状况;

(4)质押仓单项下货物允许周转,可采取以银行存款置换仓单和以仓单置换仓单两种方式。

2.质押物要求

(1)所有权明确,不存在与他人在所有权上的纠纷;

(2)无形损耗小,不易变质,易于长期保管;

(3)市场价格稳定,波动小,不易过时,市场前景较好;

(4)适应用途广泛,易变现;

(5)规格明确,便于计量;

(6)产品合格并符合国家有关标准,不存在质量问题。

仓单质押多操作于钢材、有色金属、黑色金属、建材、石油化工产品等大宗货物。

四、配送服务管理

(一)配送服务的要素

配送服务是物流服务的形式之一,配送服务就是对客户商品的物流保证。

(1)备货保证,即拥有客户所期望的商品,如保证储货库存服务率。

(2)品质保证,即符合客户所期望的质量,如防止配送过程中的品质劣化。

(3)输送保证,即在客户希望的时间内配送商品,如保证订货截止日期、交货日期、紧急出货等。

(二)配送服务的作用

(1)良好的配送服务有助于提高企业物流系统的运行经济效益;

(2)配送服务能实现供应商、制造商、批发商和零售商之间的有效联结;

(3)配送服务能体现企业差别化战略。

(三)配送服务质量控制

1.服务质量

所谓质量一般是指有形产品适合一定的用途,能够满足社会和人们需要的某种属性或特性。服务质量是指服务固有的特性满足客户和其他相关要求的能力。

服务质量是一种无形的产品,不可能像有形产品那样在销售或消费之前进行控制,因此,服务质量难以用统一的标准来衡量和检测。

2.配送服务质量的类别

(1)技术质量,指顾客通过消费服务得到了什么,即服务的结果。如配送的物品数量、配送的行程等。

(2)功能质量,指顾客是如何消费服务的,即服务的过程。如配送的方便性、及时性、灵活性、事故的可补救性,以及服务态度、信息沟通等。

技术质量是客观存在的;功能质量是用户对配送服务过程的感觉和评价,带有主观性;功能质量的优劣是以用户满足的行为作为衡量标准。

3.配送服务质量的要素及其度量

时间、可靠性、方便性和信息的沟通是决定配送服务质量的最基本要素,配送服务质量要素及其度量见表6-1。

表 6-1　配送服务质量要素及其度量

要　素	含　义	典型的度量单位
产品的可得性	是客户服务最常用的度量	百分比可得性
备货时间	下达订单到收到货物的时间长度	速度与一致性
配送系统的灵活性	系统对特殊及未预料的客户需求的反应能力	反应时间
配送系统信息	配送信息系统对客户信息需求反应的及时性与准确性	对客户的反应速度、准确性和详细性
配送系统的纠错能力	配送系统出错恢复的程序以及效率和时间	应答与需要的恢复时间
配送服务后的支持	交货后对配送服务支持的效率,包括客户配送方案和配送服务信息的修订与改进	应答时间与应答质量

4.配送服务质量体系

服务质量体系是服务企业为了实现自己的服务质量战略而建立的完善的服务质量保证体系,它包括实施服务战略所需要的组织结构、程序、过程和资源。服务质量的体系的关键要素是管理者的职能、资源和质量体系结构。其中,资源和质量体系机构是基础,三个关键要素的核心是顾客。关于服务质量体系的内容可参照"ISO9001质量保证体系"执行。

5.配送服务常见的问题及对策

(1)问题一:送货速度不能达到客户要求

可能原因有:集货的时间太长,送货路程太远,运输工具速度太慢,物流、配送作业环节过多,送货路线不合理,承诺送货时间过短等。

对策建议:①重新规划送货路线;②调整配送作业流程;③选择小型送货车辆;④考虑共同配送。

(2)问题二:送货不准时

可能原因有:配送作业流程不规范;计划送货时间估计不准确;配送时限管理不严;配送车辆维护差;配送人员业务素质不稳定;某些商品库存量过低等。

对策建议:①制定一个合理的配送管理规章制度和作业规范并严格执行配送管理制度;②重新测算送货所需时间;③严格配送车辆的检修和保养制度;④加强配送人员培训;⑤调整商品品种,适当增加某些经常缺货的商品的库存量。

(3)问题三:服务过程中缺乏与客户有效沟通的途径

可能原因有:缺乏配送跟踪信息系统;缺乏规范的查询系统;配送系统岗位责任划分不清等。

对策:①在主页上提供查询系统界面,并向客户公布查询的标准信息;②在主页上公布客户服务电话和人员名单及投诉处理程序;③建立覆盖整个物流、配送的信息网络,并实时更新物流、配送信息;④严格配送系统岗位责任制并加强对配送人员的管理。

(4)问题四:配送物品的品质问题

原因有:保管、运送过程中的品质劣化、物理性损伤以及数量短少;发货错误导致的物品种类或数量不对等。

对策:①严格配送系统岗位责任制;②严格执行配送作业规范并加强对配送人员的培训;③对配送物品进行严格检查,以保证其适宜配送。

任务二　仓储配送成本管理

一、仓储成本管理

(一)仓储成本

仓储成本是指在对物品进行仓储保管中所发生的各种费用,它是伴随着物流仓储活动所消耗的物化劳动和活化劳动的货币表现。

(二)仓储成本的构成

1.固定成本

仓储固定成本包括固定资产折旧、长期租赁费用、固定工资费、保险费、大修理提存、附加费等。

2.变动成本

仓储变动成本包括保管费、加班费、苫垫料费用、设备运转成本等。

(三)仓储成本分析与控制

1.储存成本分析与控制

一定的储存量和稳定的储存规律性可以通过降低单位物品的储存成本来提高储存效益,因此要提高仓库储存量,合理规划仓储空间。

2.装卸搬运作业成本分析与控制

装卸搬运作业成本主要包括装卸搬运机具的成本和费用,燃料、动力消耗费用,人工成本和时间费用等。

(1)合理选择装卸搬运机具

合理选择和使用装卸搬运机具,是提高装卸效率、降低装卸搬运成本的重要环节。

装卸搬运机械化程度可分为 3 个等级(见图 6-10):一级是用简单的装卸器具;二级是使用专用的高效率机具;三级是依靠电脑控制实行自动化、无人化操作。

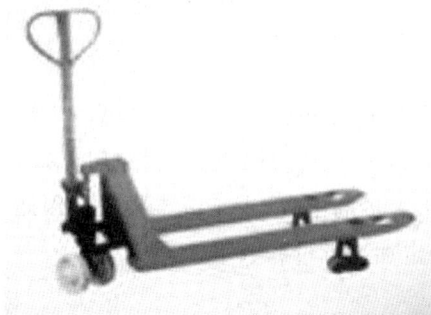

(a)一级

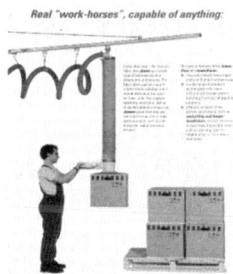

(b)二级　　　　　　　　　　　(c)三级

图 6-10　装卸搬运机械化程度

(2)提高货物装卸搬运的活性化与可运性

要不断提高活性化的程度,但是从成本角度分析并不是活性化程度越高越好,适宜才是最优的。装卸搬运的可运性就是指装卸搬运的难易程度。影响装卸搬运难易程度的因素主要包括:货物外形尺寸、货物密度或笨重程度、货物形状、货物设备或人员损伤的可能性、货物的活性程度。

(3)利用重力作用,减少能量消耗

如利用流利货架,使货物依靠本身重力作用完成装卸搬运作业。

(4)合理选择装卸搬运方式

货物有单品处理、单元处理和散装处理等装卸搬运方式。在装卸搬运过程中,必须根据货物的种类、性质、形状、重量来确定装卸搬运方式。

(5)改进装卸搬运作业方法

合理分解装卸搬运活动,选择适合企业的装卸搬运设备,提高机械化和自动化装卸水平,具有重要意义。

3.备货作业成本分析与控制

备货作业是仓储作业中最繁杂的作业,为了降低备货作业成本,可以采取以下方式:

(1)合理选择备货作业方式,如全面分拣、批处理分拣、按分区分拣、分组分拣等;(2)合理安排仓储空间;(3)加强货位管理。

4.加工作业成本分析与控制

(1)确定合理的加工能力

流通加工的数量越大,成本总额就越大,若加工数量超过加工能力,需要增加投入,倘若加工作业量又不均衡,就可能会给企业带来更大的损失。但是,加工批量过小,表现为加工能力过剩,会造成加工设备、加工人员的闲置,带来成本损失。因此,仓储企业应根据客户需要和企业的加工能力来确定加工批量和数量。

(2)确定合理的流通加工方式

仓储企业应根据企业的加工能力和客户的需求,选择适当的加工方法和加工深度。

(3)加强流通加工的生产管理

流通加工的生产管理与其成本联系十分紧密。一般的,生产管理的水平越高,其成本越低。

5.人工费用的分析与控制

时间利用率=某一期间生产性活动的实际时间÷同期全体员工制度工作小时数

如果这个比率接近于1,就说明利用率高,反之利用率低。

6.包装作业成本分析与控制

包装作业成本控制包括:(1)使用价格物美价廉的包装材料;(2)包装作业机械化,提高包装效率;(3)采用大包装,尽量使包装简单化,节约包装材料;(4)利用原有包装,加贴新标签。

7.机具物料和燃料的成本控制

要制定合理的作业流程,尽量减少不必要的重复性作业,避免过度使用设备,提高设备完好率。

8.提高仓储服务质量,降低仓储成本

一般而言,仓储服务质量越高则仓储成本就越高。但是仓储服务质量也有极限,因为仓储服务质量的高低与仓储成本不成正比。当仓储质量达到一定高度时,仓储质量的增长速度慢于仓储成本的增长速度,这时仓储质量的提高是依靠成本的大幅度提高而提高的,这种质量的提高是不被客户认同的,因为客户总是希望以最经济的成本得到最佳的服务。因此,仓储服务水平应该是在合理的仓储成本之下的服务质量。

9.降低机会成本和风险成本

在仓储过程中,货物会因各种原因造成损失,构成了企业的风险成本。若仓储企业为了减少风险成本或远离风险,对易碎性、易破损性的货物不予经营,势必减少了仓库吞吐量,又提高了机会成本。

二、配送成本管理

(一)配送成本

配送成本是配送过程中所支付的费用总和。

(二)配送成本的构成

(1)物品流通费

物品流通费是指为了完成配送过程中商品、物资的物理性流动而发生的费用,包括配送运输费、分拣费用、配装费用、流通加工费等。

(2)信息流通费

信息流通费是指因处理、传输有关配送信息而产生的费用,包括储存管理、订货处理、顾客服务有关的费用。

(3)配送管理费是指进行配送计划、调整、控制所需要的费用,包括作业现场的管理费用和企业有关管理部门的管理费。

(三)配送成本的控制

(1)实施目标成本管理。目标成本管理就是在企业预算的基础上,根据企业的经营目标,在成本预测、成本决策、测定目标成本的基础上,进行目标成本的分解、控制分析、考核、评价的一系列成本管理工作。

(2)利用标准成本法控制配送成本,如制定控制标准、揭示成本差异、成本信息反馈等。

(3)推广使用现代化信息技术,如加强自动识别技术的开发与应用、使用自动化智能设备、采用现阶段计算机分析软件等。

(4)实行责任中心管理,要做到目标要一致、协调各责任中心的关系、避免过度浪费。

(四)配送成本合理化策略

配送合理化是在满足客户服务水平和配送成本之间寻求一种平衡:在一定的配送成本之下,尽可能地提高配送服务水平;或在一定的服务水平下,尽可能地降低配送成

本。在一定的服务水平下,使配送成本最小可以采用以下策略:

1.混合策略

混合策略是指配送业务一部分由企业自身完成。这种策略的基本思想是,尽管采用纯策略(即配送活动要么全部由企业自身完成,要么完全外包给第三方物流完成)易形成一定的规模经济,并使管理简化,但由于产品品种多变、规格不一、销量不等等情况,采用纯策略的配送方式超出一定程度不仅不能取得规模效益,反而还会造成规模不经济。而采用混合策略,合理安排企业自身完成的配送和外包给第三方物流完成的配送,能使配送成本最低。如有些物流企业把目光投向公共租赁仓库和外包车队。

2.差异化策略

差异化策略的指导思想是:产品特征不同,顾客服务水平也不同。当企业拥有多种产品线时,不能对所有产品都按同一标准的顾客服务水平来配送,而应按产品的特点、销售水平,来设置不同的库存、不同的运输方式以及不同的储存地点,忽视产品的差异性会增加不必要的配送成本。如产品的 ABC 分类策略,就是一种基于产品的差异化策略。

3.合并策略

合并策略包含两个层次,一是配送方法上的合并,另一个则是共同配送。

(1)配送方法上的合并

企业在安排车辆完成配送任务时,充分利用车辆的容积和载重量,做到满载满装,是降低成本的重要途径。实行合理的轻重配装、容积大小不同的货物搭配装车,就可以在载重方面达到满载,而且也充分利用车辆的有效容积,取得最优效果。最好是借助电脑计算货物配车的最优解。

(2)共同配送

共同配送是多个客户联合起来共同由一个物流企业来提供配送服务。它是在配送中心的统一计划、统一调度下展开的,其本质是通过作业活动的规模化降低作业成本,提高物流资源的利用效率。

4.延迟策略

延迟策略的基本思想就是对产品的外观、形状及其生产、组装、配送应尽可能推迟到接到顾客订单后再确定。一旦接到订单就要快速反应,因此采用延迟策略的一个基本前提是信息传递要非常快。

一般说来,实施延迟策略的企业应具备以下几个基本条件:(1)产品特征:模块化程度高,产品价值密度大,有特定的外形,产品特征易于表述,定制后可改变产品的容积或重量;(2)生产技术特征:模块化产品设计、设备智能化程度高、定制工艺与基本工艺差别不大;(3)市场特征:产品生命周期短、销售波动性大、价格竞争激烈、市场变化大、产品的提前期短。

实施延迟策略常采用两种方式:生产延迟(或称形成延迟)和物流延迟(或称时间延迟),而配送中往往存在着加工活动,所以实施配送延迟策略既可采用形成延迟方式,也可采用时间延迟方式。具体操作时,常常发生在诸如贴标签(形成延迟)、包装(形成延迟)、装配(形成延迟)和发送(时间延迟)等领域。

5.标准化策略

标准化策略就是尽量减少因品种多变而导致附加配送成本,尽可能多地采用标准零部件、模块化产品。如服装制造商按统一规格生产服装,直到顾客购买时才按顾客的身材调整尺寸大小。采用标准化策略要求厂家从产品设计开始就要站在消费者的立场去考虑怎样节省配送成本,而不要等到产品定型生产出来了才考虑采用什么技巧降低配送成本。

任务三　仓储配送安全管理

一、仓储配送安全管理的意义

仓储配送安全管理是其他一切管理工作的基础和前提,具有十分重要的意义。仓储配送安全管理主要包括现代仓库与配送中心设施、设备、储存商品等物质的安全管理及仓库与配送中心保管人员的人身安全管理两大方面。仓库与配送中心不安全的因素很多,如火灾、水灾、爆炸、盗窃、破坏等,此外还有放射性物品、腐蚀性物品、有毒物品等均会造成对现代仓储配送中心管理人员人身安全和财产安全的威胁。所有这些不安全的因素,只有努力克服和预防,才能保证现代仓库与配送中心的安全,也才能使仓库与配送中心的生产活动得以正常进行。

安全对于现代仓储配送中心来说具有特殊的重要意义。因为,仓储配送中心是商品重要的集散地,也是储藏和保管商品的场所,其价值和使用价值均很高,一旦发生火灾或爆炸等严重的灾害,不仅仓储配送中心的仓储设施可能被毁坏,而且在仓储配送中心中的所有商品也全部变成一堆废品。其损失之大远远超过一般厂房的火灾。因此,现代仓储配送中心的安全工作应该位于一切管理工作的首位,必须警钟长鸣,做好一切防范工作。

在现代仓储配送中心的安全工作中,造成不安全的因素主要有两大类:一类是由管理人员认识上的局限性造成的,如对某些化学物品、危险品、易燃品、腐蚀品的性质不了解,对某些商品储存的规律没有完全掌握,以致发生事故;另一类是由于管理人员素质不高引起的,如有的仓储配送中心管理人员失职,也有的管理人员贪图小利而出卖仓储配送中心利益,还有个别仓储配送中心领导官僚主义严重等等。

对于第一类因素的克服方法是加强对仓储配送中心保管人员的培训,让上岗的每一位保管人员都能较全面地掌握各类商品的特性及储存、保管的方法。对于第二类因素的克服方法是努力提高仓储配送中心管理人员的素质,增强仓储配送中心管理人员的道德素养和工作责任感。对于腐败成风、不学无术的个别管理人员及仓储配送中心领导则应该采取必要的措施,如下岗、开除,甚至追究刑事责任。总之,必须杜绝一切不安全的因素,确保仓储配送中心的安全生产。

二、仓储配送中心治安保卫管理

1.出入口和要害部位

仓库与配送中心大门是仓库与配送中心与外界的连接点,是仓库与配送中心地域范围的象征,也是仓库与配送中心承担货物保管责任的分界线。大门守卫是维持仓库与配送中心治安的第一道防线。大门守卫负责开关大门,限制无关人员、车辆进入,接待入库办事人员并实施身份核实和登记,禁止入库人员携带火源、易燃易爆物品入库并检查入库车辆的防火条件,指挥车辆安全行驶、停放,登记入库车辆,检查出库车辆,核对出库货物和物品放行条件和实物,并收留放行条,查问和登记出库人员携带的物品,特殊情况下查扣物品、封闭大门。对于危险品仓、贵重物品仓、特殊品储存仓等要害部位,需要安排专职守卫看守,限制人员接近,防止危害、防止破坏和失窃。

2.巡逻检查

由专职保安员不定时、不定线、经常地巡视整个仓库与配送中心每一个位置的安全保卫工作。巡逻检查中发现不符合治安保卫制度要求的情况,应采取相应的措施处理或者通知相应部门处理。

3.防盗设施设备使用

仓库与配送中心的防盗设施大至围墙、大门,小到门锁和防盗门、窗,都应根据法规规定和治安保管的需要设置和安装。仓库与配送中心使用的防盗设备除了专职保安员的警械外,主要有视频监控设备、自动警报设备、报警设备。仓库与配送中心应按照规定使用所配置的设备,专人负责操作和管理,确保设备的有效运作。

4.治安检查

治安责任人应经常检查治安保卫工作,督促保安员照章办事。治安检查实行定期检查与不定期检查相结合的制度,班组每日检查、部门每周检查、仓库与配送中心每月检查,及时发现治安保卫漏洞、安全隐患,采取有效措施及时消除。

5.治安应急

治安应急是仓库与配送中心发生治安事件时,采取紧急措施防止和减少事件所造成的损失的制度。

6.防盗工作

现代仓储配送中心的防盗工作主要是负责日常的警戒和保卫,即守仓和护仓工作,其主要任务是:日夜轮流守卫仓储配送中心,防止坏人盗窃和破坏;掌握进出库人员的情况,做好防盗和登记工作,阻止闲人入库;守护仓储配送中心大门,严禁火种、易燃、易爆等危险品带入仓储配送中心;核对出库凭证,检查出库商品与出库凭证是否相符。

三、仓储配送中心消防管理

(一)防火管理

1.仓储防火管理

(1)库房内物品的储存要分类、分堆,堆垛与堆垛之间应当留出必要的通道,主要通道的宽度一般不应少于2m;

(2)能自燃的物品和化学易燃物品堆垛应当布置在温度较低、通风良好的场所,并应当有专人定时测温;

(3)遇水容易发生燃烧、爆炸的化学易燃物品不得存放在潮湿和容易积水的地点;

(4)受阳光照射容易燃烧、爆炸的化学易燃物品不得在露天存放;

(5)易燃、可燃物品在入库前应当有专人负责检查,对可能带有火险隐患的物品应当存放到观察区,经检查确认无危险后,方准入库或归垛;

(6)储存易燃和可燃物品的库房、露天堆垛附近不准进行试验、分装、封焊、维修、动用明火等一切可能引起火灾的作业;

(7)库房内不准设办公室、休息室,不准住人,不准用可燃材料搭建隔层;

(8)库房内一般不应当安装采暖设备;

(9)库区和库房内要经常保持整洁。

2.配送防火管理

(1)装卸化学易燃物品必须轻拿轻放,严防震动、撞击、重压、摩擦和倒置;

(2)进入易燃、可燃物品库区的蒸汽机车和内燃机车必须装置防火罩;

(3)进入库区的汽车、拖拉机必须戴防火罩,并不准进入库房;

(4)对散落、渗漏在车辆上的化学易燃物品必须及时清除干净;

(5)各种机动车辆在装卸物品时,排气管的一侧不准靠近物品。

3.电源管理

(1)库房内一般不宜安装电器设备;

(2)储存化学易燃物品的库房应当根据物品的性质安装防爆、隔离或密封式的电器照明设备;

(3)各类库房的电线主线都应当架设在库房外,引进库房的电线必须装置在金属或硬质塑料套管内,电器线路和灯头应当安装在库房通道的上方,与堆垛保持安全距离,严禁在库房屋顶架线;

(4)库房内不准使用碘钨灯、日光灯、电熨斗、电炉、电烙铁、电钟、交流收音机和电视机等电器设备,不准用可燃材料做灯罩,不应当使用超过60W的灯泡,灯头与物品应当保持安全距离;

(5)库房内不准架设临时电线;

(6)库区的电源应当设总闸和分闸,每个库房应当单独安装开关箱;

(7)在库区及库房内使用电器机具时,必须严格执行安全操作规程;

(8)电器设备除经常检查外,每年至少应当进行两次绝缘检测,发现可能引起短路、发热和绝缘不良等情况时必须立即修理。

4.火源管理

(1)库区内严禁吸烟、用火,严禁放烟花、爆竹和信号弹;

(2)金属火炉距可燃物不应当小于1.5 m;

(3)金属烟囱距可燃墙壁、屋顶不应当小于70 cm,距可燃屋檐不应小于10 cm,高出屋檐不应小于30 cm。

(4)不准用易燃液体引火。

5.消防设施

(1)仓库与配送中心区域内应当按照《建筑设计防火规范》(GB 50016—2014)的规定,设置消防给水设施,保证消防供水;

(2)消防器材设备应当有专人负责管理,定期检查维修,保持完整好用。

(二)防火方法

1.控制可燃物

通过减少或者不使用可燃物、将可燃物质进行难燃处理来防止火灾,如仓库与配送中心建筑采用不燃材料建设、使用难燃电气材料,易燃货物使用难燃包装、用难燃材料覆盖可燃物等。通过通风的方式使可燃气体及时排除,通过洒水减少可燃物扬尘等措施来控制可燃物。

2.隔绝助燃物

对于易燃品采取封闭、抽真空、充惰性气体、浸泡不燃液体等方式,或表面涂刷不燃漆、不燃涂料的方式,使易燃物不与空气直接接触来防止燃烧。

3.消除着火源

通过使发生火灾的着火源不在仓库与配送中心内出现来实现防火的目的。由于仓库与配送中心不可避免储存可燃物,隔绝空气的操作需要较高的成本,所以仓库与配送中心防火的核心就是防止出现着火源。消除着火源也是灭火的基本方法。

(三)灭火管理

1.灭火方法

火灾需要可燃物、助燃物和着火源三要素共同作用才能发生,如果缺少任何一个要素都不能形成火灾。防火和灭火工作就是使三者分离,不互相发生作用。灭火是可燃物已发生燃烧时采取终止燃烧的措施,常见的灭火方法有冷却法、窒息法、隔绝法、化学抑制法、综合灭火法等。

2.消防器材、设备及使用范围

(1)灭火器材及使用范围

灭火器是一些轻便的容器,内装灭火剂。根据所装的灭火剂来命名的,常见的灭火器有干粉灭火器、泡沫灭火器、二氧化碳灭火器、1211灭火器等。

（2）其他消防设施和设备

其他消防设施设备还有消防水系统、砂土、自动消防设备等。此外配送中心还可购置一些斧、钩等器材，统一设置在消防工具站备用。

(四)仓储配送中心消防管理措施

1.普及防火知识

坚持经常性的防火宣传教育，普及消防知识，不断提高全体仓库与配送中心职工防火的警惕性，让每个职工都学会基本的防火灭火方法。

2.遵守《建筑设计防火规范》

新建、改建的仓储配送中心要严格遵照《建筑设计防火规范》的规定，不得擅自搭建违章建筑，也不得随意改变建筑的使用性质。仓储配送中心的防火间距内不得堆放可燃物品，不得破坏建筑物内已有的消防安全设施，消防通道、安全门、疏散楼梯、走道要经常保持畅通。

3.易燃、易爆的危险品仓库必须符合防火防爆要求

凡是储存易燃、易爆物品的危险品仓储配送中心，进出的车辆和人员必须严禁烟火；储存危险品应专库专储，性能相抵触的商品必须严格分开储存和运输，作业时轻拿轻放，防止剧烈震动和撞击。易燃、易爆危险品仓库与配送中心内应选用不会产生电火花的电器开关，该类专库须由专人管理。

4.电气设备应始终符合规范的要求

仓储配送中心中的电气设备不仅安装时要符合规定要求，而且要经常检查，一旦发现绝缘损坏要及时更换，不应超负荷，不应使用不合规格的保险装置。电气设备附近不能堆放可燃物品，工作结束应及时切断电源。

5.明火作业须经消防部门批准，方可动火

若需电焊、气割、烘烤取暖、炉灶、安装锅炉等，要有防火安全措施，并须经有关的消防部门批准，才能动火工作。

6.配备适量的消防设备和火灾报警装置

根据仓储配送中心的规模、性质、特点，配备一定数量的防火灭火设备及火灾报警器，按防火灭火的要求分别布置在明显和便于使用的地点，并定期进行维护和保养，使之始终保持完好状态。

7.遇火警或爆炸应立即报警

如遇仓储配送中心发生火情或爆炸事故，必须立即向当地的公安消防部门报警事故过程，应根据"三不放过"的原则，认真追查原因，严肃处理事故责任者，并以此教育广大职工。"三不放过"原则即指事故原因不清不放过，事故责任者和应受教育没有受到教育的不放过，没有采取防范措施的不放过。

任务四　仓储配送绩效管理

一、绩效管理

(一)绩效管理的含义

1.绩效

绩效是指个人或组织为实现组织目标所做出的行为过程及其产生的业绩与效益。

2.绩效管理

绩效管理是指各级管理者和员工为了达到组织目标共同参与的绩效计划制订、绩效实施、绩效评价、绩效评估结果应用、绩效目标提升的持续循环过程,以持续提升个人和组织的绩效。

绩效管理贯穿全过程,包括"事前—预见"、"事中—指导"和"事后—评价与激励"。

(二)绩效管理的基本原则

(1)将过程管理与结果管理有机结合,强调结果导向、重视实现目标的行为过程。

(2)将短期目标与长远发展有机结合。

(3)将个体绩效与组织绩效有机结合。

二、仓储配送绩效评价内容

(一)配送中心财务方面

财务方面包括配送成本、配送业务量、配送业务营业收入、配送利润水平及利润趋势的评价等。

(二)配送中心技术方面

技术方面包括配送中心业务流程的评价、配送中心设施设备的配置及运行的评价等。

(三)配送中心资源方面

资源方面包括能源利用率、原材料利用率、回收率及资源对环境的影响情况等。

三、仓储配送作业绩效评价指标

(一)进出货作业

进货作业包括把货物作实体上的领取,从货车上将货物卸下、开箱、检查其数量和质量,然后将有关信息书面化等一系列工作;出货作业是将拣取分类完成的货品作好出货检验后,根据各个车辆或配送路线将货品运至出货准备区,而后装车配送的物流活动。进出货作业绩效评价指标见表6-2。

表 6-2　进出货作业绩效评价指标

评价指标	计算公式
站台使用率	进出货车次装卸货停留总时间/站台泊位数×工作天数×每天工作时数
站台高峰率	站台高峰率＝高峰车数/站台泊位数
每人每小时处理进货量	(进货量÷进货人员数)×每日进货时间×工作天数
每人每小时处理出货量	(出货量÷出货人员数)×每日出货时间×工作天数
进货时间率	每日进货时间÷每日工作时数
出货时间率	每日出货时间÷每日工作时数
每台进出货设备每天的装卸货量	(出货量＋进货量)÷装卸设备数×工作天数
每台进出货设备每小时的装卸货量	(出货量＋进货量)÷装卸设备数×工作天数×每日进出货时数

(二)储存作业

储存作业指对存货或物品做妥善保管,充分利用仓库空间,注重库存控制,减少资金占用,降低保管成本,减少积压、过期、变质物品的物流活动。在管理方面要求善于利用仓库空间,有效利用配送中心每一平方米面积;加强存货管理,保证存货可得性,降低存货的缺货率;防止存货过多而占用资源和资金。衡量储存作业的主要指标见表 6-3。

表 6-3　储存作业绩效评价指标

评价指标	计算公式
储区面积率	储区面积÷配送中心建筑面积
可使用保管面积率	可保管面积÷储区面积
储位容积使用率	存货总体积÷储位总容积
单位面积保管量	平均库存量÷可保管面积
平均每品项所占储位数	料架储位数÷总品项数
库存周转率	(按数量计算)出货量÷平均库存量 (按金额计算)营业额÷平均库存金额
库存管理费率	库存管理费用÷平均库存量
呆废料率	(按数量计算)呆废料件数÷平均库存量 (按金额计算)呆废料金额÷平均库存金额

(三)盘点作业

经常定期或不定期做检查,及早发现问题,以免造成日后出货的更大损失,这是盘点的目的。在盘点作业中,以盘点过程中所发现的存货数量不符的情况作为评估重点。评价指标见表 6-4。

表 6-4　盘点作业绩效评价指标

评价指标	计算公式
盘点数量误差率	盘点误差量÷盘点总量
盘点品项误差率	盘点误差品项数÷盘点实施品项数
平均盘差品金额	盘点误差金额÷盘点误差量

(四)订单处理作业

由接到客户订单开始到着手准备拣货之间的作业阶段,包括订单资料确认、存货查询、单据处理等,主要评价指标见表 6-5。

表 6-5　订单处理作业绩效评价指标

评价指标	计算公式
订单延迟率	延迟交货订单数÷订单数量
订单货件延迟率	延迟交货量÷出货量
紧急订单响应率	未超过 12 小时出货订单÷订单数量
客户取消订单率	客户取消订单数÷订单数量
客户抱怨率	客户抱怨次数÷订单数量
缺货率	接单缺货数÷出货量
短缺率	出货品短缺数÷出货量

(五)拣货作业

配送作业的中心环节,依据顾客的订货要求或配送中心的作业计划,准确、迅速地将商品从其储位或其他区域拣取出来的作业过程,拣货时间、拣货策略及拣货的精确度影响出货品质。除极少自动化程度较高的配送中心外,大多是靠人工配合简单机械化设备的劳动力密集作业,耗费成本较多。主要评价指标见表 6-6。

表 6-6　拣货作业绩效评价指标

评价指标	计算公式
拣货时间率	每日拣货时数÷每天工作时数
每人时拣取品项数	订单总笔数÷拣取人员数×每日拣货时数×工作天数
每人时拣取次数	拣货单位累计总件数÷拣取人员数×每日拣货时数×工作天数
每人时拣取材积数	(出货品材积数÷拣取人员数)×每日拣货时数×工作天数
拣取能量使用率	(订单数量÷一天目标拣取订单数)×工作天数
拣货责任品项数	总品项数÷分区拣取区域数

评价指标	计算公式
拣取品项移动距离	拣货行走移动距离÷订单总笔数
批量拣货时间	每日拣货时数×工作天数÷拣货分批次数
拣货人员装备率	拣货设备成本÷拣货人员数
拣货设备成本产出	出货品材积数÷拣货设备成本
每人时拣取材积数	(出货品材积数÷拣货人员数)×每日拣货时数×工作天数
每批量包含订单数	订单数量÷拣货分批次数
每批量包含品项数	订单总笔数÷拣货分批次数
每批量拣取次数	出货箱数÷拣货分批次数
每批量拣取材积数	出货品材积数÷拣货分批次数
单位时间处理订单量	(订单数量÷每日拣货时数)×工作天数
单位时间拣取品项数	订单数量×(每张订单平均品项数÷每日拣货时数)×工作天数
单位时间拣取次数	拣货单位累计总时数÷每日拣货时数×工作天数
单位时间拣取材积数	(出货品材积数÷每日拣货时数)×工作天数
每订单投入拣货成本	拣货成本÷订单数量
每订单笔数投入拣货成本	拣货成本÷订单总笔数
每拣取次数投入拣货成本	拣货成本÷拣货单位累计总件数
单位材积投入拣货成本	拣货投入成本÷出货品材积数
拣货差错率	拣取错误笔数÷订单总笔数

(六)配送作业

配送是从配送中心将货品送达客户处的活动。适量的配送人员、适合的配送车辆、最佳送货路线相结合才能有效地配送。主要评价指标见表6-7。

表 6-7　配送作业绩效评价指标

评价指标	计算公式
平均每人的配送量	出货量÷配送人员数
平均每人的配送距离	配送总距离÷配送人员数
平均每人的配送重量	配送总重量÷配送人员数
平均每人的配送车次	配送总车次÷配送人员数
平均每台车的吨公里数	配送总距离×配送总重量÷(自车数量+外车数量)

评价指标	计算公式
平均每台车配送距离	配送总距离÷(自车数量＋外车数量)
平均每台车配送重量	配送总重量÷(自车数量＋外国专家数量)
空车率	空车走行距离÷配送总距离
配送车移动率	[配送总车次÷(自车＋外车)]×工作天数
积载率	出货品材积数÷(车辆总材积数×配送移动率×工作天数)
平均每车次配送重量	配送总重量÷配送总车次
平均每车次吨公里数	配送总距离×配送总重量÷配送总车次
外车比例	外车数量÷(自车数量＋外车数量)
季节品比率	本月季节品存量÷平均库存量
配送成本比率	(自车配送成本＋外车配送成本)÷物流总费用
每吨重配送成本	(自车配送成本＋外车配送成本)÷配送总重量
每材积配送成本	(自车配送成本＋外车配送成本)÷出货品材积数
每车次配送成本	(自车配送成本＋外车配送成本)÷配送总车次
每公里配送成本	(自车配送成本＋外车配送成本)÷配送总距离
配送平均速度	配送总距离÷配送总时间
配送延迟率	配送延迟车次÷配送总车次

(七)非作业面

整体评估方面,重点是配送中心资产营运、财务效益、人员等的评估。主要评价指标见表6-8。

表6-8 非作业面绩效评价指标

评价指标	计算公式
固定资产周转率	营业额÷固定资产总额
产出与投入平衡	出货量÷进货量
每天营运金额	营业额÷工作天数
营业支出与营业额比率	营业支出÷营业额

四、仓储配送作业绩效评价分析

(一)作业绩效评价分析方法

1.比较分析法

对两个或几个有关的可比数据进行对比,揭示差异和矛盾。比较是分析的最基本

方法,没有比较,分析就无法开始。比较分析法包括:

(1)按比较对象(和谁比)分类:与本企业历史比、与同类企业比、与计划数据比。

(2)按比较内容(比什么)分类:总量的比较、比较结构百分比、比较比率。

2.功效系数方法

功效系数法是指根据多目标规则原理,将所要考核的各项指标分别对照不同分类和分档的标准值,通过功效函数转化为可以度量计分的方法,是配送中心绩效评价的基本方法,主要用于配送中心定量指标的计算分析。

3.综合分析判断法

综合分析判断法是指综合考虑影响配送中心绩效的各种潜在的或非计量的因素,参照评议参考标准,对评议指标进行印象比较分析判断的方法,主要用于定性分析。

(二)作业绩效评价指标的分析

指标分析的步骤包括:判断数据的好坏、发现问题点、确定问题、查找原因、寻找解决方法等。

(三)作业绩效评价问题的改善

改善作业绩效评价可通过以下方法:在所有问题点中决定亟待解决的问题;收集有关事实,决定改善目标;分析事实,检讨改善方法;拟订改善计划;试行改善;评价试行实施结果,并使之标准化;制定管理标准,执行标准。

案例解析

仓储保管合同

存货方:盛达进出口有限责任公司(甲方)　　　　　合同编号:00000001

签订地点:厦门京泰物流有限公司

保管方:厦门京泰物流有限公司(乙方)

签订时间:2017 年 5 月 3 日

根据《中华人民共和国经济合同法》和《仓储保管合同实施细则》的有关规定,存货方和保管方根据委托储存计划和仓储容量,经双方协商一致,签订本合同。

第一条　储存货物的品名、品种、规格、数量、质量、包装,如下表所示。

货物信息表

品名	数量	规格	包装	质量
小麦	1000 袋	50 斤/袋	塑料编织袋	良好

第二条　货物验收的内容、标准、方法、时间、资料。

第三条　货物保管条件和保管要求。

1.保证仓库干净、无漏水,不渗水,无鼠害,无异味。由于小麦易受潮,受虫害,所以采用塑料托盘,使用防潮塑料垫板分扎堆放。同时使用花椒防虫保存法和草木灰吸湿保存法等方法进行保存。仓库的温度在 8 摄氏度以下,相对的湿度不得高于 60 摄氏度。

2.在仓储物的保期内,未按合同条款的要求保管货物,造成货物损失、变质、发霉、减少的,应承担赔偿责任。

3.如果有货物洒落在地应该及时处理,并把捡起的货物安排好。无关的人员不得进入仓库。

4.应该定时对货物进行检查,检查货物堆的温度及湿度,检查货物是否有病虫害,时间的安排是每月一次。如果发现货物变质、发霉、发芽、损坏应及时通知存货人。

第四条 货物入库、出库手续、时间、地点、运输方式。

仓储物入库前检验:保管人应检验货物的质量、件数、规格是否正确。检查货物是否发生了变质、霉变、损失、病虫害,或水分过高不适合存储,如果有应及时通知存货人处理。货物验收好后,保管人必须填写入库验收单。

仓储物出库检验:货物出库后,存货人应仔细检查货物,如果发现货物有变质、霉变、损失、病虫害,或水分过高等问题应向保管人索赔。

数量验收:以保管人验证合格的磅秤为准。

第五条 货物的损耗标准和损耗处理。

耗损标准:因小麦存在吸湿及干燥天气下水分蒸发等自然现象,允许小麦存储期间重量±5%。如因保管不善,如受潮、发霉、虫害等造成的货物损耗,由保管方负责。

第六条 计费项目、标准和结算方式。

1.货物所占仓库的面积:120平方米。

2.存储的时间:从2017年5月3日到2017年11月3日。

3.计费标准:见下表。

计费标准表

	存储费	入库费	出库费	总计
小麦(1000袋)	每天0.15/袋	500	300	27800
总计(半年)	27000	500	300	

第七条 违约责任。

1.保管方的责任

(1)在货物保管期间,未按合同规定的储存条件和保管要求保管货物,造成货物灭失、短少、变质、污染、损坏的,应承担赔偿责任。

(2)对于危险物品和易腐物品等未按国家和合同规定的要求操作、储存,造成毁损的,应承担赔偿责任。

(3)由于保管方的责任,造成退仓不能入库时,应按合同规定赔偿存货方运费和支付违约金3000元。

(4)由保管方负责发运的货物,不能按期发货,应赔偿存货方逾期交货的损失;错发到货地点,除按合同规定无偿运到规定的到货地点外,并赔偿存货方因此而造成的实际损失。

（5）其他约定责任。

2.存货方的责任

（6）由于存货方的责任造成退仓不能入库时，存货方应偿付相当于相应保管 ___15___%（或 ___20___%）的违约金。超议定储存量储存的，存货方除交纳保管费外，还应向保管方偿付违约金 ___2000___ 元，或按双方协议办理。

（7）易燃、易爆、易渗漏、有毒等危险货物以及易腐、超限等特殊货物，必须在合同中注明，并向保管方提供必要的保管运输技术资料，否则造成的货物毁损、仓库毁损或人身伤亡，由存货方承担赔偿责任直至刑事责任。

（8）货物临近失效期或有异状的，在保管方通知后不及时处理，造成的损失由存货方承担。

（9）未按国家或合同规定的标准和要求对储存货物进行必要的包装，造成货物损坏、变质的，由存货方负责。

（10）存货方已通知出库或合同期已到，由于存货方（含用户）的原因致使货物不能如期出库，存货方除按合同的规定交付保管费外，并应偿付违约金 50000 元。由于出库凭证或调拨凭证上的差错所造成的损失，由存货方负责。

（11）按合同规定由保管方代运的货物，存货方未按合同规定及时提供包装材料或未按规定期限变更货物的运输方式、到站、接货人，应承担延期的责任和增加的有关费用。

（12）其他约定责任。

第八条　保管期限及结算方式

从 2017 年 5 月 3 日至 2017 年 11 月 3 日止。

存货公司以现金的形式 2017 年 5 月 3 日前先支付 30% 的费用，等货物交付后（2017 年 11 月 3 日）再以支票的形式支付其余的 70%。

第九条　存储期间届满，存货人或者仓单持有人应当凭仓单提前仓储物。存货人或仓单持有人逾期提取的，应当加收仓储费具体如下：每袋小麦每天加收 0.15 元。

第十条 解决合同纠纷的方式：执行本合同发生争议，由当事人双方协商解决。协商不成，按下列第 ___2___ 种方式解决：

1.提交 _____ 仲裁委员会仲裁；

2.依法向人民法院起诉，通过诉讼解决争议。

第十一条　货物运输保险条款等事项。

1.保管方不应超过协议规定的数量向存货方交运小麦，存货方不承诺超过协议规定数量的小麦运输。因托运方运至相应地点的小麦数量低于协议约定数量95%部分而造成保管方运能浪费的，托运方给予承运方每车 100 元补偿。

2.存货方应将交运小麦的原始码单、质检证书随小麦一并交于目的地，小麦发运后由保管方及时寄往收货指定交割仓库，以便指定交割仓库验收和提供公检使用。原始码单、证书不全或没有的,承运方不安排发运,由此而造成损失的,存货方自行承担。

3.保管方不按合同规定的时间和要求配车、发运,影响存货方在交易市场交割并造成损失的,保管方应按交易市场核定的标准偿付存货方损失(如因人力不可抗拒的因素及铁路部门限制运输、编组等原因,造成运输受到影响,保管方应在得知情况的当天,依据运输部门出具的相关书面证明,以电话或传真方式及时告知交易市场和存货方,以便交易市场及时调整运输流向或通知交易商采取其他措施,避免违约)。

4.运输过程中,造成小麦遗失损坏受潮,承运方应负责向运输部门申请开具货损、货差证明,并负责向保险公司办理理赔手续,保管方也可委托指定交到仓库。

第十二条 本合同未尽事宜,一律按《中华人民共和国经济合同法》和《仓储保管合同实施细则》执行。

第十三条 其他约定事项:

1.对本合同条款及技术协议的任何变更、修改或增减,须经双方协商同意后授权代表签字认可,双方认可的传真文件、订单均作为合同的组成部分具有同等的效力。

2.本合同正式文本一式两份,甲乙双方各持一份。双方代表签字盖章后生效。

存货方(章):厦门市盛达进出口有限责任公司

地址:厦门市思明区前埔南路 1200 号

保管方(章):厦门京泰物流有限公司

地址:厦门市集美区杏林路 334 号

法定代表人:李盛达　　　　　　　　法定代表人:杨益

委托代理人:　　　　　　　　　　　托代理人:

电话:0592-5388660　　　　　　　　电话:0592-3576889

开户银行:中国工商银行　　　　　　开户银行:中国银行

账号:22848 1990963548121　　　　 账号:22848 1990963548242

邮政编码:361000　　　　　　　　　邮政编码:361000

鉴(公)证意见:

经办人: 鉴(公)证机关(章)

年　月　日

(注:除国家另有规定外,鉴(公)证实行自愿原则)

有效期限:　年　月　日

至　年　月　日

监制部门:　　　　　　　　　　　印制单位:

学习小结

仓储配送经营管理包括了仓储经营组织、仓储合同拟定、仓单质押操作、配送服务管理、仓储与配送成本分析控制、仓储配送绩效管理等内容。

学习要求

1.了解仓储经营组织和业务类型；

2.掌握仓储合同相关法律知识；

3.掌握仓储合同草拟方法；

4.了解仓单质押操作流程；

5.了解配送服务管理的内容；

6.掌握仓储成本分析与控制方法；

7.掌握配送成本控制方法和合理化策略；

8.掌握仓储配送中心治安保卫管理和消防管理措施；

9.掌握仓储配送作业绩效评价指标内容和要求。

学习时间

建议教学课时为 6 学时。

学习方法

任务驱动法、多媒体手段学习法、求同存异学习法、举一反三学习法等。

学习环境

1.书面教材。

2.多媒体网络资源（视频、动画、案例）

3.计算机设备和软件（Excel 软件）。

◆ 参考文献 ◆

1.郑克俊.仓储与配送管理[M].科学出版社,2010.

2.李志勇.仓储物流实训任务书[M].北京理工大学出版社,2011.

3.毛晓辉,刘光辉.仓储作业与管理[M].中国传媒大学出版社,2011.

4.钟苹,胡卫平.仓储管理实务[M].大连理工大学出版社,2009.

5.钱芝网.仓储管理实务[M].电子工业出版社,2012.

6.阮喜珍.仓储配送管理[M].华中科技大学出版社,2013.

7.薛威.物流仓储管理实务[M].高等教育出版社,2011.

8.杨国荣,李铁峰.配送管理[M].北京理工大学出版社,2010.

9.刘小玲.仓储与配送实务[M].南京大学出版社,2011.

10.罗书林,刘翠芳.仓储管理实务[M].东北大学出版社,2014.

11.宋文官.仓储与配送管理实务[M].高等教育出版社,2010.

12.沈文天.配送作业管理[M].高等教育出版社,2011.